International Trade English

무역영어

김원배

탑북스

머리말

유난히도 무더운 2010년 여름인것 같습니다.

교재를 개정해 달라는 탑북스의 정헌명 상무로부터 1년전에 부탁을 받고 망설이다가 기왕에 나온 교재인데 어렵더라도 내용을 좀 수정해 보자는 생각으로 수락을 하고 내용을 수정할려고 시작해 보니 여러 가지로 어려움이 많았습니다.

우선은 기업에서 사용한 예문을 수집하기도 어렵고, 예문을 구하고도 기존의 예문보다 좋은 예문이란 판단이 서지 않았기 때문입니다.

그래서 가능한 한 기존의 예문에 충실하자는 판단을 하였고 기존의 예문에서 품목 및 일자조정 정도의 내용만을 수정해야 겠다는 생각을 하게 되었습니다.

본 교재가 처음 출판된 해가 1998년이니까 10년이 넘었습니다.

그간 세계무역환경이 엄청난 변화를 하였고 Incoterms나 UCP가 개정되는 등 법규에서의 개정작업도 있었습니다. 그러나 이 같은 변화가 있었음에도 불구하고 무역의 기본은 당사자 간에 거래를 성사시키기 위한 의사소통이 중요하기 때문에 이 문제를 해결하기 위한 내용이 대학 무역영어의 기본이 되어야 한다는 생각을 했습니다. 그래서 본 교재는 이 같은 취지에 입각하여 작성되었기 때문에 본 교재에 인용된 대부분의 절차별 예문들은 기업에서 직접 사용된 예문들임을 밝혀둡니다.

따라서 본 교재는 본인이 저자로서 모든 내용을 개발하고 작성하였다기보다는 기존에 발행된 타인의 교재들과 기업에서 사용된 모델들을 편집하였다고 말씀드릴 수가 있겠습니다.

이 같은 상황 때문에 본인은 금번 교재부터 본인이 저자로서 보다는 편저자의 이름으로 교재를 발행하고자 합니다.

앞으로도 본인은 이 교재가 무역의 초보자들에게나 무역 관련 자격시험 등에 많이 사용되기를 기대하면서 교재의 내용을 계속해서 수정 보완해 나갈 것을 약속드립니다.

끝으로 어려운 출판업계의 상황임에도 불구하고 본 교재의 발행에 협조해주신 탑북스 사장님과 정헌명 상무님께 감사의 말씀을 드립니다.

2010년 8월

노은동 서재에서 편저자 올림

차 례

제 1 부
무역영어의 기초

제 1 장 무역영어의 의의와 중요성

제 2 장 무역영어(서신)의 형태와 구성

제 3 장 무역영어 서한의 작성요령

제 2 부 무역절차에 따른 서한문 및 서류작성

제 1 장 거래제의 및 신용조회

제 2 장 주문 및 수락

제 3 장 무역계약

제 4 장 대금결제와 운송서류

제 5 장 무역클레임

제 1 부
무역영어의 기초

제 1 장
무역영어의 의의와 중요성

제1절 무역영어의 개념

1. 무역영어의 의의

무역영어는 국제상거래에서 무역상담을 할 때 사용되는 언어와 상담을 통해 합의된 내용을 입증하기 위하여 서면으로 옮길 때 영어로 사용되는 전문언어를 의미하며 이를 미국에서는 Business English, 영국에서는 Commercial English라 칭한다. 그리고 이와 같은 무역과 관련된 언어는 영어 이외에도 독일어나 프랑스어 일본어 등으로도 사용될 수 있기 때문에 독일어로 사용되면 무역독일어, 프랑스어로 사용되면 무역불어, 일본어로 사용되면 무역일어라 칭할 수 있으나 대부분의 무역이 영어로 이루어지기 때문에 일반적으로 무역영어가 주로 사용된다.

이와 같은 의미를 가진 무역영어는 무역과 관련된 운송, 보험, 결제, 국제간의 분쟁 해결을 위한 상사중재 등 무역실물거래를 하면서 경험하였던 특수한 의미와 관습을 영어로 표기하면서 오래전 영국을 중심으로 사용되어왔다.

그리고 무역과 관련된 이러한 언어는 무역이 발전하면서 더욱 더 범위가 확대되었으며 보다 정확하고 신속한 의사표현을 하기 위해 연구의 대상이 되고 있다.

2. 무역영어의 정의

무역영어는 국제간의 무역거래에서 야기되는 각종 절차에 사용되는 언어로 일반적으로 사용되고 있는 일상 언어와는 차이가 있다. 즉, 무역영어는 무역관련 계약서의 작성, 계약이 이루어지기까지 거쳐야 하는 거래제의를 비롯한 조회(Inquiry)와 같은 무역서신, 각종 서류를 작성할 때 사용되는 무역서식, 전보문, Telex문, 광고문 등과 같은 특수한 용도로 사용되기 때문에 일반 생활영어와는 차이가 있다.

"무역조건에 관한 국제규칙"(International rules for the interpretation of the trade terms, 2000), "신용장통일규칙"(Uniform customs and practice for documentary credits), "국제물품매매계약에 관한 UN협약"(United nations convention on contracts for the international sale of goods), "해상화물운송에 관한 UN협약"(United nations convention on the carriage of goods by sea, 1980), "해상보험에 관한 협회적하약관"(Institute cargo clauses), "외국중재판정의 승인 및 집행에 관한 UN협약"(United nations convention on the recognition and enforcement of foreign arbitration awards)등 무역에 관련된 국제규정이 다수 제정되어 있는데 이 같은 규정에 사용되는 용어는 일반적으로 사용하는 일상적인 용어가 아닌 특수한 의미를 지닌 용어라 하겠다.

Robert A. Aumer는 그의 저서 『*Effective Communication in Business, 1980*』에서 무역영어를 다음과 같이 정의하고 있다.

> "Business English(Communication) is a medium of exchange made up of all forms of correspondence, written or oral, used for the

purpose of carrying on and bringing to completion business transactions. (상업영어는 모든 형식의 서면 또는 구두의 통신에 의해 이루어지는 의사교환의 매체로서, 상거래를 수행하고 이것을 완결시킬 목적으로 사용되는 것이다.)"[1)]

따라서 이상의 내용을 종합해 볼 때 무역영어란 국제간의 거래를 성사시키기 위한 상담에서부터 각종 서한을 작성할 때 사용하는 언어이기 때문에 한 측이 다른 측에게 전달하고자 하는 내용을 간단하면서도 정확하고 설득력 있는 용어들로 사용하여야 하는 특수한 기술적 영어라 하겠다.

제2절 무역영어의 중요성과 작성시 주의사항

1. 무역영어의 중요성

우리가 살고 있는 지구촌에는 약 50억이 넘는 인구가 서로 다른 국가와 사회를 이루면서 생활하고 있다. 그리고 이들 인구 중 약 12억의 인구는 중국어를 모국어로 생활하고 있으며, 약 4억8천만 명 정도가 영어, 4억4천만 명 정도가 힌두어를 그리고 3억9천만 명이 스페인어를 사용하고 있으며 러시아어가 2억8천만 명, 아랍어가 2억3천만 명, 벵갈어가 약 2억명. 포르투갈어가 약 1억8천만 명, 프랑스어를 사용하는 인구가 약 1억6천명으로 알려져 있다. 그러나 수적으로는 중국어를 사용하는 민족이 세계 최대민족이기 때문에 중국어를 가지고 무역거래에 이용하는 것이 원칙이지만, 중국어 자체가 어려운 언어이고 그리고 중국자체의 경제력이 약하여 국제무역에 미치는 영향이 적기 때문에 중국어를 국제간에 사용하는 무역언어로 인정하지 않고 있다.

---

1) 김원배, 신한동, 최신무역영어, 삼영사, 1998, pp. 22-23

지구촌에서 영어를 제1언어(국어)로 사용하는 민족은 미국과 영국을 중심으로 하여 캐나다, 오트레일리아, 뉴질랜드, 남아프리카 공화국 및 기타 일부지역에 서 약 5억에 불가하지만 영어를 제2외국어로 사용하는 인구까지 합치면 전(全) 인류의 30%나 차지하고 있는 것으로 분석되고 있다.

영어는 1500여년 전에 북해연안에 살고 있던 앵글로즈(Angles)족, 색슨(Saxon)족 및 주우트족(Jutes)족들이 사용하다가 주우트족이 영국땅에 상륙(A.D 449년)하면서 발달하게 되었다. 그 후 영어는 오늘에 이르기까지 주변지역의 언어(로마 라틴어, 불어, 독어 등)를 흡수 수용하면서 풍부한 의미를 다양하고 분명하게 나타내는 언어로서 주로 국제간 상거래에 사용되고 있다.[2)]

국제간 무역거래에 일반적으로 사용될 수 있는 언어가 갖추어야 할 요건을 정리하면 첫째, 무역거래 당사자들이 표현하고자 하는 내용을 비교적 쉽고 정확하게 구사할 수 있도록 쉬운 언어이어야 한다. 그리고 둘째로는 무역과 관련된 관습과 용어 및 거래당사자간 약정내용을 정확하게 표현할 수 있어야 한다. 영어가 국제간 무역거래에 이용되는 이유는 이와 같은 요건을 다른 언어보다 크게 충족시켜 주고 있기 때문이다.

따라서 작금의 국제간 무역거래는 상기의 요건을 충족시키고 있는 영어 이외의 다른 언어로서는 원만한 거래관계를 유지하기가 어렵다 하겠다. 따라서 원만한 무역거래를 추진하기 위해서는 보다 세련된 무역영어 문장을 익히고 그 내용에 담긴 거래상대방의 마음까지도 읽을 수 있는 능력을 갖추었을 때 효율적인 마케팅 전략도 수립할수 있고 그리고 부자연스러운 의사소통으로 인해 발생될 수 있는 오해와 분쟁도 사전에 방지할 수 있을 것이다.

2. 무역서한 작성시 주의해야 할 사항

무역서한은 시간이 부족한 무역당사자들 간에 서로 자신의 의견을 전달하

2) 김원배, 신한동, 전게서, p. 23

는 문장이기 때문에 미사여구를 사용한다거나 장문 또는 중복되는 내용을 사용하여 상대방에게 선의의 피해를 주는 행위는 피하고 가능한 범위 내에서 간단 명료하게 작성하여야 한다. 즉 무역업무를 주관하는 무역관련 부서는 바쁜 일정 속에서 업무를 추진하여야 하기 때문에 개인적으로 상대방의 환심을 끌기 위한 수단으로 어려운 낱말을 사용하지 않도록 유의하여야 한다.

무역서한을 작성할 때 유의해야 할 내용을 정리하면 다음과 같다.[3)]

첫째, 본문의 구성은 특별한 경우를 제외하고는 2~3 Paragraphs로 하고, 하나의 Paragraph에 30어 이내의 단어를 사용하는 것이 좋다.

둘째, 본문의 내용은 중복해서 사용하지 말고 하나의 서한에 한 가지 사건을 기재하여 주의를 산만하게 하거나 서류정리에 불편이 없도록 하는 것이 좋다. 그리고 "can't"나 "don't"와 같은 약어나 직설적인 표현은 하지 않는 것이 현명하다. 예컨대, 아무리 사고 싶은 물건이 있어도 꼭 사겠다는 직설적인 표현보다는 관심을 가지고 있다(be interested in)는 표현을 사용함으로써 가격을 내리게 하거나 자신의 주장을 강하게 반영시킬 수 있다.

셋째, 서한을 작성할 때 수신자 입장에서 이해하기 쉽게 쓰는 것이 상대방으로부터 호감을 얻을 수 있다.

Cleo P. Casady와 Mona J. Casady는 자신을 알리고 상대방의 주목을 끌면서 효과적으로 상대방을 설득하는 전술로서 다음과 같은 AIDCA(Attention, Interest, Desire, Conviction, Action) 법칙을 주장하였다.

1) Attention(주의) : 서한의 머리글은 상대방의 주의를 끌 수 있어야 한다. 그렇지 않으면 독자는 당신이 전달하고자 하는 사실에 관심을 가지지 않는다.

2) Interest(관심) : 먼저 독자의 주의가 매매상담에 집중되지 않고서는 독자는 그것에 관심을 갖지 않는다. 서한의 첫머리에서 독자의 주의를 끌 수 없으면 독자의 관심을 불러 일으킬 수 없다. 그러므로 첫 문장이 매우 중요하다.

3) Desire(욕구) : 매매상담을 할 때 상대방이 관심을 가지면 다시 욕구를 불러 일으키도록 최선의 노력을 하여야 할 것이다. 관심에서 의욕을 가지도

3) 김원배, 신한동, 전게서, pp. 25-31

록 한다.

4) **Conviction(설득)** : 상대방이 지니고 있을지도 모를 제품 또는 자신에 대한 잘못된 인식을 바르게 가지도록 하거나 상품 또는 용역(service) 등 팔고자 하는 것은 무엇이든지 상대방이 살 수 있도록 확신을 주어야 한다. 즉, 상대방을 어떻게 설득하느냐 하는 것이 상거래에서 어려운 문제이다.

5) **Action(실행)** : 일단 상대방에게 제의한 것을 사도록 설득만 시켜 놓으면 그 다음의 행동으로 옮기는 것은 저절로 이루어진다. 여기서 주의할 것은 서한작성자들도 자기가 원하는 바가 무엇인지 모르고 서한을 작성하는 경우가 있는데 이러한 실수는 절대로 하지 말아야 한다.

상대방을 설득하여 상대방에게 어떤 행동(action)을 취하게 하기 위해서는, 상대방이 Business Letter를 읽고 어떠한 생각과 감정을 가질 것인가를 상대방의 입장에서 볼 필요가 있다. 상대방의 입장에서 보아야 상대방이 무엇을 원하고 있는지를 알 수 있다. 이러한 자세를 '상대방 본위'(You-attitude)라고 한다. 이러한 자세를 가지고 서한을 작성하는, 즉 상대방 본위의 입장에서 쓰는 것이 Business Letter이고, 자기 본위(I or We attitude)의 입장에서 쓰는 것이 Personal Letter이다. Personal Letter는 목적이 정해져 있지 않아 쓰는 사람의 감정을 자유롭게 표현할 수 있지만, Business Letter에서는 쓰는 목적이 분명하게 정해져 있어 이 목적을 달성할 수 있도록 상대방을 설득해야 한다. 그러기 위해서는 정확한 어법을 알아야 하고, 작성된 통신문을 쉽게 이해할 수 있고 논리적이어야 한다.

그리고 거래 상대방을 효과적으로 설득하기 위해서는 상대방에 주는 심리효과를 잘 연구하여 상대방에게 호감을 주는 통신문을 작성해야 한다.

최근에는 전화, Facsimile, 텔렉스, 컴퓨터 및 항공술의 발달로 국제간의 신속한 통신이 가능하여 즉시 연락할 수 있는 장점을 가지고 있지만 이러한 통신수단은 교신내용을 입증하는 데 문제가 있으므로 사안에 따라서는 별도의 객관적 확인조치를 취해야 하는 번거로움이 있다. 즉, Telex나 Facsimile는 Cable처럼 교신내용을 입증할 수 있는 단어수로 요금을 계산하는 것이 아니고 사용시간으로 계산하기 때문에 교신내용을 확인하기가 어렵다. Telex나 Facsimile는 즉석에서 상대방으로부터 일정한 내용을 받은 것처럼 기계조

작이 가능하여, 한쪽에서는 동내용을 보냈다고 하고 상대방에서는 다른 내용을 받았다고 할 때 그 진위를 판단하기 어렵다.

그러므로 중요약정에 관한 교섭사실은 서한, 서류 또는 Cable과 같은 객관적으로 입증할 수 있는 기록으로 남겨 두었다가 후일에 있을지도 모를 Claim에 대비하는 것이 좋다.

무역영어의 문체에는 영국식과 미국식이 있다. 보수적인 영국회사는 간접적이고 비개인적 표현(indirect and impersonal expressions)을 사용하고 품위있는 문체를 좋아하는 경향이 있으므로, 거래 상대회사가 어떤 유형의 사람인가(국적, 연령, 교육정도, 취미, 기호 등)를 확인하여 그 사람의 인간성과 상관습을 이해하며 대하는 것이 좋다. 그리고 국적에 불문하고 진보적인 무역회사에서는 현대의 표준어(The Standard English)와 회화체로 쉽게 쓰는 경향이 늘고 있는 실정이다.

넷째, Business Letter를 쓰는 사람은 받을 사람의 국적, 상관행 및 성향을 미리 알아보고 이에 알맞는 내용으로 대화나 서한을 작성하여야 한다. 예컨대 미국인은 협상시 매사 행동이나 목표를 정하고 그 목표에 따라 일정한 기한 내에 끝을 맺으려 하는데 비하여 중국인은 협상을 통해서 삶의 기쁨을 찾는 여유를 보이기 때문에 미국인처럼 대하다가는 협상에서 궁지에 몰리기 쉽다.

일본인들의 경우 단결 및 집단우선의 정신과 양면성을 보이며 협상시 No란 단어를 별로 쓰지 않고 한번 약속된 내용에 절대적인 신용을 부여하고 있다. 그리고 매사에 관련된 결정은 상향식(Bottom-up) 의사결정으로 성립되므로 협상이 타결될 때까지는 많은 시간과 노력이 요구된다.

소련인들은 무역협상을 정치외교의 교섭과 마찬가지로 생각하여 협상의 주도권을 잡으려 하고 지연작전으로 상대방을 초조하게 만들어 어부지리를 추구하려 한다.

문화란 민족에 따라 다른 가치관을 갖고 있다. 그러므로 업무의 효과를 높이기 위해서는 국별, 지역별 고유의 문화를 이해하여야 한다. 협상에 임하는 경영자는 우선 해당지역 국민의 태도, 가치관 및 사고방식에 대하여 공감하고, 행동의 규칙을 알 때까지 삼가해서 행동하며, 말하기 전에 듣는 편이 좋고, 즉흥적인 대답은 피하여야 한다. 또한 현지인과의 관계에서 융통성을 보이며, 모든 것을 한번에 달성한다는 기대는 버리는 편이 좋겠다.

주요국가의 국민성, 상관행 및 상관습은 〈표 1-1〉과 같다.

다섯째, 서한내용의 요점을 간단히 먼저 열거한 후 다시 요점의 순서를 정하여 중요한 것부터 쓰는 것이 좋다.

표 1-1 주요국별-지역별 국민성, 상관행

국 별	국민성, 상관행및 상관습	대 처 방 안
미국인	※ 일등국민이란 자부심이 대단하다. ※ 모든 것에서 정신적인 것보다 물질을 중시한다. ※ 집단보다는 개인 자신을 중요시한다. ※ 매사는 명시적으로 분명히 해야 한다. ※ 모든 행동은 목적을 가져야 한다. ※ 시간을 귀중하게 생각하므로 시간의 엄수가 중요하다 ※ 협상은 구두로 하는 것을 선호한다. ※ 계약서에는 계약당사자의 상호책임을 세부적으로 명시하고, 법률적인 효력이 있어야 한다.	따라서, 미국인은 시간을 중요시하며, 생산적이고 합리성을 추구한다. 미국인들과 교섭에 임할 때에는 'Give & Take' 방식을 취하는 것이 효율적이다. 오퍼를 제시할 경우 적정가격을 제시하는 것이 상호간에 시간과 노력을 절약할 수 있다. 협상과정에서 상대가 주저하고 있으면 미국인은 가격도 수정하여 제시하며 일을 끝내려 하므로, 이러한 협상관행을 감안한다면 유리한 위치를 확보할 수도 있다.
유럽인	※ 합리적인 사고가 타지역에 비하여 강한 국민 ※ 보수성이 강하며 유행보다는 실용적이고 내구성의 저가품 선호 ※ 의리나 인정보다는 논리적이며 ※ 계획구매를 원칙적으로 하며 ※ 소량주문에서 대량주문을 하고 ※ 일단 신용을 잃으면 회복이 어렵고 ※ 식민지 근성으로 자기위주의 거래를 강요한다.	따라서, 보수성이 강한 서유럽인들은 상대방의 신용을 확인한 후 거래를 하며, 실용적인 저가품을 선호한다는 점에 유의하고, 상담시는 한국적인 예의를 갖추고 논리적인 협상에 대한 대비책이 요구된다. 또한 자존심이 상하지 않도록 상대방의 인격을 높이 추켜주고 품질, 선적 등 엄격한 약속이행에 유의해야 한다. 그리고 단기간에 거래선을 확보한다는 것은 잘못된 생각이며, 시간을 가지고 계속 방문하는 등 끈질긴 마케팅전략이 필요하다.
소련인	※ 러시아적 민족성으로 소국을 경시하는 경향이 강함 ※ 애교라고는 전혀 없고 패배를 싫어하는 근성을 갖고 있으며 ※ 협상에 있어 시간에 여유를 가지고 철	따라서, 소련인은 교섭시에 충분한 시간을 갖고 그들의 슬로우 페이스에 맞추고 자기정당화를 감행하는 데 게으르지 않은 국민이므로, 이에 대한 대비책이 있어야 하며, 상대를 높여주고 서열에 관심이

국 별	국민성, 상관행및 상관습	대 처 방 안
소련인	저한 경쟁심을 유도하고 ※ 제품구매시 여러 오퍼를 제시받아 협상을 유리하게 이끌며 ※ 매사에 지연작전으로 상대를 초조하게 하여 유리한 계약을 유도한다.	많으므로 상대방의 위치보다 한 등급 높은 사람이 교섭에 임하는 것이 유리하다. 한편 이들은 인정과 웃음에 약한 면이 있지만 상담할 때에는 상담자의 지위를 고려할 필요가 있다.
일본인	※ 인간과 자연과의 조화를 중시하고 ※ 의사결정은 Bottom-up 식이고 ※ 신속한 Communication ※ 인간관계를 중시하며 ※ 약속과 신용은 절대적이다 ※ 단결, 집단우선의 정신과 양면성을 보이며 ※ 상담자의 지위를 중요하게 여기고 ※ 협상시에 No란 단어를 즐겨 쓰지 않는다.	소비자들은 제품의 품질에 비중을 두고 있으므로 철저한 품질관리와 제품을 적기에 선적하는 것이 필요하다. 될수록 상대방과 자주 접촉하고 철저한 Follow-up 하는 정신으로 문제가 있으면 사전 양해를 구하는 것이 좋다. claim에 대해서는 신속한 해결이 이루어져야 한다
중국인	※ 주인의식이 강하고 상담시 본심을 타인에게 노출하지 않는다. ※ 돌다리도 두드리는 습성이며 신용과 체면을 중시한다 ※ 상담시에 상대편을 높여주는 연기력이 풍부하고 ※ 한 사람을 믿는 데나 돈을 버는 단위는 10으로 한다 ※ 매사의 의사결정은 시간적 여유를 가지며 ※ 쓸데없는 가정을 싫어하고, 현실에 처한 대로 일을 풀어간다. ※ 말이 많은 사람은 소인취급되며 ※ 현금주의와 돈의 중요성을 아는 국민이다.	서유럽의 어느 회사대표는 동일한 문제를 가지고 협상할 때 미국에서 일주일 소요되는 일을 프랑스에서는 2일, 브라질에서는 3일 걸리는 데 비하여 중국에서는 수개월이 소요된다고 지적하였다. 중국인들은 시간엄수는 중요하지 않고 상황에 따라 신축성이 있다고 믿는다. 그러므로 중국인과의 협상에서 성공하려면 매사에 시간적 여유와 끈기를 가져야 한다. 이들과의 거래시에는 사소한 것이라도 흠을 잡아 할인하려는 습성에 충분한 대처가 필요하며, 거래에서는 늘 '히든카드'를 갖고 있어 거래가 불리할 때 이를 제시하기도 한다. 이들은 계약보다 언약을 중시하기 때문에 구두약속이라도 일단 합의한 것은 성실히 이행하는 노력이 중요하다.
호주인	※ 성격이 급한 면이 있어서 협상은 본론부터 하기를 원하며 ※ 소량주문에서 대량주문을 하는 상관습 ※ 한국상품을 동남아 상품시하는 경향이 있으며 ※ 소비제품에 관한 한 유태인이 시장을 주도 ※ 노조가 가장 강력한 나라	경영주가 대부분 거래에 직접 관여하고 있으므로 통신문 작성시 정중한 말을 써야 하며, 시차가 비슷하므로 매사에 신속한 회신이 요망된다. 그리고 저가품시장이 전무하므로 철저한 품질관리가 요망되고, 당초의 견품과 선적품이 일치하지 않으면 클레임이 제기되고 있다. 또한 영국계가 이들 국민의 주류를 이루

국 별	국민성, 상관행및 상관습	대 처 방 안
호주인	※ 고가품, 고품질을 선호하며 저가품시장은 전무한 상태	고 있어, 매 거래는 합리적인 방법과 이들의 보수적인 성격에 적응토록 하여야 한다. 한편 효과적인 판매를 위해서는 처음 소량다품종의 주문에 대하여 성실히 이행하면 대량주문을 기대할 수 있으며, 빈번한 접촉이 필요하다.
유태인	※ 숫자와 어학에 능하고 ※ 암산의 천재 ※ 협상은 본론부터 하는 거래관습 ※ Memo가 습관화 ※ 신용은 생명처럼 생각 ※ 계약은 신과의 약속	따라서 이들은 매사에 계산적이며 분명한 국민이므로, 이들의 관습에 유의하여야 하며, 계약 또는 합의내용대로 이행만 한다면 오히려 거래가 타국민과의 거래보다 수월하다. 또한 이들은 불황이라도 구매량은 늘 적정선을 유지하는 편이다.
중동인	※ 기후나 경제여건에 따라 시장성이 다르고 ※ 가격이 중요시되는 시장이며 ※ 능력있는 Agent와 수입상의 선정이 필수적이고 ※ 정부의 구매비중이 높은 시장이며 ※ 중계무역이 성행하고 ※ 수입관세율이 낮으며 ※ 이스라엘과의 관련이 있으면 거래에 부정적이다. ※ 이슬람법(sharia)이 국제무역관습보다 우위이며 ※ 이슬람교리에 역행되는 어떠한 계약도 무효이고 ※ 자국 내의 고객과는 신용과 충성심이 유지되며 ※ 바자르 또는 수우끄맨탈리티(시장상술)의 애호가이다 ※ 계약은 상대의 출발시간 직전에 매듭지으려는 관행에 익숙하다.	한편, 이들은 협상시에 시간을 정하고 결정을 한다면 궁지에 몰린다고 생각하여 매사에 여유를 갖고 상담에 임하며, 상대편이 시간에 쫓길 때까지 기다려 마지막에 결정을 하려는 데 익숙하다. 일단 계약이 체결되더라도 그 이행여부는 "하나님의 뜻에 따라"(Inshallah)하는 식으로 중동인들은 생각하기 때문에 신의 뜻에 따라 행동하면서 사는 국민이라 할 수 있다. 또한 남을 의심하고 외국인에 대한 배타심이 강하므로 협상시에는 우선 신뢰성을 높이고 신용을 쌓아가는 것이 필요하다. 이슬람에 역행되는 언사나 이슬람교와 타종교와의 비교 등은 특히 삼가하여야 한다. 예컨대 협상중에 있던 어느 미국인은 중동인이 제공한 아랍특유의 커피를 거절하였다고 하여 더 이상의 거래를 할 수 없었다는 사례는 우리에게 이 지역의 특이한 문화를 잘 암시해주고 있다.
인도인	※ 정에 약하며 잔재주에 능하다. ※ 말하기를 즐겨하며 ※ 소심한 성격으로 강자에게 약하고, 약자에게 강한 편이다 ※ 자신의 이익을 위해서는 수단과 방법을 가리지 않으며 돈을 벌기 위해서는 무슨 일이고 하려는 국민이다. ※ 상거래시에 신의가 다소 결여되어 있다.	특히 인도인은 미사여구, 즉 말재주에 능하므로 이에 현혹되어서는 안된다. 또한 상거래시 불리한 경우 자기합리화에 타고난 재주를 갖고 있으며, 오랫동안 식민지 및 계급사회에서 생활해 온 습성이 있는 국민이므로 인간적인 측면에서의 거래관계 유지가 이들과의 거래시에 중요시되고 있다.

국 별	국민성, 상관행및 상관습	대 처 방 안
남미인	※ 정열적이고 낙천적이며, 인정이 따뜻한 국민이다 ※ 자존심이 강하다 ※ 유명브랜드와 외제품의 선호도가 높으며 ※ 가격이 시장을 주도하고 ※ 구매는 CIF를 선호하며, 백화점식 구매를 한다 ※ 큰 폭의 커미션을 좋아하고 ※ 국제무역관습에 익숙치 못하며 ※ 계약을 이행할 수 있는 사회여건이 어려운 나라이다.	신의 축복을 받은 남미인들은 바쁠 것이 없으며, 오늘 못다한 일은 내일로 미루며, 매사를 안일하게 생각하므로 약속된 일이 무너지는 일이 많다. 상담은 주로 과·부장(Gerencia) 이상을 상대로 하며, 이들은 의사결정권을 갖고 있는 경우가 대부분이다. 협상시는 상대편의 자존심을 상하게 하는 언사는 피하고, 타결되지 못한 문제는 다음으로 미룬다. 문제점은 점심초대시간(주로 2 내지 3 시간)을 이용하여 간접적으로 문제해결을 시도하고, 여의치 못할 경우 저녁에 부부초대시 부인과 남편의 장점을 부각시키면 다음 날 협상이 예상외로 쉽게 풀린다. 따라서 이들과 맺은 계약서나 서류상의 서명은 과신하지 말며, 일과 레저를 반반씩 하는 이들 페이스에 맞추어 행동하며, 자존심도 채워주고 신용장조건도 제3국의 일류은행에서 확인받아 거래하는 것이 안전하다.

자료; 김원배, 신한동, 전게서, pp. 27-31

위에 서술된 바와 같이 협상담당자는 협상대상자의 취향에 따라 적절하게 대응할 수 있다.

미국인은 협상에 임할 때 모든 행동이나 목적은 예정된 계획과 기간 내에 종결지으려는데 반해 중국인은 협상을 삶의 기쁨을 찾으려는 여유를 보이는 경향이 있으므로 중국인을 미국인처럼 대하다가는 오히려 궁지에 몰릴 수도 있다.

일본인들의 경우 최고의 미덕은 집단을 우선으로 내세운 조화정신에 두고 있어 업무거래에 관련된 결정은 상향식 의사결정으로 협상이 타결되기까지 많은 노력과 시간을 요한다. 중동인들은 이슬람교가 생활의 일체를 총괄하는 것으로 생각하고 항상 느긋하고 때가 되면 신의 뜻에 따라 스스로 이루어진다고 보고 있기 때문에 어려움을 겪기도 한다. 더구나 우리 나라와 같이 비교적 좁은 지역에서도 경상도, 함경도, 충청도 등 각 지역의 특성이 있듯이

지구촌에서 각 지역 거주자의 이러한 특성은 어쩌면 필연적이라 생각하며 장차 이러한 특성은 교통수단의 발전으로 그 정도의 차이가 점점 없어지리라 생각된다.

이처럼 각국의 무역인은 협상하는 자세와 방법이 그 나라 문화의 특성에 따라 큰 차이를 보여주고 있기 때문에 우리 협상자는 지역별 협상관행을 숙지할 필요가 있다.

제 2 장
무역영어(서신)의 형태와 구성

제1절 무역영어(서신)의 형태별 분류

무역서신에는 여러 가지 형태를 이용할 수 있다. 그리고 이와 같은 여러 가지 형태중에서 어떤 형태를 선택하여 사용할 것이냐는 국가나 회사의 관습 및 전통, 개인의 취미에 따라서 달라진다. 일반적으로 이용되고 있는 무역영어의 서신형태는 Full-blocked Style, Modified Blocked Style, Semi-blocked Style, Indented Style, Hanging Indented Style, Simplified 등과 같이 6종의 형태로 구분하는데 형태별로 구체적인 내용을 분석하면 다음과 같다.

1. Full-blocked Style or Full Block Form(전수직식)

이 서식은 결미어를 포함하여 서명과 관련된 사항들까지 서신의 좌측에 두고 모든 행을 수직으로 완전히 일치시키는 형태의 서식이다. 뿐만아니라 일자와 참고번호까지도 서식의 좌측에 두어 모든 문장의 처음이 좌측을 중심으로 시작되고 수직으로 일치시키기때문에 이 서식을 전수직식(全垂直式)이라 칭한다. 이 서식의 예문은 〈모델 1-1〉과 같다.

모델 1-1 Full-blocked Style or Full Block Form의 예

DEAJON TRADING CO., LTD.
800 Doan-Dong, Se-Gu
Dae Jon, Korea

March 3, 201x

New York Commercial Co., Ltd
Trade Center C.P.O. Box 357
New York, U.S.A.
Attn : Export Department
Men's Cotton Shirt
Dear Sirs :
Your name has been recommended to us by the New York Chamber of Commerce as large importer of Korean Cotton goods in U.S.A. We are, therefore, writing to you with a keen desire to open an account with you.
We have been established here for over twenty years as exporter of Cotton goods with enjoying a good reputation. Because of our excellent organization for conducting export business and close connections with the best sources of supply, we are in a position to supply you with A1 goods at competitive prices.
As to the terms of business, we make it our customs to draw at---sight under an Irrevocable Letter of Credit. For any information as to our credit standing and reputation, please refer to the Korea Exchange Bank in Seoul.
We look forward to your early and favorable reply.

your very truly
DAEJON TRADING CO., LTD
Won Bae, Kim
Encl.

2. Modified Blocked Style or Modified Block Form (준수직식)

모델 1-2 Modified Blocked Style or Modified Block Form의 예

DEAJON TRADING CO., LTD.
800 Doan-Dong, Se-Gu
Dae Jon, Korea

March 3, 201x

New York Commercial Co., Ltd
Trade Center C.P.O. Box 357
New York, U.S.A.
Attn : Export Department

Men's Cotton Shirt

Dear Sirs :

Your name has been recommended to us by the New York Chamber of Commerce as large importer of Korean Cotton goods in U.S.A. We are, therefore, writing to you with a keen desire to open an account with you.

We have been established here for over twenty years as exporter of Cotton goods with enjoying a good reputation. Because of our excellent organization for conducting export business and close connections with the best sources of supply, we are in a position to supply you with A1 goods at competitive prices.

As to the terms of business, we make it our customs to draw at---sight under an Irrevocable Letter of Credit. For any information as to our credit standing and reputation, please refer to the Korea Exchange Bank in Seoul.

We look forward to your early and favorable reply.

your very truly
DAEJON TRADING CO., LTD
Won Bae, Kim

Encl.

이 서식은 주로 미국에서 많이 사용하는 서식인데 내부수신자 주소와 본문의 각 행을 모두 서신의 좌측에서 시작하여 동일한 위치에 오도록 하고 결미인사와 서명그룹은 수직으로 하되 서신문의 중앙에서 시작하는것이 관례이다. 그리고 일자는 Open Punctuation(구두점을 찍어야 할 자리에 구두점을 찍지 않는 경우)을 사용하되 서신문의 중앙에 오게한다. 따라서 이 서신문을 준수직식(準垂直式)이라 칭한다. 이 서식의 예문은 〈모델 1-2〉와 같다.

3. Semi-blocked Style or Semi-block Form(반수직식)

이 서식은 4번의 경사식과 절충한 서식으로 본문 각 절의 첫 행만 다른 행보다 3~10자 정도 안쪽으로 들어가게 작성하고 기타의 내용은 준수직식과 동일하게 작성한다. 따라서 이 서식을 반수직식(半垂直式)이라 칭한다. 이 서식의 예문은 〈모델 1-3〉과 같다.

4. Indented Style or Indentation Form(경사식)

이 서식은 주로 영국에서 사용하는 서식으로 내부수신자 주소를 첫 행의 첫 자보다 다음 행에서 3~4자 오른쪽으로 들어가게 작성하여 보기 좋게하며, 본문의 각 절도 첫 행의 첫 자가 다른 행보다 4~5자 정도 오른쪽으로 들어가게 하여 작성한다. 그리고 결미인사 및 서명그룹도 경사를 이루게 작성하여 보기좋게 작성하기 때문에 이 서식을 경사식(傾斜式)이라 칭한다. 이 서식의 예문은 〈모델 1-4〉와 같다.

모델 1-3 Semi-blocked Style or Semi-block Form의 예

DEAJON TRADING CO., LTD.
800 Doan-Dong, Se-Gu
Dae Jon, Korea

March 3, 201x

New York Commercial Co., Ltd
Trade Center C.P.O. Box 357
New York, U.S.A.
Attn : Export Department

Men's Cotton Shirt

Dear Sirs :

Your name has been recommended to us by the New York Chamber of Commerce as large importer of Korean Cotton goods in U.S.A. We are, therefore, writing to you with a keen desire to open an account with you.

We have been established here for over twenty years as exporter of Cotton goods with enjoying a good reputation. Because of our excellent organization for conducting export business and close connections with the best sources of supply, we are in a position to supply you with A1 goods at competitive prices.

As to the terms of business, we make it our customs to draw at---sight under an Irrevocable Letter of Credit. For any information as to our credit standing and reputation, please refer to the Korea Exchange Bank in Seoul.

We look forward to your early and favorable reply.

your very truly
DAEJON TRADING CO., LTD
Won Bae, Kim

Encl.

모델 1-4 Indented Style or Indentation Form의 예

DEAJON TRADING CO., LTD.

800 Doan-Dong, Se-Gu

Dae Jon, Korea

March 3, 201x

New York Commercial Co., Ltd

Trade Center C.P.O. Box 357

New York, U.S.A.

Attn : Export Department

Men's Cotton Shirt

Dear Sirs :

Your name has been recommended to us by the New York Chamber of Commerce as large importer of Korean Cotton goods in U.S.A. We are, therefore, writing to you with a keen desire to open an account with you.

We have been established here for over twenty years as exporter of Cotton goods with enjoying a good reputation. Because of our excellent organization for conducting export business and close connections with the best sources of supply, we are in a position to supply you with A1 goods at competitive prices.

As to the terms of business, we make it our customs to draw at---sight under an Irrevocable Letter of Credit. For any information as to our credit standing and reputation, please refer to the Korea Exchange Bank in Seoul.

We look forward to your early and favorable reply.

your very truly

DAEJON TRADING CO., LTD

Won Bae, Kim

Encl.

5. Hanging Indented Style or Hanging Indentation Form (현수경사식)

모델 1-5 Hanging Indented Style or Hanging Indentation Form의 예

DEAJON TRADING CO., LTD.
800 Doan-Dong, Se-Gu
Dae Jon, Korea

March 3, 201x

New York Commercial Co., Ltd
Trade Center C.P.O. Box 357
New York, U.S.A.

Attn : Export Department

Men's Cotton Shirt

Dear Sirs :

Your name has been recommended to us by the New York Chamber of Commerce as large importer of Korean Cotton goods in U.S.A. We are, therefore, writing to you with a keen desire to open an account with you.

We have been established here for over twenty years as exporter of Cotton goods with enjoying a good reputation. Because of our excellent organization for conducting export business and close connections with the best sources of supply, we are in a position to supply you with A1 goods at competitive prices.

As to the terms of business, we make it our customs to draw at---sight under an Irrevocable Letter of Credit. For any information as to our credit standing and reputation, please refer to the Korea Exchange Bank in Seoul.

We look forward to your early and favorable reply.

your very truly
DAEJON TRADING CO., LTD
Won Bae, Kim

Encl.

이 서식은 본문의 각 절마다 2행의 첫 글자가 1행의 첫 글자보다 5자 이상 들어가게 작성하고 결미인사와 서명자그룹도 서식의 중앙에서 좌측으로 당겨 시작하기 때문에 이 서식을 현수경사식(懸垂傾斜式)이라 칭한다. 이 서식의 예문은 〈모델 1-5〉와 같다.

6. Simplified Letter(간략통신문)

모델 1-6 Simplified Letter의 예

DEAJON TRADING CO., LTD.
800 Doan-Dong, Se-Gu
Dae Jon, Korea

March 3, 201x

New York Commercial Co., Ltd
Trade Center C.P.O. Box 357
New York, U.S.A.
Attn : Export Department

Men's Cotton Shirt

Your name has been recommended to us by the New York Chamber of Commerce as large importer of Korean Cotton goods in U.S.A. We are, therefore, writing to you with a keen desire to open an account with you.
We have been established here for over twenty years as exporter of Cotton goods with enjoying a good reputation. Because of our excellent organization for conducting export business and close connections with the best sources of supply, we are in a position to supply you with A1 goods at competitive prices.
As to the terms of business, we make it our customs to draw at---sight under an Irrevocable Letter of Credit. For any information as to our credit standing and reputation, please refer to the Korea Exchange Bank in Seoul.
We look forward to your early and favorable reply.

DAEJON TRADING CO., LTD
Won Bae, Kim

Encl.

이 서식은 Full-blocked Style과 비슷한 서식인데 차이점은 서식 상단 좌측에 일자를 기재하고 형식적인 서두인사나 결미인사와 같은 내용은 생략하기 때문에 간략통신문(幹略通信文)이라 칭한다. 이 서식의 예문은 〈모델 1-6〉과 같다.

제2절 무역서신의 구성요소

무역서신은 거래상대방에게 나의 의사를 전달하는 것이기 때문에 간략하고 알기쉬운 문장으로 작성되어야 한다. 그리고 서신문은 일정한 양식을 기준으로 작성되는데 양식에 포함되는 내용은 필수적인 기재사항과 선택적인 기재사항으로 구분된다.

무역서신에 필수적으로 삽입되어져야 할 내용으로는 다음과 같은 6개항이다.

첫째, 서두(Letterhead)

둘째, 내부수신인 주소(Inside Address)

셋째, 서두인사(Salutation)

넷째, 본문(Body Letter)

다섯째, 결미인사(Complimentary Close)

여섯째, 개인서명(Personal Signature)

그리고 필요에 따라 서신작성자가 선택하여 기재할 수 있는 선택사항으로는 다음과 같은 7개항이 있다.

첫째, 파일 참조(File Reference)

둘째, 참조인 또는 주무참조(Attent Line)

셋째, 표제명(Subject Caption)

넷째, 관련자 약호(Identification Marks)
다섯째, 우편종별 지시(Mailing Direction)
여섯째, 동봉물 표시(Enclosure Direction)
일곱째, 사본 배부처(Carbon Copy Notation)
여덟째, 추신(Postscript)

이들 사항을 한면에 표시해보면 〈모델 1-7〉과 같고 구체적으로 정리하면 다음과 같다.

1. 서두(Letterhead)

이는 서신으로 사용되는 서신용지의 최상단에 위치하며 서신을 작성하는 회사명과 회사의 주소, 사서함 번호, 전화 및 FAX번호, Telex번호, Cable 주소, E-Mail 주소 등이 기록되는데 이는 일반적으로 인쇄되어 있는 것이 특징이다.

서두 부분은 회사의 홍보와도 무관하지 않기 때문에 가능한 홍보자료를 다 표기하는것을 원칙으로 한다. 따라서 회사에 따라 다르지만 홍보의 중요성을 인식하고 있는 기업은 Letterhead부분에 기업대표의 사진이나 회사의 사진까지 인쇄하는 기업들도 있다.

서두부분은 이상의 설명에서와 같이 회사의 이미지나 신용상태 또는 생산품의 취급능력까지도 짐작을 가능하게 할 것이므로 가능한 한 외형적으로 지질이 좋은 용지와 사용봉투를 어느 정도 사용하기에 적합한 용지를 사용하여야 한다. 그리고 서신의 내용이 장문일 경우를 감안하여 충분한 공간이 확보될 수 있도록 용지의 여백이 충분하여야 하며 한눈에 들어날 수 있고 보는 사람들의 시선을 유도할 수 있도록 활자의 모양이나 색깔에 관심을 가지고 인쇄하여야 한다. 그리고 서두부분에 포함시켜야 할 내용들을 구분하면 다음과 같다.

1) 회사명(Firm Name)
2) 회사주소(Firm Address)
3) 전화번호(Telephone Number)
4) E-mail 주소(E-mail Address)
5) 텔렉스 번호(Telex Number)
6 전신주소(Cable Address)
7) 팩시밀리 번호(Facsimile Number)
8) 영업종목(Business Line)
9) 지점주소(Branch Office's Address)
10) 회사설립 년 월 일(Establishment Date)
11) 상표(Trade Mark)

상기의 서두에 기입할 내용들 가운데 우리나라에서 주로 사용하는 회사의 이름과 주소를 기입하는 요령은 다음과 같다.

첫째, 번지 앞에는 No. 또는 #(number)를 붙이지 않는 것이 좋다. 그리고 번지 다음에는 comma를 붙여도 좋고 안 붙여도 좋다.

✦ "No.(#) 800, 1-ka, Doandong, Se-ku, Dae jon" 보다는 "800, 1-ka, Doandong, Se-ku, Daejon"로 표기하는 것이 좋다.

✦ 번지의 호는 번지 다음에 hyphen을 붙여야 한다. 20-3은 20 번지의 3호를 의미한다. 산 20의 3호는 San 20-3로 하고, San을 Mt.(mountain)으로 해서는 안된다. "18-4 Youngmoondong" 또는 "17-3 Sokongdong"로 한다.

둘째, 동 앞에는 hyphen(-)을 붙여도 좋고 안 붙여도 좋다.

✦ Sokong-dong (or-Dong) 또는 Sokongdong

셋째, 구 앞에는 hyphen을 붙이는 것이 일반적인 관례이다.

Chung-ku, Yongdungpo-ku, Chongro-ku

넷째, 로(ro)를 영국식으로 St.(street)로 해서는 안된다.

Ulchiro, Namdaemunro, Chungmuro, Chongro

다섯째, 가 앞에는 hyphen 을 붙이는 것이 일반적인 관례이다.

2-ka Myungdong, 3-ka Ulchiro, 5-ka Chongro

그리고 일자를 기재하는 요령은 Letterhead의 마지막 줄로부터 2줄정도 오른쪽 하단에 기입하는데 작성방법은 영국식과 미국식이 있다. 이들 작성요령을 구체적으로 정리하면 다음과 같다.

즉, 영국에서 교육을 받았거나 영국에서 장기간 생활하여 영국관습에 익숙한 자는 서수의 날짜 다음에 월을 쓰고 컴마를 한 다음 년도를 쓰는데 비하여, 미국에서 교육을 받았거나 미국에서 오랫동안 생활한 사람은 월을 먼저 쓰고 기수의 날짜를 쓴 다음 컴마를 하고 년도를 기입하게 되는데 이를 요약하면 아래와 같다.

✦ 미국식 : March 2, 2011 (월 + 기수의 날짜 + , + 년)

✦ 영국식 : 2nd March, 2011(서수의 날짜 + 월 + , + 년)

일반적으로 영국식의 날짜를 사용할 때 틀리기 쉬운 날짜는 다음과 같다.

1st(2nd, 3rd, 4th, 5th ---- 9th(ninth), -- 12th(twelveth), --19th(nineteenth), 20th, 21st, 22nd, 23rd, 24th) September, 2011

그러나 이러한 영국식 표현이나 또는 미국식 표현의 구별은 수취한 서한문을 통해 알 수 있으므로 서한작성자의 취향과 일치하는 서한문을 작성하기 위하여 노력하여야 하며 성공적인 거래협상을 위해 사전 준비작업을 철저히 하는 것이 바람직할 것이다.

그리고 2011년 3월 2일을 3/2,2011(미국식) 또는 2/3,2011(영국식)으로 줄여써서 혼란을 야기시키기도 하는데 혼란을 방지하기 위하여 이러한 표기는 하지 않는 것이 좋을 것이다.

모델 1-7 **무역서신의 구성요소**

(1) 서두(Letterhead)

일자(Date)

(2)내부 수신이 주소(Inside Address) (7) 파일참조(File Reference)

(8) 참조인(Attention Line)

(3) 서두인사(Salutation) (9) 표제제목(Subject Caption)

(4) 본문(Body Letter)

(5) 결미인사(Complimentary Close)

기관명(Organization Name)

(10) 관련자 약호(Identification Marks) (6) 개인서명 (Personal Signature)

(11) 우편종별지시(Mailing Direction) 타자된 성명(Typewritten Name)

(12) 동봉물 표시(Enclosure Direction) 직위(Title)

(13) 사본 배부처(Carbon Copy Notation)

(14) 추신(Postscript)

2. 내부수신인주소I(Inside Address)

내부수신인 주소란에는 수신인의 상호, 성명, 주소, 존칭 등이 중요사항으로 기재되는데 이를 구체적으로 정리하면 다음과 같다.

1) 성명 · 주소

Introductory Address 또는 Complimentary Address라 칭하기도 하는데 이 주소는 봉투에 기재된 주소와 동일하게 작성하는 것을 원칙으로 한다. 그러나 서신용지에 기입하기 때문에 Inside Address라 한다. Inside Address는 수신인의 회사명과 주소를 말하며, 일반적으로 Letterhead의 마지막 하단 행으로부터 2-4행 아래에 위치하는데 이 주소가 필요한 이유는 ① 봉투가 파손되어 주소가 분명치 않거나 ② Copy를 보관할 경우 ③ 봉투의 주소를 타이핑할 때 자료로 삼기 위하여 ④ 창 있는 봉투를 사용할 경우 이 주소 자체를 Outside Address로 사용할 수 있기 때문이다. Inside Address는 일반적으로 3행으로 작성하며 Inside Address의 정확한 위치는 서한의 길이와 용지의 크기에 따라 결정된다.

그리고 Inside Address에 사용되는 호칭으로 Mr, Mrs, Miss, Dr, Dean, General 등과 같은 호칭은 이름 앞에 두며, 직위나 직분을 나타내는 호칭은 이름 뒤에 두는 것을 원칙으로 한다.

♥ Inside Address에 관한 예문은 다음과 같다.

Mr. John L, Wilson, Export Manager
Standard Textile Co., Ltd.
210 Lincoln Avenue South
Chicago, IL, 10008,
U.S.A.

그리고 주식회사를 표시하는 용어로는 Co.= Company, Ltd.= Limited Inc. = Incorporated등이 있는데 Co., Ltd.는 유한책임회사인 주식회사로 영국에서 주로 사용하고미국에서는 주식회사를 주로 Co., Inc.로 사용하고 있다.

2) 존칭(Title)

무역거래의 당사자들이 상대방의 상호나 이름 앞에 사용할 수 있는 칭호는 다양한데 그들을 구체적으로 정리하면 다음과 같다.

(1) Mr. 및 Esq. (Esquire)

✦ **Mr.** ; Mister의 약자로서 신분의 고하를 막론하고 남자에게 붙이는 존칭이다. 항상 약자를 사용하므로 period를 찍어야 한다. 주로 미국에서 많이 사용한다.

* Mr. M.J. Robinson　　　* Mr. John Wilson

Mr. and Mrs.는 부부에게 붙이는 존칭이다.

* Mr. and Mrs. Charles Bronson

✦ **Esq .** ; Esq.는 Esquire의 약자로서 주로 남자의 호칭으로 영국에서 많이 사용된다. 그리고 미국에서는 주로 법률가, 영사, 대리공사 등의 호칭으로 사용되고 있다. Esq의 호칭은 성명 다음에 comma를 찍고 사용하며 Mr. 와 Esq. 를 동시에 사용할 수는 없다.

* M.J. Robinson, Esq.　　　* John Wilson, Esq.

(2) Mrs. 와 Miss

✦ **Mrs** ; 기혼한 부인, 미망인, 이혼한 부인 등에게 붙이는 존칭이다. 남편이 있는 경우에는 남편의 이름 앞에 Mrs. 를 붙인다. 따라서 이 존칭은 남자에게 붙이는 Mr와 같이 여자들에게 일반적으로 사용되는 호칭이기 때문에 미망인의 경우에도 Mrs. 라고 부르고 결혼한 후 이혼한 여인에게도 사용되는 호칭이다. 미망인의 경우 생전의 남

편이름 앞에 Mrs. 를 붙인다.

* Mrs. Thomas Shimpton * Mrs. John J. Smith
* Mrs. Carr Henry (남편이름) * Mrs. Julia Henry

✦ **Miss** ; 미혼 여인에게 붙이는 존칭이며, 약자가 아니기 때문에 period를 붙일 수 없다. 복수는 Misses이며 보통 the를 붙여 함께 사용한다.

* Miss In Kim * The Misses In Kim and Hee Kwon

(3) Messrs.,(불어 Messieurs의 약자)와 Mmes

✦ **Messrs** ; 두 사람 이상의 남자에게 붙이는 존칭이며, Mr.의 복수이다. 회사이름이 두 사람 이상의 남자나 이들이 조직한 회사명이 사람의 이름과 관련되어 이루어진 경우에 붙인다. 이는 원래 영어의 Mr에 s를 붙여 사용하여야 하는데 이렇게 하면 Mrs가되어 부득불 불어 Messieurs의 약자인 Messrs로 대신하도록 하였다.

* Messrs. Greem & Co. (or Company)
* Messrs. Scrooge & Co.

그러나 Messrs는 영국의 관습을 따라 우리나라 기업들이 주식회사나 법인 등 구분하지 않고 사용하는 경우가 있는데 이는 잘못된 것이다. 즉 Messrs는 일반적으로 주식회사와 같은 경우에는 사용하되 사단법인 및 공동경영체(사람의 이름과 관련 없는 회사명)에는 사용할 수 없기 때문이다. 따라서 "Messrs. Bank of Tokyo"와 "Messrs. General Electric Company, Ltd."와 같은 표기는 잘못된 것이며, 이의 정확한 표기는"The Bank of Tokyo" 또는 "The General Electric Company, Ltd"로 표기하여야 한다.

✦ **Mmes.(불어 Mesdames 의 약자)** ; 두 사람 이상의 기혼부인에게 붙이는 존칭이다. 기혼부인 및 미혼여인의 공동회사에도 사용되는데 부인 및 남자의 공동회사에는 Messrs.를 붙인다.

* Mmes. White & Johnson * Mmes. Sandra & Wilson

(4) Dr.와 Prof.

Dr. 는 Doctor의 약자로서 박사학위를 가진 남녀에게 붙이는 존칭으로 일반적으로 M.D.(의학박사) 학위를 받은 의사에게 사용된다. 그리고 Prof. 는 Professor의 약자로서 대학교수 또는 대학교수를 지낸 사람에게 붙이는 존칭이다. 그러나 이 호칭은 약자를 쓰지 않는 것이 좋다.

* Doctor Mitchell 또는 Professor Harry M. Overton로 표기한다.

* Doctor Mitchell, M.D.로 표기하는 것은 잘못이다.

(5) Rev.(Reverend의 약자) 또는 Hon.(Honorable의 약자)

성직에 있는 목사나 종교인에게 붙이는 존칭이다. 특히 두터운 경의를 표할 경우에는 The Reverend를 붙인다. Bishop에게는 Right Reverend를 붙인다.

* The Reverend (or Rev.) Albert Dean

그리고 Hon. 은 정부의 고관, 장관, 대법관, 외교관 및 국회의원에 붙이는 존칭이다.

* Honorable Russell C. Doc. * Hon. Russell C. Doc.

(6) President(대표이사), General Manager(총지배인), Manager(부장) 등의 직명은 성명 다음에 쓴다.

* Mr. A.V. Norton, President
Chase Brass & Copper Co.
Love Field, Dallas 9
Texas, U.S.A.

* Mr. Chong-Sung Lee, President
10, 1-ka, Myungdong, Chung-ku
Seoul, Korea

(7) 인명을 쓰지 않고 직명을 쓰는 경우

* The President
The White House
Washington 25, D.C.

* The President
Seoul Trading Co., Ltd.
800, 1-ka, Gungdong, Chung-ku,
Seoul, Korea

직명은 회사의 중역이나 조직책임자들에게 주어지는 존칭인데 이들 존칭은 다음과 같이 정리할 수 있다.

* 이사회 회장 : Chairman (of the Board of Directors)
* (이사회) 사장 : President (Director and President)
* 부 사 장 : Deputy(Executive) or Vice President
* 대표이사 : Representative Director
* 전무이사 : (Executive) Managing Director
* 상무이사 : Standing (or Executive) Director
* 이 사 : Director
* (상임) 감사 : (Standing) Auditor
* 수출부장 : Export Manager
* 수입부장 : Import Manager
* 경리(회계)부장: Finance (Accounting) Manager
* 총무부장 : Administration (General Affairs) Manager
* 인사(노무)부장: Personnel (Labor) Manager
* 영업(노무)부장: Sales Manager (Operations Manager, Business Manager)
* 공 장 장 : Factory (or Plant) Manager
* 기 사 장 : Chief Engineer
* 지 점 장 : Branch (Office) Manager
* —부 장 : Manager of the—Division,(Manager)
* —과 장 : —부장에 준한다(—Section Chief)
* 부(지점)차장 : Sub-Manager or Asst. Manager
* 부장대리 : Acting Division (Dept.) Manager
* 지배인(지점장) 대리 : Acting Manager (Deputy Manager)
* 계 장 : Chief (Chief Clerk)

3. 서두인사(Salutation)

Salutation은 본문을 쓰기 전에 수신인에게 경의를 표하기 위하여 쓰는 인사말로서 우리나라 말의 친애하는~, 경애하는~에게란 말과 같은 의미로 사용된다. 일반적으로 Inside Address에서 2~3행 아래 왼쪽 공간에 쓰며 Gentlemen, Dear Sirs 등 여러 가지가 있다.

1) **Gentlemen :** 남자의 조합 및 회사에 대하여 쓰여지는 것으로서, 미국에서 일반적으로 사용되고 있다. 미국계통에서는 Dear Sirs를 사용하지 않는다.

2) **Dear Sirs :** 이것도 남자의 조합 및 회사에 대하여 쓰여지는 것인데 영국에서 가장 많이 사용되고 있다.

3) **Dear Sir :** 한 사람의 남자에 대하여 쓰여지며, 영국뿐만 아니라 미국에서도 널리 사용되고 있다.

4) **Dear Madam :** 기혼, 미혼을 불문하고 다같이 사용할 수 있다.

5) **Mesdames, Ladies :** 여자만으로 구성된 협동조합 또는 회사에 쓰여진다.

6) **Sir, Madam :** 단순히 Sir, Madam이라고 쓸 때에는 가장 formal한 것이며 공용문에 사용된다.

7) **My dear Sir, My dear Madam :** 이것은 Dear Sir, Dear Madam 보다 의례적인 것으로서 개인간의 서한에 사용되며, 상업통신문에서는 사용되지 않는다. 이 경우의 dear의 d는 소문자로 시작해야 한다. 그러나 전부터 서한의 왕복이 있고 친밀한 사이에는 성명을 쓰는 경우도 있다.

* My dear Mr. Brown :　　* Dear Miss Simon :

* Dear Mrs. Jacks :　　* My dear Mrs. Jacks :

4. 본문(Body of Letter)

Body는 서한의 핵심을 이루는 가장 중요한 부분이다. 일반적으로 Salutation의 2행 아래에서 시작하여 용지의 크기나 또는 여백 등을 고려하여 배열상 조화가 잘 이루어지는 위치에 오도록 하여야 한다. 상업서한은 간결하고 명료하여야 하며 요점이 뚜렷해야 한다. 본문 작성에는 다음과 같은 것들을 고려하면 좋은 효과를 얻을 수 있다.

첫째, 잘 구성된 절로 서한의 주제를 확실히 나타내도록 표현한다.

둘째, 평범한 단어와 적절한 용어를 사용하고 속어나 진부한 표현은 피해야 한다.

셋째, 수신자의 취향을 고려하여 내용을 신중하게 표현한다.

넷째, 필요한 곳에 대문자를 쓰고 의미를 명백히 하기 위해 구두점을 사용한다.

다섯째, 철자에 주의하고 의심나는 단어는 사전을 찾아서 정확하게 기재한다.

5. 결미인사(Complimentary Close)

Complimentary Close는 본문을 다 쓰고난 후 경의를 표하기 위하여 말미에 사용하는 관습적인 인사말로서 우리말의 배상(拜上), 올림 등과 같은 의미를 가진 용어를 선택하여 사용한다. 결미인사는 서두인사(Salutation)와 불가분의 관계에 있기 때문에 서로 부합되는 용어를 선택하도록 고려하여야 하며 본문의 끝 줄에서 두칸 정도 밑에 쓰는것이 관례로 되어있다. 즉, 서두인사에서는 지극히 의례적이고 관례적인 용어인 "Sir"을 사용하고 결미인사에서는 아주 가까운 사람들끼리 사용하는 용어인 "Cordially Yours"를 쓴다면 일관성이 없는 글이 되니까 유의하여야 한다.

Complimentary Close의 표현은 다음과 같이 영국식 표현과 미국식 표현이 있는데 근래에는 이들 표현이 지역을 가리지 않고 혼용되고 있어 날이 갈수록 퇴색되고 있다.

미국식	영국식
Yours Truly,	Faithfully Yours,
Yours very truly,	Yours Faithfully,
Truly yours,	Yours very faithfully,
Very truly yours,	Very Faithfully Yours,

이들 표현 가운데 개인적으로 친분이 두터운 사이에는 "Yours sincerely", "Yours cordially" 또는 "Sincerely yours", "Cordially yours"를 사용하고, 관청과의 거래에서 표현하는 경우에는 "Yours respectfully" 또는 "Respectfully yours"라는 표현을 사용한다.

6. 서명(Signature)

서명은 서한내용에 대한 책임소재를 분명히 하기 위하여 하는 것이기 때문에 법률상의 효력이 부여되는 행위로 반드시 자필로 해야 한다.

서명의 위치는 Complimentary Close의 4-6행 밑이 되며 서명만으로는 서명자의 이름을 정확하게 파악할 수 없기 때문에 Full Name을 함께 기록하는 것이 관례로 되어있다.

서명은 일반기업에서 사용하는 경우에는 일반적으로 4줄로 작성하는데. 첫 줄에는 발신회사의 이름을 모두 대문자로 기재하며, 두세 번째 줄에는 서한 작성 책임자가 서명을 한다. 세 번째 줄에는 서명자의 성명을, 그리고 마지막 줄에는 서명자의 직책을 타자한다. 한편 서명자가 개인자격으로 서명을 하는 경우에는 서명, 성명, 직책 및 회사명 순으로 서명하는 것이 관례로 되어 있다.

> Ypurs sincerely,
> GENERAL ELECTRIC CO., INC.
> Wiliam K. MacCarthy
> Wiliam K. MacCarthy
> Export Manager

대리서명은 서한에 타자된 사람이 직접 서명하지 않고 다른 사람이 대신 서명하는 경우로서 정식대리서명과 약식대리서명으로 구분하는데 정식대리서명은 위임장을 상대방에게 미리 보내고 그것에 의하여 어느 특정인에게 대리서명을 위임한다는 것을 통고한 후 그 특정인에 의해 서명되는 것을 말한다. 그리고 이 경우 대리서명의 표시는 상사명이나 직책이름앞에 P.P. 또는 Per Pro.를 써서 서명하는데 P.P.는 Per Procurationem(by authorization)이란 라틴어의 약자로서 서명자가 그 용건에 관하여 그 회사로부터 위임장에 의한 대리서명권이 주어졌음을 의미하는 것이다. 약식대리서명은 간단한 사무를 처리하기 위하여 대리서명권이 없는 자가 서명을 하는 단순히 회사와 관계가 있음을 표시하는 서명으로서 회사명 앞에 For(영국식), By, 또는 Per(미국식)를 붙이는데 일반적으로 서명자의 직책을 밝히지 않는 것이 일반적이다.

✦ 정식대리서명의 예

P.P. THE URI BANK CO., LTD.
  Un Ho Choi
  Un Ho Choi, Cashier

✦ 약식대리서명의 예

(미국식) ; THE SAMSUNG TRADING CO., INC.
  by Young Hee Kang
(영국식) ; For THE SAMSUNG TRADING CO., INC.
  Young Hee Kang

7. 파일참조(File Reference)

회사의 규모가 확대되고 거래업체의 수가 증가하면 거래와 관련된 서류를 찾는다거나 보관 및 관리를 하는데 많은 시간이 소요되고 노력이 필요하게 된다. 물론 앞으로의 무역은 무역업무와 관련된 모든 과정을 전자자료 교환(EDI : Electronic Data Interchange)를 활용할 수 있기 때문에 업무량이 크게 줄어들고 자료보관에도 옛날에 비해 간소화 되겠지만 자료를 분명하게 작성하여야 하고 후일에 만약의 사태를 대비하기 위해서는 교환된 자료를 증거로 보관할 필요가 있다. 따라서 거래규모의 확대에 따른 업무를 효율적으로 관리하기 위하여 서한 또는 자료를 발송하거나 수신할 때 서한과 자료에 대한 고유의 번호 또는 기호를 부과하면 자료를 참고하기 위하여 찾을 때 보다 쉽게 찾아 정리할 수 있을 것이다. 즉, 거래규모에 따라 부서별로, 회사별로, 연도별로, 품목별로 또는 지역별로 구분해서 다음과 같이 일련의 번호를 부과하면 거래당사자 상호간에 시간을 절약하여 경영합리화에도 기여할 수 있을 것이다.[4] 그리고 파일 참조란은 일반적으로 Inside Address의 우측 Date를 기재하는 란에서 3행정도 아래에 위치한다.

1) **부서 및 담당자별 분류** : Our Ref. B-2k-19

2) **회사 및 품목별 분류** : Our Ref. 9-13-6

3) **부서, 연도 및 품목별 분류** : Our Ref. T3-11-29

1)에서 B는 Business(영업부)의 첫 대문자를, 2K는 2과 K자가 들어가는 성을 가진 자, 예컨대 강씨 또는 김씨를 그리고 19는 서류의 고유번호를 의미한다.

2)에서 9는 미리 설정되어 있는 회사를 표시하고, 13은 동회사와 거래되는 다양한 품목 중 지정된 품목을 의미하며 6은 고유의 번호를 표시한다.

3)에서 T3은 무역부(Trade) 3과를, 11은 연도를, 그리고 29는 고유의 번호이다.

위와 같은 내용의 서한을 받은 상대자는 회신에서 다음과 같이 인용할 수

4) 김원배, 신한동, 전게서, p. 44

있다.

첫째, Your Re. B-2K-19

둘째, In reply to your letter of July 5, 2011(your Re.; 9-13-6), we are pleased to mention ……

셋째, Thank you very much for your inquiry of July 5, 2011, your Re. T3- 11-29.

8. 참조인 또는 참조 주무부서(Attention Line)

수신회사의 규모가 크기 때문에 부서의 수가 많고 복잡하다면 발송서한이 수신인을 찾아가는데 상당한 시간이 소요될 것이다. 따라서 이 문제를 해결하기 위하여 서신을 접수해야할 특정인 또는 참조 주무부서를 서신에 명시해 둠으로써 수신회사에 접수된 서한이 지체없이 특정인에게 전달될 수 있도록 하는데 이 기재 란을 참조인 란이라 한다.

실무상 수신회사에 서신이 접수되었다 할지라도 회사의 규모가 크고 복잡하면 접수된 서신이 주인을 찾아가는데 시간이 소요될 것이므로 이를 해결하기 위해서는 동 서한을 받아야 할 사람이나 주무 부서를 명시하면 접수된 서신이 쉽게 수신해야 할 사람이나 부서에 전달될 것이다. 따라서 신속정확하게 서한이 전달될 수 있도록 특정인이나 담당부서를 서한내용의 Inside Address 2행 정도 아래에 다음과 같이 명시하는데 이를 "Attention Line"이라 한다.

✦ Inside Address의 2행정도 하단에

Attention : Mr. Sung Ryong Kim, Import Manager

또는 Attention : Import Department

(Attention of Mr. Kim)

9. 표제건명(Subject Caption)

회사의 규모에 따라 정도의 차이가 있겠지만 국제거래업무를 담당하는 사람은 하루에 수십통의 서한을 접하는 경우 서한의 내용을 쉽게 이해하고 처리하는 것이 무엇보다 필요하다. 따라서 서한의 본문을 읽기 전에 무슨 내용인지를 미리 파악한다면 업무처리의 효율성을 높일 수 있을 것이다.

Letter Subject는 이러한 필요에 의해 독자로 하여금 제목을 보고 쉽게 서한의 내용을 이해할 수 있도록 보통 Salutation과 동렬에 또는 Salutation에서 2줄 내려서 본문의 중앙에 적당한 간격을 골라 아래와 같이 기재한다.

✦ Subject : L/C No. J257 Amended

또는 Subject : Men's Cotton Shirt

10. 관련자표시(Identification Mark)

편지의 서명자, Typist 등의 책임을 밝히기 위하여 관련된 사람들의 이름의 머리 문자 또는 기타의 표시를 하는 것을 말한다. 회사의 사정 또는 경영방식에 따라 하나의 서한을 작성하는데는 기안자, 서명자 또는 타자원 모두가 관련되기도 하고, 두 사람이 관련되기도 한다.

관련자를 확인하고자 하거나 서한작성의 책임을 분명히 하고 상대방에게 신뢰를 받기 위하여 기재하는 란이며 일반적으로 기본요소중 하나인 "Signature"란에서 두 줄 아래에 표시 한다.

✦ Identification Mark는 다음과 같은 방법으로 표시한다.

1) 기안자가 서명한 후 타자원이 타자한 경우 : HGD/SJ
2) 기안자, 서명자, 타자원이 모두 관련된 경우: HGD/SHD/sj

11. 우편종별표시(Mailing Direction)

서신의 우송방법, 즉 Air Mail, 등기우편(Registered Mail), 속달우편(Special Delivery), 등기 속달 항공우편(Expressly Registered Air Mail) 등을 표시함으로써 송신료의 계산이나 Filing을 하는데 도움을 주는데 기재위치는 관련자표시의 바로 아래가 된다.

✦ KWB/CJ
Expressly Registered Air Mail

12. 동봉물 표시(Enclosure Direction)

서한에 첨부되는 서류가 있다면 그 서류명을 명시해 줌으로써 수신자가 혹시 받지 못하는 경우 후일의 혼란을 방지하는데 도움이 될 수 있다.

동봉물 표시는 "Identification Marks"에서 일반적으로 1-2 줄 아래에 표시하는데

✦ "Enclosure"(Inclosure) 또는 그 약자(Encl)를 아래와 같이 표기한다.

- Enclosure(Enc. or Encl.) : A Copy of Insurance Policy issued in March 2.
- 2 Inclosures(2 Incls.) : Two copies of Insurance Policy.
  Three Copies of B/L

13. 사본 배부처(Carbon Copy Notation)

동일한 본문의 내용을 여러 수신자에게 나누어 주고자 하는 경우에 사용하는 란으로 업무량을 줄이는데 기여할 수 있다. 이 란은 "Enclosure Notations" 다음 줄에 "Copy to x x x" 또는 "C.C.: "로 표시한 후 수신처를 쓰기 때문에 발신부서에서는 수신자를 하나 하나 확인할 수 있어 빠뜨리

거나 이중으로 발신하는 일을 방지할 수 있다.

✦ Copy to : Mr. R. Grims, New York Branch
C.C. : Mr. Henry Lee, Chicago Trading Co.,
Mr. K. Robinson, The NewYork Co.,

14. 추신(Postscript)

추신은 서한을 모두 작성한 후 추가로 기재할 내용이 있거나 본문의 내용 중 중요사항을 강조하고자 할 때 추가 또는 강조할 내용을 Identification Line에서 두 줄 정도 밑에 기재하는 경우를 의미한다. 추신의 내용이 많다면 본문의 내용에 반영되도록 다시 쓰는 것이 좋겠지만 간단한 내용은 다시 쓰지 않고 추신으로 사용하는 것이 바람직하다.

✦ P.S. We are sending you separately the price list and samples.
P.S. : 20% discount on the above item can be allowed for 15,000 or more.

제 3 장
무역영어 서한의 작성요령

제1절 무역서한의 봉투작성 요령

1. 봉투표기의 기본

무역서한에 사용되는 봉투는 그 재질이 튼튼하고 질기며 흰색으로 된 표준양식이 대부분인데 그 크기는 국내에서 사용되는 봉투와 마찬가지로 소형, 중형, 대형 등 세 가지로 분류된다. 그리고 봉투의 견본은 [그림 1-1]과 같다.

그림 1-1 표준형 봉투(Standard Size Envelope)

9.5 inch(24cm)

① Return Address

Stamp

③ Mailing Notation

② Receiver Address

④ Special Information

4 inch(10cm)

2. 봉투표기 방법

1) 발신자 주소 (Return Address)

국내용 우편물에서는 우표가 붙는 자리와 발신자의 주소가 기재되는 자리가 일반적으로 반대편에 위치하게 되는데, 국제우편물에서는 수신자의 주소가 기재되는 면과 같은 면의 상단에 우표가 붙게 된다. 즉, 위의 견본에서와 같이 ①의 위치에 발신자의 이름을 우편번호(Zip Code)와 함께 쓰고 거기에서 2행 정도 하단에 회사명, 주소, 국가 등 3줄로 쓰는 것이 일반적인 관례이다.

2) 수신자 주소(Receiver Address)

[그림 1-1]의 ②의 위치에 기재된다. 그림에서와 같은 위치에 수신자의 주소는 서한의 Inside Address와 동일한 내용으로 써야 한다. 투명봉투(Window Envelope)의 경우에는 Inside Address가 투시될 수 있도록 서한을 접어서 Inside Address를 쉽게 볼 수 있도록 하면 된다.

3) 우편종류(Mailing Notation)

우표가 붙는 위치와 가까운 곳에 우편의 종류를 표시한다. 즉, 우편의 종류가 항공우편이면 항공우편을 표시하는 내용인 "VIA AIR MAIL"로 표시하는데 이는 일반적으로 인쇄되어 있다. 그리고 항공우편이 아닌 일반우편의 경우와 등기항공우편 등은 "Sea Mail", "Registered Air Mail", "Special Mail"과 같은 표현으로 그림에서 ③의 위치에 해당된다.

4) 주의사항(Special Remarks)

일반우편물과는 달리 특별히 주의해서 전달되어야 할 우편물의 경우는 우편물을 취급하는 우체국이나 수신자에게 주의해서 취급하라는 주의표시를 우편물의 봉투에 기재하게 되는데 기재의 내용은 일반적으로 아래의 내용과 같으며 그림의 ④의 위치에 '요주의'를 명기한다. 즉, 여행을 하고 있는 사람에게 서한을 쓰고자 할 때 여행계획서에 나타난 호텔 앞으로 "Hold for Arrival"을, 수신인 이외의 다른 사람이 뜯지 못하도록 하고자 할 때에는 "Private or Personal"(친전)의 표시를 한다. 그리고 편지의 내용물에 사진이 동봉되었으면 "Photo"라고 기재하며 그 외에도 Confidential(비밀), Urgent (지급), Printed matter(인쇄물 재중), Please forward to Mr. Sung Kim(김성씨에게 전달요망) 등과 같은 주의표시 문구가 있다.

제2절 무역서한의 작성요령

1. 어휘의 선택

무역거래는 일반적으로 서로를 잘 알지 못하는 상태에서 서면에 의한 계약이나 offer를 통하여 청약과 승낙의 과정을 거치면서 거래가 시작된다. 물론, 일정한 규모를 지니고 있는 대기업은 거래상대자를 직접 방문하여 신용상태를 확인한 다음 서로간에 상대방을 확인한 후 거래가 성사되는 경우도 있겠지만 일반적으로 대부분 기업들은 경비문제로 인하여 거래상대방을 방문하여 확인하는 과정을 생략하고 서면에 의해 신용조회를 하거나 자체판단으로 거래를 확정하는 것이 현실이다.

따라서, 이와 같은 이유들 때문에 국제무역에서 무역서한의 중요성이 강조되는 것이다. 본장은 이같은 점을 강조하기 위하여 편성된 장이며, 독자들이 진지한 마음으로 관심을 가지고 상대방의 성격이나 개성에 맞는 표현이나 어휘를 사용하여 거래에서 도움받기를 기대하는 마음으로 정리된 장이라 하겠다.

2. 표현의 기법

무역서한은 거래상대방이 쉽게 이해할 수 있도록 간결, 명확하며 쉬운 표현으로 작성하여야 한다. 왜냐하면 현대의 기업경영은 바쁜 일정 가운데서 빠른 판단을 하고 순간적인 결정을 내려야 하기 때문에 복잡하고 어려운 문장이나 어휘를 사용하는 경우에는 서한문의 내용을 신중하게 다루지도 않고 바로 거절로 연결될 수 있기 때문이다.

따라서 무역서한문을 작성하는 자는 거래과정에서 야기될 수 있는 모든 복잡한 문제들을 사전에 검토한 후 상대방에게 전하고자 하는 의사를 상대방이 오해하지 않도록 정확・간단하게 작성하는 예의를 갖추도록 노력하여야 한다.

일반적으로 무역서한이 소기의 성과를 얻기 위하여 갖추어야 할 주의사항으로는 첫 글자가 "C"자로 표시되는 5가지를 집약하여 5C's의 형태로 작성하여야 한다. 즉, 5C's[5]란 Clearness(명료성), Conciseness(간결성), Completeness(완벽성), Courtesy(예의), Correctness(정확성) 등을 의미한다. 그리고 여기에 Confidence(자신감), Conversational Tone(회화체), Concreteness(구체성), Character (개성) 또는 Constructiveness(적극성) 등과 같은 사항들을 추가하여 6C's[6] 또는 7C's 원칙을 지켜 작성하여야 한다는 학자들도 있다.

1) 명료성(Clarity : Clearness)

서한문을 접수한 사람이 서한문을 읽고 서신에서 전하고자 하는 내용을 바로 이해할 수 있도록 명료한 내용으로 서신은 작성되어야 한다. 서한문을 읽을 때마다 또는 독자에 따라 이해를 달리하기 쉬운 애매한 표현으로 작성되는 서신은 거래를 지연시키거나 차후에 분쟁을 야기시킬 가능성이 높다.

---

5) Taseyashidae는 그의 저서 "*Business Writting*, pp. 12-36"에서 위 4가지 외에 "Constructiveness"를 추가로 주장하고 있다.

6) Joel P.Bowman과 Bernadine P.Branchaw는 그의 저서 "*Effective Business Correspondence*, 1979, pp. 49-86" 에서 위 4가지 외에 "Confidence"와 "Conversational Tone"을 추가로 주장하였다.

따라서 서한문은 전하고자 하는 내용을 분명하고 명확하게 표현하여 시간과 경비를 줄일 수 있고 독자로부터 신뢰를 받을 수 있도록 작성하여야 한다.

서한문에서 혼동을 피하기 위하여 왼쪽에 표시되어 있는 표현은 오른쪽의 표현으로 바꾸어 사용하는 것이 바람직하다.

absolutely complete	complete
According to our records	We find
accordingly	therefore
advise	inform
As stated above, as indicated below	From these facts, As we have shown, For the following reasons
Attached please find	we are attaching, we enclose our xxx
forward, transmit, dispatch	send
in as much as	because
communication	letter
purchase	buy
terminate	end
utilize	use
in the amount of	for
in the near future	soon
my personal opinion	my opinion
manifest, display, indicate, demonstrate,	exhitit show
not with standing	in spite of
nevertheless	but
perform, practice, execute, enforce, fulfill	do
reimburse	pay back
secure, acquire, obtain, possess, procure get	
subsequently	later on
sufficiently, abundantly	enough

without further delay	now, immediately
with regard to	about
We are not in a position to xxx	we cannot

2) 간결성(Conciseness)

자신의 의사를 표현할 때 일반적으로 서양인은 직선적인 표현방법을 사용하지만 동양인은 우회적인 표현방법을 즐겨 사용한다. 즉, 동양인은 말하고 싶은 것이 있어도 직선적으로 표현하지 않고 변죽을 울리면서 암시를 하는데 비하여 서양인은 직설적으로 표현한다는 것이다. 그러나 대부분 무역거래는 시각을 다투는 경우가 많기 때문에 무역거래에서 느긋하게 여유를 보인다는 것은 사실상 어려운 실정이다. 실제로 무역회사들은 업무의 신속화를 위하여 회사마다 보다 신속하게 의사를 교환할 수 있는 통신장비를 갖추고 치열한 경쟁 속에 무역업무를 수행하고 있다.

따라서 이상의 상황을 감안하여 무역서신은 문제의 핵심이 되는 내용을 보다 간단・명료하게 작성하여야 한다. 왜냐하면 미사여구의 문구를 사용하며 수식어를 남발하는 것은 오히려 독자로 하여금 오해와 오역을 야기시킬 가능성이 그만큼 높기 때문이다.

✦ 예를 들어 아래와 같은 내용을 영문으로 작성해 보기로 한다.

"본 서신은 아직도 미지급상태로 되어 있는 3월분에 대하여 두번째로 지급을 촉구하는 독촉장입니다. 1차로 지급 독촉한 바 있는 5월 9일자의 서한사본을 동봉합니다."를

"This is the second letter I have sent you with regard to your March account which has not been cleared. My first letter dated May 9, asked why the account had not been paid, and you will see from the enclosed that."로 표현하는 것보다

"This is the second letter for March account we have asked to clear and the enclosed is the copy of our first letter dated May 9"으로 하는 것이 좋을 것이다.

아래와 같은 표현 중 불필요한 어휘로 구성되어 있는 왼쪽의 표현보다는 오른쪽에 있는 표현으로 영문을 작성하는 것이 효율적이라 할 수 있다.

* according to our records	our records show
* a cheque in the amount of	cheque for
* as regards	about
* at all times	always
* attached hereto	attached
* be in a position	can, be able to
* be of opinion	think
* by means of	by
* communicate with	write to
* conduct a survey	survey
* contrary to expectation	unexpectedly
* due to the fact that	as, since
* enclosed herewith	enclosed
* for the reason that	since, because
* in the amount of	for
* in the event that(of)	if
* in the case of	if
* in these circumstances	therefore
* in compliance with your request	as requested
* in connection with	about
* in the near future	soon
* in view of the fact that	since
* make an agreement	agree
* make payment	pay
* make a proposition	propose
* on that occation	each time
* prior to	before
* subsequent to	after

* under the circumstances of	therefore
* under separate cover	separately
* We are writing with reference to	We are writing about
* We shall be in a position to	We shall be able to
* In the course of the next few weeks	During the next few weeks

3) 완벽성(Completeness)

서신의 문장을 짧게 하기 위하여 중요한 사항이 소홀하게 다루어져서는 안 될 뿐만 아니라 필요한 사항은 모두 누락됨이 없이 완벽하게 언급되어야 한다.

4) 예의(Courtesy)

어떤 일에서나 상대방에게 예의를 갖추고 정중한 자세로 상대방을 대할 때 상대의 입장에서는 기분이 상쾌하고 이로 인해 상호간에 부드러운 분위기가 조성될 것이다. 서한을 작성할 때에도 정중하고 우호적인 태도로 자신을 상대방의 입장에서 신속하게 임해야 한다.

흔히 서한의 끝 부분에 쓰는 "thanking you in advance for any information you may send"와 같은 내용은 상대방이 해주기를 강하게 바라는 의미가 포함되어 있겠으나, 오히려 이러한 표현은 묘한 감정을 느끼게 할 수도 있다.

그러므로 "We shall be grateful for any information you may care to send" 로 쓰는 것이 정중한 표현이라 할 수 있다.

5) 정확성(Correctness)

무역서한의 내용 하나 하나는 차후 거래가 성립된 이후 당사자의 권리·의무관계로 이어지기 때문에 내용과 형식에 있어서 정확하게 하여야 한다.

문장의 구조, 문법, 철자법(spelling), 구두점(punctuation), 대소문자의 구별, 시제 등의 정확성 이외에 상품의 내용, 규격, 단가, 결제방법, 상품인도조건, 수수료지급 등 모든 내용을 정확하게 표현함으로써 차후의 분쟁을 예방할 수 있다.

* We sell at retail only in Chicago. ——— in Chicago only.
* We will select whoever you name for the training program.
  (whomever)
* The money will be paid to whomever is named as beneficiary.
  (whoever)
* I cannot but to feel sorry for his failure.(— cannot but feel —, 또는 — cannot help feeling(동명사)—, —하지 않을 수 없다. — 할 수밖에 없다.)
* The armed conflict have been avoided, and agreement reached, we felt greatly relieved.(feel, 무력충돌을 피하고 합의가 이루어 졌으므로 우리는 크게 안도하고 있습니다.)

만약 "felt"를 그대로 한다면 "have"를 "having"으로 고치거나, 또는 "As the armed conflict had been avoided"(독립분사 구문의 완료형)로 고쳐야 할 것이다.

한편, 의도하는 바를 상대방에게 정확하게 알리고자 할 때는 용어선택에 유의해야 한다. 오해를 유발하기 쉬운 단어는 절대로 사용하지 말아야 한다. 예컨대, 상대방을 무시하는 듯한 용어를 사용하게 되면 수취인은 즉각적으로 도전적(aggressive)이 되거나, 재치 없이 무례하게 되거나(tactless), 퉁명스럽게 되거나(curt), 음흉하게 되거나(rude), 빈정대게 되거나(sarcastic) 또는 불쾌하게 되는(offensive) 원인이 된다.

✦ 다음 왼쪽편과 같은 표현보다는 오른쪽과 같은 표현으로 사용하는 것이 바람직하다.[7]

* We cannot do anything about your problem. : Unfortunately, we are unable to help you on this occasion.
* This problem would not have happened : The problem would be resolved by if you had connected the wires properly. connecting the wires in accordance with the instructions provided.
* Your television's quarantee is up, so : The quarantee for your television has you will have to pay for it to be fixed. expired so unfortunately you would have to bear the cost of any repairs.

3. 틀리기 쉬운 문형[8)]

영문서한을 작성할 때 단어의 사용에 따라 일반적으로 혼란을 야기시키거나 틀리기 쉬운 내용들이 있는데 이들을 정리하면 다음과 같다.

✦ until(또는 till)과 by

until은 일정한 시간까지 동작의 계속을 나타내고, by는 동작의 완료를 나타낸다.

I shall wait until five o'clock.

Wait here until I come.

He did not go until morning.

(아침까지 출발하지 않았다.)

I shall stay here until you have finished the work.(당신이 일을 끝낼때까지)

It was not until I came to Japan that I learned Chinese characters.
(일본에 와서 비로소 한자를 배우게 됐다.)

we had all arrived by the time he came.(그가 오기 전에 우리 모두는 도착해 있었다.)

---

7) L Gartside, *Model Business Letters*, Pitman Publishing(London), 1992

8) 김원배, 신한동, 전게서, pp. 55-58

I will let you know by monday. Come here by five o'clock.
Study this report by five o'clock. We shall open an irrevocable L/C by May 9.

✦ Dozen, Won, information, Equipment, Merchandise, Machinery는 복수라 할지라도 "s"를 붙이지 않는다.

We will send you five dozen of forks.
Nine equipment arrived.
It exceeds 2,000,000 won.

✦ 동명사만을 목적어로 취하는 동사

(finish, mind, enjoy, admit, deny, consider, postpone, practice, avoid)
I finished writing a letter to you.

✦ 부정사만을 목적어로 취하는 동사.

(want, wish, hope, choose, decide, care, seek, refuse, expect, pretend, plan)
His advice decided me to clear your invoice value.
(그의 충고로 송장대금을 결제하기로 결심했다.)
We refused to discuss the question.(폐사는 그 문제를 논하고 싶지 않다.)

✦ inquire of 또는 inquire about

We inquired the reason of the company.
We inquired of the company about the reason
I inquired (of) them about the matter.(them 앞에 of가 없으면 틀림)

✦ exchange는 for를 사용한다.

We exchanged American dollar for Korean.(to나 with는 사용할 수 없음)

I exchanged my apple for his peach.

✦ convenient

If it is convenient to you, may I see you tomorrow? or If convenient, may I see you?

(If you are convenient라고 쓰지 않는다)

✦ supply, provide, furnish(to나 with를 사용한다.)

We supplied them with our stock(merchandise).

We supplied our merchandise to them.

They furnished me with these data.

✦ visit, reach, ask, contact 다음에 to가 붙지 않는다.

We will visit your company about September 19, 2010

Would you contact our New York office ?

Please ask him about these matters.

✦ about는 at, on, in, or와 함께 사용할 수 없다.

about noon, about May 29, about June

The ship will arrive at your port on March 9 or 16.

✦ 길이, 중량, 면적 등을 형용사로 사용할 때는 복수여부에 관계없이 다음과 같이 hyphen으로 표기한다.

9-ton truck, 102-story building, 39-meter-wide river

6-hour tour, 7- foot-long boat, 50-hectare land

✦ accompanied, explain, discuss에는 about, to, with를 함께 쓰지 않는다.

We have discussed(about) the problem with them.

We accompanied(with) them

He accompanied(with) me to a door.

Let's discuss(about) the agreement or Let me explain(as to) the matter.

제 2 부
무역절차에 따른 서한문 및 서류작성

시장조사(Market Research)—거래제의(Proposal Letter)—신용조사(Credit Research) —거래조건 제시(Offer)—계약서작성(Contract Sheet)—신용장개설 의뢰(Application)—신용장개설(L/C Opening)—생산지시(Production Order) —생산(Production)—수출면장확보(Import Permit)—선적(Shipment)—선적 통지(Shipping Advice)—환어음 및 선적서류 작성(Draft+Document)—선적 서류 매입(Negotiation)—서류우송(Mail)—대금결제(Payment)—서류인도 (Document Delivery)—수입업자 및 그 지시인의 상품인수—수출업자의 결산

무역거래는 수출거래와 수입거래로 구분되기 때문에 무역절차 또한 수출절차와 수입절차로 구분된다. 그러나 수출절차와 수입절차는 절차상 역관계에 있으므로 수출절차를 설명하면 수입절차는 그 역으로 이루어진다고 이해하면 될 것이다. 상기의 절차는 일반적으로 무역행위가 일어나는 과정을 설명한 것이다. 그리고 무역서한은 이들 절차 절차마다에서 필요하기 때문에 본부에서는 이들 절차에서 필요한 서식들을 소개하기로 한다.

제1장
거래제의 및 신용조회

제1절 시장조사

1. 시장조사의 의의 및 조사방법

일반적으로 상품을 판매하거나 구매할 경우 판매자나 구매자는 상호 신용을 바탕으로 거래를 수행하려 한다. 그러나 이러한 신용은 동일국 내에서도 서로의 믿음을 충족시켜 주기가 어려운데, 이는 상대방의 신용상태를 충분히 조사하기가 어렵기 때문이다. 따라서 이같은 이유들 때문에 동일국 내에서의 거래가 아닌 타국간의 거래는 각국간의 정치, 경제, 사회, 문화 등의 차이로 인하여 시장조사가 더욱 필요하며 신용조사의 필요성은 더욱 강조된다고 하겠다.

해외시장조사(Overseas Marketing Research)는 해외시장의 개척과 해외시장에서 마케팅활동을 효과적으로 수행하기 위한 필요한 정보를 획득하는 작업을 말한다. 즉, 해외시장조사란 해외의 특정시장에 신상품을 판매하는 경우나 기존상품을 판매하려고 하는 경우에 그곳 시장에서의 판매가능성이나 구매가능성을 조사하는 행위를 의미한다. 일반적으로 해외시장조사에서 중점을 두고 조사하는 내용은 상품조사, 환경조사, 무역관리제도조사, 고객조사 및 거래방식에 관한 조사 등이다. 이를 구체적으로 정리하면 다음과 같다.

첫째, 상품조사란 특정상품을 판매하기 위하여 당해 상품에 대한 장래성과 당해 시장에서의 거래빈도, 당해 상품의 수급상황이 계절에 영향을 받고 있는가의 여부, 특정기간, 즉 일정기간 동안의 소비 및 수급량, 당해 상품의 공급국 및 공급량, 당해 상품과 유사한 상품이나 대용품 및 경쟁품이 있는지의 여부 등을 조사하는 행위를 의미한다.

둘째, 환경조사란 거래상대국의 사회적 환경이나 정치적 환경에 대한 조사를 의미하는데, 무역거래는 2개국 간의 거래이기 때문에 거래상대국에 대한 환경조사가 필요하다. 즉, 무역거래는 거래상대국의 위치나 면적 및 기후조건 등이 어떠한가와 같은 지리적인 조사와 거래상대국의 인구나 종교, 언어 및 교육정도, GNP나 NP, BOP, 상관습, 사회보장제도, 산업정책 등과 같은 사회적·경제적 조사 및 거래상대국의 정치체제나 정치상황, 정치적 안정성 등과 같은 정치적인 조건에 관한 조사를 하여야 한다.

셋째, 무역관리제도의 조사는 거래상대국의 무역에 관한 관리나 통제제도에 관한 조사를 하는 경우를 의미한다. 즉, 무역관리제도의 조사는 거래상대국의 무역에 관한 허가제도나 외환관리 및 관세제도와 무역정책 등에 관한 조사를 말한다.

넷째, 고객조사는 상품의 판매수량을 측정하고 시장의 발전가능성을 측정하기 위하여 행하여진다. 즉, 판매량을 예측하고 판매의 가능성을 측정하기 위하여 소비자의 연령이나 지역적·계급적 분포 및 소득분포와 구매능력 등을 조사하고, 해당 상품에 대한 고객의 이미지나 구매동기 등을 조사한다.

다섯째, 거래방식에 대한 조사는 원만한 무역거래를 수행하기 위하여 상대국의 무역거래에 관한 일반적인 거래방법이나 관습 등을 조사함을 의미한다. 즉, 원만한 무역거래를 수행하기 위하여 상대국이 주로 사용하는 가격결정방법이나 거래단위 및 품질결정방법, 대금결제방법, 무역금융제도 등과 같은 무역거래의 방법에 관한 다각적인 조사를 하게 된다.

한편 상기와 같은 시장조사의 방법으로는 자기회사의 직원을 현장에 직접 파견하는 경우와 상대국에 파견되어 있는 자국의 기관(영사관, 외국환 은행의 해외지점 등)이나 외국의 상업회의소 등에 서면이나 전문으로 의뢰하는 경우 및 외국에서 발행되는 특수한 잡지의 광고를 이용하는 경우 등이 있다.

2. 거래처 선정

앞에서 설명한 시장조사의 방법을 사용하여 거래시장이 결정되면 당해 시장에서 신용과 덕망이 있는 유력한 거래처를 찾아서 거래관계를 성사시켜야 한다. 즉, 거래시장에서 안심하고 거래를 할 수 있는 거래처를 선정하여야 하는데 이러한 거래처를 선정하는 방법은 일반적으로 다음과 같이 분류한다.

1) 자사의 세일즈맨을 현지에 직접 파견하는 경우

이 방법은 자사의 직원을 당해 시장에 직접 파견하여 시장조사를 한 후 거래처를 선정하므로 가장 확실한 선정방법이 된다. 그러나 이 경우는 시장조사 자체는 확실하게 할 수 있으나 조사비용이 과다하게 소요되는 단점이 있다. 따라서 대기업의 경우는 부담스럽지 않겠으나 중소기업의 경우는 경비부담이 문제가 되어 이용하기에 어려움이 따른다 하겠다.

2) 세일즈맨단을 이용하는 경우

일반적으로 개발도상국의 경우에는 수출장려정책을 실시하기 때문에 종종 정부나 특수단체의 주선으로 특수한 시장의 개척을 목적으로 세일즈맨-단(Sales Men Group)을 구성하여 파견한다. 물론 이러한 경우에는 경비의 부담을 정부나 특정단체가 일정액을 부담하기 때문에 기업으로서는 경비가 일정 금액만큼 절약되는 장점이 있다.

그러나 이 방법은 세일즈맨-단이라는 단체가 시장조사를 하기 때문에 시장조사를 위한 활동시간이 개인적으로는 단축되는 단점이 있다. 즉, 세일즈맨-단의 단장이 계획한 활동계획대로 단체활동을 원칙으로 하기 때문에 독자적으로 충분한 시장조사를 하기가 어렵다는 단점이 있다. 따라서 대기업의 경우는 이 같은 한계성 때문에 이 방법을 즐겨 이용하지 않지만 외국어의 소통이 부자연스러운 중소기업이나 경비에 대한 부담을 가지는 중소기업은 이 방법을 이용하는 것이 편리할 것이다.

3) 해외의 자국 영사관이나 특수 기관을 이용하는 경우

이 경우는 자사의 직원이 해외로 출장가지 않고 서신이나 전문으로 해외의 기관에 시장조사 및 거래처의 선정을 의뢰하는 방법이다. 따라서 소요비용은 시장조사나 거래처를 선정하도록 의뢰한 측에서 부담하게 된다. 이 방법은 자사의 직원이 해외로 출장을 가지 않기 때문에 시간적으로나 비용 면에서는 상당한 이익이 있다. 그러나 여기에는 조사를 의뢰받은 기관이 조사를 불성실하게 하였을 경우 이로 인한 선의의 피해를 받을 수 있다는 단점이 있다.

4) 잡지나 외국의 상공인 명부를 이용하는 경우

외국에서 발간된 특수한 간행물이나 정기 간행물의 광고를 이용하여 거래처를 선정하는 방법이다.

일반적으로 간행물은 특수한 계층의 소비자를 목표로 하여 발간되기 때문에 판매하고자 하는 상품이 어떤 계층을 목표로 하는 지를 분석하여 간행물을 선택한 후 간행물에 소개된 내용을 참고로 하여 거래처를 선정하게 된다.

그리고 외국의 상공인 명부를 이용하는 경우는 외국의 무역협회나 상공회의소 등에서 발간한 상공인 명부를 이용하여 거래처를 선정하는 경우이다. 그러나 상기의 방법에 의한 거래처의 선정은 확실한 신용조사가 따르지 않기 때문에 형식적인 시장조사에 의한 거래처 선정이 되어 안전한 거래를 하는데는 바람직한 방법이 아니라고 하겠다. 그리고 잡지나 명부의 취득은 외국에서 직접 구할 수도 있겠으나, 주한 외국대사관이나 공사관 및 영사관을 통해서도 입수가 가능할 것이다.

3. 거래제의

해외시장조사에서 거래처가 선정되면 선정된 거래처에 거래를 희망하는 제의를 하게 된다. 이때의 거래제의는 미지의 거래처에 대한 자기의 첫 소개이기 때문에 가능한 한 상대방이 좋은 인상과 호감을 가지도록 작성하여야 한다.

일반적으로 거래제의장에 포함하는 내용은 다음과 같다.

첫째, 상대방을 알게 된 경로 및 거래개시의 희망

둘째, 업계에서의 자신의 지위 및 영업상태

셋째, 거래조건 특히, 가격조건 및 결제조건

넷째, 자사의 신용을 조사하기 위한 신용조회처

다섯째, 주문에 응할 수 있는 거래물량

그리고 거래제의를 할 때는 상기의 내용을 포함한 서신을 작성한 후 상품목록표나 가격표 및 견본을 함께 동봉하거나 별도의 소포로서 송부하는 것이 더욱 효과적인 거래권유가 된다.

4. 신용조사

거래제의장을 발송하면 상대방이 거래의 가능성을 확신한 후 거래수락의 회신이 온다. 따라서 상대편의 거래수락서를 받은 2국간의 거래라는 점을 감안하여 향후에 발생될 수 있는 다양한 문제점을 사전에 방지하기 위하여 거래처에 대한 신용조사를 철저히 하여야 한다. 왜냐하면 무역거래는 거래상대방이 Sample취득만을 목적으로 하는 Sample Merchant나 고의적인 Claim을 제기하는 Claim Merchant와 같은 저질의 상인도 존재하기 때문이다.

일반적으로 신용조사를 하는데 필요한 사항은 거래상대의 성격(Character), 자산(Capital), 생산능력(Capacity), 현재의 기업상태(Condition) 등이다.

그리고 이러한 신용상태를 조사하는 방법으로는 다음과 같은 경우를 들 수 있다.

첫째, 상대방이 제공해 준 신용조회처에 신용조사를 의뢰하는 방법
둘째, 자사 거래은행의 환거래 은행에 신용조사를 의뢰하는 방법
셋째, 상업흥신소에 신용조사를 의뢰하는 방법 등이다.

그러나 상기의 방법들 중에서 첫 번째의 방법은 상대방이 제공해준 의뢰처에 조사를 의뢰하여야 하므로 자신이 원하는 방향으로 정확한 조사를 하기가 어려운 단점이 있으며, 두 번째의 방법은 자신의 거래은행의 환거래은행에 조사를 의뢰하는 것이므로 첫 번째의 방법보다는 확실한 조사를 할 수 있겠으나 은행의 본래 업무가 신용조사 업무가 아니기 때문에 조사에 대한 신빙성에 문제가 있을 수 있다. 따라서 보다 정확한 신용조사를 하기 위해서는 신용조사를 전문으로 하는 전문기관에 신용조사를 의뢰하는 세 번째의 방법을 이용하는 것이 바람직하다 하겠다.

제2절 무역서한문 사례

1. 거래제의

상기에 언급된 내용과 같이 시장조사가 이루어지면 거래하고 싶어하는 거래처를 직접조사에 의해서나 유관기관으로부터 소개를 받게 된다. 그런 후 거래를 희망하는 측에서 상대측에게 거래희망을 요청하는 거래제의를 하게 되는데 이때의 거래제의는 상대방을 알게된 경로라던가 희망하는 사항 등을 상대방에게 알려주어야 하는데 이를 거래제의라 한다.

따라서, 무역을 하고자 하는 자는 거래할 지역이나 국가를 먼저 결정하고, 산업별로 분류되어 있는 무역업체 명부를 무역관련 기관으로 부터 또는 기존의 거래처로부터 입수하거나 또는 거래가능성이 있는 업체를 소개 받아 거래제의를 하는 것이 일반적이다.

1) 거래처 선정을 위한 시장조사

(1) Model 1-2-1 : 공기관이나 조합에 수입업자의 명부를 요청하는 서한

Gentlemen :

Our company are exporters of Cotton fabric product from Korea, but having no connections in your market, we are looking for reliable firms with whom we can do business.

We would appreciate it if you could let us know the names and addresses of several firms enjoying good credit[1] in your area as importers of 100% cotton fabric. If possible, we would like to have our name and address placed in[2] the Bulletin of your Association.

As to the standing[3] of our firm, we refer you to :

The Uri Bank of Korea, The Korean Traders Association

We hope that through your assistance we shall be able to build up mutually satisfactory business relations[4] with traders in your country.

your truly,

용어해설

1) firms enjoying good credit=firms who enjoy good credit ; 신용이 좋은 회사.
2) have our name and address placed in ; have+목적어+과거분사의 형태로 --- 에 우리 회사의 이름과 주소를 게제하다.
3) standing=credit standing=business standing ; 신용상태와 영업상태
4) build up mutually satisfactory business relations ; 상호간 만족한 거래를 하다.

(2) Model 1-2-2 : 공기관에 수출업자와 광고업자의 명단을 요청하는 서한

Gentlemen

We are interested in importing merchandise from the Republic of Korea and would appreciate your assistance.

Our main interest[1] lies in products in the following categories :

Novelty and gift items ; toy, bamboo items :

In addition, we are looking for unusual items[2] produced in Korea which may be of interest to the American consumers.

Will you please send me a list of suppliers who might be interested in doing business with us. Alternately[3], if there is a Manufacturers' Association[4] whom we can contact directly, will you please forward the address?

We are also interested in obtaining the names and addresses of two major newspapers, two consumer maganizines[5] and a major business/ trade magazine in which we can advertise.

Any assistance you can provide will be appreciated.

Yours sincerely

용어해설

1) main interest ; 주된 관심
2) unusual items ; 보통상품이 아닌, 보기 드문 상품
3) Alternately ; 번갈아, 대체적으로
4) Manufacturers' Association ; 제조업자협회
5) consumer maganizines ; 소비자중심의 잡지

2) 수출회사의 거래제의

(3) Model 1-2-3 : 한국산 면제품 수출제의 서한

Gentlemen :

Your firm[1] has been recommended to us by the Tokyo Chamber of Commerce as one of the leading importer of Korean Sundary Goods in Japan. We are, therefore, writing you with a keen desire[2] to open an account with you[3].

We have been established here for over thirty years as exporter of Sundary Goods with enjoying a good reputation[4]. Because of our excellent organization for conducting export business[5] and close connections[6] with the best sources of supply[7], we are in a position to[8] supply you with A1 goods[9] at competitive prices[10].

As the terms of business[11], we make it our customs to draw[12] at 30d/s under an Irrevocable Letter of Credit. For any information as to our credit standing[13] and reputation, please refer to[14] the Uri Bank in Taejon.

We look forward to your early and favorable reply.

Very truly yours

용어해설

1) Your firm : 귀사, Your firm, Your name and address, Your respectable firm으로 표시할 수 있으나 "Your name"이 무난하다.
2) with a keen desire to : ~ 할 것을 갈망하며, with a view to 또는 with our wishes to로 대치할 수 있다.
3) open an account with you : 귀사와 거래를 하고자, to have business with you, to enter into business relations with you, to establish business with you로 대치할 수 있다.
4) with enjoying a good reputation : 호평을 받으면서(this firm enjoys a first class reputation : 최상의 호평을 받고 있다)
5) our excellent organization for conducting export business : 수출업무를 수행할 수 있는 폐사의 훌륭한 조직
6) close connections : 긴밀한 관계 (We are well placed in handling the folling items because of our close connections with the best sources of supply : 폐사는 우수한 공급처와 밀접한 관계를 맺고 있기 때문에 다음 상품을 취급하는데 유리한 입장에 있습니다)
7) with the best sources of supply : 최고의 공급업체(거래선)
8) we are in a position to : ~ 할 입장에 있다.
9) with A1 goods : A등급 중에서 1등품제품
10) at competitive prices : 저렴한 가격으로, at best price로도 가능하다.at bottom price (최저가격으로)
11) terms of business : 거래조건 또는 결제조건
12) make it our customs to draw : ~을 발행하는 것을 관례로 하고 있다.

13) our credit standing : 폐사의 신용상태
14) refer to : ~ 에 조회하다.(reference : 신용조회처)

(4) Model 1-2-4 : 승용차 튜브 및 타이어 수출제의

Dear Sirs,

We understand that you are one of the largest auto tire and tube dealers in your country[1).

As one of the leading suppliers of them in Korea, we are very interested in[2) supplying all sizes of Al[3) tubes and tires including OTR[4) tires to your country.

We have not exported them to your region so far. However, we understand that our Canada buyer supplies our goods[5) to your area very often.

For your information, we have good business connections with one of U.S.A's tire manufacturers who used to purchase their tubes from us. We have full confidence in our quality tubes.

Attached you will find our price list on tubes. Upon receipt of detailed size, ply[6) and quantity, we can quote you prices.

As to our credit standing, we refer[7) you to Uri Bank or the Bank of America, Seoul.

We look forward to[8) receiving your favorable reply[9) in the near future.

Faithfully yours,

용어해설

1) "우리는 ~을 통하여 ~(사실)을 알고 있다"는 표현은 "We understand(have learned) from (through) ~(A) that ~"이 가장 일반적으로 쓰이고 있으며, "We have been informed(told) by ~(A) that ~"으로도 할 수 있다. 예컨대 위 문장을 "We have been informed that you are one of the foremost auto tire and ~"로도 쓸 수 있다.

2) 무역서한에서 흔히 볼 수 있는 표현이 바로 "~ be interested in ~"이다. 꼭 사고 싶어도 그저 관심을 가지고 있다는 정도로 표현하여야 가격을 삭감할 수 있다.
3) A1 : 상품의 품질이 A등급 중에서 1등급을 말하는 것으로 best를 쓸 수 있다.
4) OTR : off the road tire의 약자로서 비포장용 타이어를 말한다.
5) goods : 상품, 관용어로 finished goods(완제품), goods in stock(재고품), good process(제조중인 상품), goods to arrive(미착상품), fancy goods(유행품).
6) ply : 주름.
7) refer : 조회하다. reference named : 지정된 신용조회처, refer A to B : A사에게 B회 를 신용조회처로 지정하다.
   * We may refer you to the chase Manhattan Bank, N. Y, for further information.
   * We have been referred to you by Hyundai Company(현대로부터 귀사에게 신용조회)
   * Hyundai Company has given us your name as a trade reference(현대는 동업자신용조회처로서 귀사를 지정하였다.)
8) "~look forward to~" : ~ 를 기다린다. we are looking forward to "~하고 싶다"는 뜻이다.
9) favorable reply : 조건이 좋은 회신으로 길보를 의미한다.

(5) Model 1-2-5 : 안내장으로 개업통보

Gentlemen

I wish to announce that I have recently established myself[1] in this city as a dealer in Korean cotton goods under the name of :

The Mokwon Cotton Textile Co., Ltd.

I acted as chief buyer in the cotton textile department[2] of the Mokdong Trading Co., a leading manufacturer[3] in Daejon for 30 years and have a wide experience[4] in the market.

I am in a position to supply the highest quality fabrics at favorable prices.

We trust that we may receive your inquiries at an early date.

yours truly,

용어해설

1) I have recently established myself=I have established a firm ; 최근 내가 회사를 설립하였다.
2) cotton textile department : 면직물부
3) Mokdong Trading Co., a leading manufacturer : 동격을 의미하며 굴지의 회사인 목동무역주식회사.
4) have a wide experience : 다양한 경험을 가지고 있다.

(6) Model 1-2-6 : 가발제품 수출제의 서한

Gentlemen

Through the courtesy[1] of the Chamber of Commerce of your area we acquired your esteemed name and address, and we take this opportunity to introduce ourselves to you as one of the oldest and leading[2] manufacturers of wigs in Korea.

We handle only the best and finest quality in the said field, and have been exporting over one million U.S. dollars' worth of goods every year to the United States and to Europe.

For your reference, we are herewith enclosing our latest price list, which we believe is very competitive[3] in your market. As we are not strongly represented[4] in your area, we would like to have some good connections with your firm.

After studying our price list carefully, if you find any item of interest to you, please give us a chance to serve you. We also take a great pride[5] in having executed all of our orders last year without asking one single extension of letter of credit or receiving any claim.

Regarding to our reference[6], please feel free to check with any reputable firm[7] in Korea, the Chamber of Commerce, the Korea Exchange Bank, the Hanil Bank, etc.

We hope we may have the pleasure of serving you in the very near future.[8]

Very truly yours,

용어해설

1) "~ 의 호의(후원)로"를 "Through the courtesy(auspices) of~ "라고 쓴다.
2) leading: 유명한 (leading firm : 일류회사)
3) competitive : 저렴한(가격에서 경쟁력이 있는)
4) represented : 대표하다
5) take pride in ~ : ~을 자랑하다.(작년에 단 한번의 신용장 연장이나 클레임을 받지 않고 모든 주문품을 선적이행 하였음을 크게 자랑하고 싶습니다)
6) reference : 신용조회처(은행조회처 : bank reference, 동업자 조회처 : trade reference)
7) reputable firm : 신뢰할 수 있는 회사
8) we hope we may have the pleasure of serving you in the very near future : "귀사로부터 가까운 장래에 좋은 소식을 바라면서"라는 표현을 구어체에서는 "Hoping to hear good news from your side in the near future, and in the meanwhile, we remain"으로 즐겨 사용하였으나 최근에는 이를 쓰지 않고 있다.

(7) Model 1-2-7 : 가방제품 수출제의

Gentlemen

We are sending you this letter with a copy of our current price-list for plastic handbags. The high quality of our products is well known and universally acknowledged[1] and we are confident that a trial order would convince you of[2] your wish.

From all the price-list we would allow you a trade discount of 15% and a further special discount of 5%, making 20% in all, on orders received on or before[3] 25th April. Under the pressure of rising costs, it is not acceptable for us to extend[4] these favourable terms beyond[5] the above date.

We sincerely hope to take this opportunity enable to serve[6] you.

Yours faithfully,

용어해설

1) acknowledge : 인정하다. He did not acknowledge having been defeated(=

He did not himself defeated) : 그는 자신의 실패를 인정하지 않았다.

* we can not acknowledge our mistake because the cartons themselves show no trace of damage(상자 자체가 파손의 흔적이 없기 때문에 당사의 잘못이 아니다)

2) convince you of ~ : --에게 확신(납득)시키다.

* convince me of his fault : 나에게 그의 잘못을 인식시키다.

3) on or before : 이전에 .

* US $20 or above : 미화 20달러 이상. * 20% or more : 20% 이상.
* US $20 or less : 미화 20달러 이하. * at or below the price named : 지정가격 이하
* on or before(after) March 5 : 3월 5일 이전(이후). * on or after July 16 : 7월 16일 이후
* for 5 days inclusive(exclusive) of Sundays and Holidays : 일요일 및 공휴일을 포함(제외)
* at or below the price named : 지정된 가격 이하로

4) extend : 연장하다.

* We ask you to extend your Letter of Credit, so as to enable us to complete shipment. : 선적을 완료할 수 있도록 신용장을 연기하여 주십시요.
* Under these circumstances we have to ask you to extend the date on the L/C to the end of November : 이런 이유로 신용장 기일을 11월말까지 연기하여 주십시요.

5) beyond :--을 지나서(이러한 유리한 조건을 위의 기간이 경과되도록 연기하는 것)

6) serve : 봉사하다. 무역서한에서 많이 사용되고 있다.

"요청이 있으면 기꺼이 귀사에게 비슷한 호의를 베풀겠습니다"를 영어로 나타내면

" We shall be pleased to be of similar service to you when requested" 또는

" We will be glad to render you similar service upon request"로 할 수 있다.

(8) Model 1-2-8 ; 추천받은 회사에 자사를 소개하는 모델

Gentlemen

Through the Tokyo Chamber of Commerce, we have learned that you are one of the leading importers of Korean goods, and we have the pleasure of introducing ourselves with the hope that we may be of some service to you.

Mr. Hong, our managing director, was with the Mokwon Trading Co., Ltd., and had control of their export department for many years. But on their dissolution[1] in conformity with the Big Deal Policy, he and his staff have organized a new corporation for export and import with a capital of fifty million won under the name of Hannam Co., Ltd.

Naturally the members of the company are well trained from the start[2]. Some of them have had many years of experience both at home and abroad, and others are experts in technical fields.

Our connections with the leading makers[3] of various Korean goods are both intimate and extensive, enabling us to secure quality goods at competitives prices for any order you may entrust to us.

Connecting our credit standing[4], please refer to the Uri Bank, Seoul and The Bank of America in your city.

If you grant us an opportunity of serving you, we shall be glad to demonstrate to you the standard of our service[5].

May we expect your inquiries at an early date.

Your very truly.

용어해설

1) dissolution : 해체, 해산
2) the members of the company are well trained from the start ; 회사의 구성원들이 창업부터 잘 훈련되었다.
3) Our connections with the leading makers ; 주요제조업체와 우리 회사와의 관계
4) Connecting our credit standing ; 우리 회사의 신용상태와 관련하여

(9) Model 1-2-9 : 전기제품수출제의

Gentlemen :

We have learned from Canada Chamber of Commerce that you are engaged in the import of electric goods[1], and we are writing this letter to you wishing[2] to enter into business relations with you.

We have been exporting Korean electrical goods to Southeast Asian countries for the past 30 years and are enjoying very high reputation. Most of the products we export are those of Samsung Electric Co., Ltd. who are one of the top-ranking manufacturers[3] of electric goods in Korea.

As you will see in the enclosed booklet[4] "Introducing Korea Exporters, Limited," our organization has excellent staffs, financial background and other factors which may be required for the execution[5] of satisfactory business with you. We are, therefore, quite confident of[6] good results in the business transactions between us.

If you are willing to open an account with us taking the above situation into consideration, we would like to furnish us with a reference with whom you have close connections.

For any information respecting our standing, we are permitted to refer you to The Uri Bank, Daejon Office, Daejon, Korea.

We look forward to receiving a favorable reply from you.

Very truly yours,

용어해설

1) electric goods : 전기제품(electronic goods : 전자제품).
2) wishing ~ : ~을 바라면서. 여기서 이유를 나타내는 분사로 쓰였음.
3) one of the top-ranking manufacturers : 일류제조업체중의 하나
4) booklet : 소책자
5) execution : (업무)수행, 이행
6) be confident of ~ : ~을 확신하다.

(10) Model 1-2-10 : 잡화류 수출제의

Dear Sirs,

Our firm are importers and exporters of General Merchandise[1), Machinery and Equipment, having a business background[2) of more than 30 years, and are now particularly interested in exporting to your country Business Machines of all types, such as Desk-Top Calculating Machines.

Unfortunately, we have no good connections on your side, and therefore shall be very greatful if you would let us have a list of some reliable importers there who may be interested in this particular line.

Your kind cooperation in this matter would be greatly appreciated.

Yours very truly,

용어해설

1) General Merchandise ; 잡화제품, 2) business background ; 사업경험

(11) Model 1-2-11 : 요업제품의 수출제의 서한

Dear sirs :

We have learned through the U.S. Embassy that you wish to deal with exporters of ceramic wares[1) in this country. We inform you of our position in the trade and express our desire to establish business connections with you.

In introducing ourselves to you, we are pleased to say that for more than 30 years we have been engaged in shipping various kinds of ceramic wares, and have a considerable number of customers in your country. We can pride ourselves upon[2) our thorough knowledge of the requirements and taste of your market[3) and our long experience in the trade. Our wide and close connections with the best sources of supply[4) of this country give us confidence that we can meet any requirements.

As regards the terms and conditions, we make it our custom to trade on Banker's Irrevocable Letter of Credit, under which we draw a draft[5] at sight.[6]

If you would care to deal with us on this basis, we shall be pleased to give you further details of business.

For any information respecting our standing and reputation, we are permitted to refer you to the First bank in Seoul.

We look forward to your early and favorable reply.

Very truly yours,

용어해설

1) ceramic wares : 요업 제품.
2) pride oneself upon : ___을 자랑으로 여기다.
3) requirements and taste of your market : 귀 시장의 사정과 기호성.
4) sources of supply : 공급처.
5) draw a draft : 어음을 발행하다.
6) at sight : 일람출급, 일람불

(12) Model 1-2-12 : 전자기구의 수출제의 서한

Gentlemen :

Your house has been recommended to us by the Newyork Chamber of Commerce in New York as one of the reliable importers of Electronic Appliances[1]. we are, therefore, writing you with a keen desire to enter into business[2] connections with you.

In introducing ourselves to you, we are pleased to say that for a good many years we have been engaged in shipping Electronic Appliances to all over the world with enjoying a good reputation.

Because of our excellent organization for conducting export business and close connections with the best sources of supply, we may say that should you favorably consider our proposal[3] and favor us with inquiries for your specific requirements[4], we are in a position to supply you with Al goods competitive prices on the following conditions.

1. Price in US Dollar, CIF New York.
2. Irrevocable Letter of Credit to be opened by cable providing for drafts 90 d/s, immediately on conclusion of business.
3. Quality to be Al quality and surveyor's report for quality, made out at time of shipment, to be accepted as final.
4. Packing in single carton box for export[5], each containing 5 pieces.
5. Shipping invoice to be made out on net shipping quantity, and net delivered pieces to be certified by a public surveyor's certificate.[6]

We are sending you separately a copy of our complete catalog in which we trust you will find some that would suit for your trade.

Yours truly,

용어해설

1) Electronic Appliances : 전자기구
2) enter into business : 거래를 시작하다. to enter into service : 근무를 시작하다.
3) should you favorably consider our proposal : 귀사가 폐사의 제의를 긍정적으로 검토하신다면
4) favor us with inquiries for your specific requirements : 귀사가 특별히 필요한 상품에 대한 조회를 하다.
5) single carton box for export : 수출용 단위 상자
6) public surveyor's certificate : 공인검정인의 증명서

(13) Model 1-2-13 : 자동차 수출거래 제의서한

Gentlemen,

NEW MODEL "SONATA"

We have learned from "International Trade News", a weekly magazine issued by the Institute for international trade in London that you are one of the leading importers of Motor cars in your country. We, therefore, take pleasure in informing you that we have recently completed the production[1] of a new model entitled "SONATA GLS" whose high efficiency[2] has been proved by a scrupulous test[3] of its mechanism and functions as clearly explained in our illustrated catalogue[4] enclosed.

We believe that considering the improvements it offers, you will find our "SONATA" a very good seller[5] at the competitive price of US $15,000 CIF London including the cost of accessories[6]. Like all other cars wehandle, SONATA is also accompanied with three-year guarantee for our after-care service[7].

If you have interest in dealing with[8] us in SONATA or other types of cars shown in our catalogue, please inform us of your reqiurements as well as your bankers' name and address.

We assure you of our best service to you.

Yours very faithfully,

용어해설

1) completed the production : 생산을 완료하다.
2) high efficiency : 높은 효율 efficiency test : 능률시험 efficiency wages : 능률급
3) scrupulous test : 면밀한 조사
4) illustrated catalogue : 도해가 자세하게 그려진 상품안내서

5) a very good seller : 잘 팔리는 상품
6) accessories.: 부속품
7) after-care service. : 판매후 보호봉사
8) dealing with : 거래하다. do a deal with him : 그와 타협하다.

3) 수입회사의 거래제의

(1) Model 1-2-14 : 화장품 수입을 희망하는 서한

Gentlemen :

Your name and address have been given to us by the New York Chamber of Commerce as a large exporter of Cosmetics[1]. We are especially interested in importing Lipsticks and Face Powders[2].

If you can assure us of[3] workable prices[4], excellent quality, and prompt delivery, we shall[5] be able to place a large order with[6] you soon.

Please furnish us with a full range of samples, assorted colors[7] together with your lowest quotations[8] and other terms and conditions.

Regarding our credit standing, we refer you to the following bank

The Korea Exchange Bank
133, Ojung-dong, Daeduk-gu
Daejon, Republic of Korea

Your immediate reply would be highly appreciated[9].

Yours very truly,

용어해설

1) cosmetics : 화장품.
2) face powders : 얼굴분.
3) assure one of : ─을 보장하다.
4) workable prices : 채산이 맞는 가격.
5) shall : 계약상의 의무를 나타냄
6) place order with A : A에게 주문하다.
7) assorted colors : 구색을 갖춘 색상.
8) lowest quotations : 최저견적 가격.
9) appreciate : 감사하다.(*We would appreciate having your early reply)

(2) Model 1-2-15 ; 가스장비수입을 희망하는 서한

Gentlemen : We have noted[1)] your name and address from the Korea Trade Promotion Corporation[2)] as one of the leading gas equipment manufacturers in Japan.

We take the liberty to introduce ourselves as leading energy dealer[3)], especially in the field of oil, gas and coal in Korea. We represent Hyundai Oil Refinery Co., joint venture[4)] with Mobil of the U.S., for the sale of their petroleum and gas.

We have more than 100 wholesale outlets[5)] across the nation and are selling various gas equipment to our gas endusers[6)] through well-established sales representatives. Our annual combined sales volume[7)] accounted for about US $300 million last year, of which 65 percent are petroleum and gas sales.

Among the items you trade, we are interested in[8)] your model numbers NJ-1900DLK and NJ-2900DLK.

We would like to receive your best FOB quotation along with descriptive brochures. If possible, please send us each of above mentioned samples for evaluation and demonstration[9)] of your products to our endusers.

As to our credit standing[10)], we could refer you to the Commercial Bank of Korea, head office or the Chase Manhattan Bank, Seoul Branch.

We look forward to hearing your early reply.

Faithfully yours,

용어해설

1) have noted : 알게 되었다. We have learned 로 바꾸어 쓸 수 있다.
2) 대한무역투자진흥공사로서 약자로 "KOTRA"라고 쓰인다.
3) leading energy dealer : 유명한 에너지 취급상
4) joint venture : 합작투자
5) wholesale outlets : 도매판매상, Retailer는 소매업자.
6) endusers : 최종소비자

7) annual combined sales volume : 연간 총 판매액
8) are interested in : -에 관심이 있다. 꼭 사고 싶어도 이러한 표현으로 한다.
9) evaluation and demonstration : 최종소비자로부터 제품에 대한 평가를 받기 위하여
10) our credit standing: 폐사의 신용상태, 재정상태는 financial standing이라 한다.
   * We bought the car at ten months' credit(10개월의 외상으로 그 차를 샀다.)
   * His credit is good for US $100,000(그의 신용한도는 미화 10만 달러이다.)
   * We have only US $50,000 standing to my credit in the bank
   (폐사의 은행예금은 미화 5만달러 밖에 남아 있지 않다.)

(3) Model 1-2-16 : 휴대용전자계산기 수입을 희망하는 서한

Gentlemen :

Your advertisement in the May issue of FORTUNE indicated that your pocket-size Electronic Calculator,[1] MOKWON Digital, has just been put on sale[2] in the United States.

We are particularly interested in this type of products, and would like to have more detailed information on the above item.

We have our own distribution network[3] for this type of products in Korea, and shall always be ready to cooperate with you in the marketing of your electronic products in our territory.

As for our financial standing, we may refer you to the Bank of Seoul, Head Office, Seoul, Korea.

Your prompt attention to this matter would be much appreciated.

Sincerely yours,

용어해설

1) pocket-size Electronic Calculator : 포켓용 소형 전자계산기
2) put A on sale : A를 팔려고 내놓은(put A on the market)
3) distribution network : 판매망

(4) Model 1-2-17 : 미국상품을 수입하려는 서한

Dear sirs :

Through the courtesy of Chamber of Commerce in New York, we have learnt that you are one of the most reliable and leading firms[1] in your city, especially interested in the export of various American Sundry Goods.

We are very much interested in building up an import business[2] in lines for which we can become the sole suppliers[3], and if you can offer us anything in this line, we are prepared to give it our most careful consideration[4].

For any information you may desire as to the stability and character of our firm, we are glad to refer you to the Uri Bank in Daejon.

As regards the terms of payment, we are prepared to furnish an Irrevocable Letter of Credit issued by the said bank.

We shall be glad to hear from you and trust that business may result in our mutual advantage.

Your very fruly,

용어해설

1) most reliable and leading firms : 가장 신뢰할 수 있는 기업
2) in building up an import business : 수입업무를 시작하는데
3) sole supplier : 독점공급업체
4) our most careful consideration : 폐사의 가장 사려깊은 주의

(5) Model 1-2-18 : 장난감을 수입하려는 서한

Gentlemen :

You have been recommended to us by the Korean Trading Association in shanghai.

We have been importing General Merchandise from China for many years and are now interested in[1] the Toys of Chinese make, as the demand for them has become so large in our market.

Therefore, we shall be glad if you will send us your latest catalogue, informing us of prices and best terms. If your prices are reasonable and terms are satisfactory, we shall soon place a large order with you.

Our banking reference[2] is the Hongkong and Shanghai Banking Corporation, Shanghai, who will furnish you with every information you desire.

Your early reply will be appreciated.

Yours very truly,

용어해설

1) are now interested in ～ : ～ 에 관심이 있다.
2) Our banking reference : 폐사의 은행 신용조회처

(6) Model 1-2-19 : 통조림을 수입하려는 서한

Dear Sirs :

Your firm has been recommended to us by the Korea Trading Association as one of the leading[1] firms in Japan, specializing in[2] the export of canned goods[3], especially canned crab meat.

If you are looking for a trustworthy firm[4] to assist you in selling your products in our market, we can guarantee satisfaction. We hope that you will send us samples, prices, quantities available[5] and delivery periods[6].

If these meet competitive conditions in this market[7], we will be prepared to open an Irrevocable Letter of Credit in your favor[8]. For any information regarding our firm, we refer you to the Uri Bank of Daejon, Daejon, Korea.

We hope you provide us with detailed information by return mail[9], and hope that mutually advantageous relations[10] will be established.

Very truly yours,

용어해설

1) leading : 유망한, 일류급.
2) specialize in : — 을 전문(특화)으로 취급하고 있다.
3) canned goods : 통조림
4) a trustworthy firm : 신뢰할 수 있는 기업
5) quantities available : 제공 가능량.
6) delivery periods : 인도기간.
7) meet competitive conditions in this market : 본 시장에서 경쟁조건을 충족하다.
8) in your favor: 귀하를 수익자로 하여
9) by return mail : 회신우편으로.
10) mutually advantageous relations : 상호 유익한 관계.

(7) Model 1-2-20 : 전시회에서 상품을 보고 수입하려는 서한

Gentlemen,

As one of the leading importers and wholesalers of photographic equipment in Singapore, we are very interested in the professional type tripods you displayed[1].

There is a steady demand[2] here for these types of tripods, especially the high quality ranges and fashionable designs. We have been receiving a number of enquiries from our trade connections in this area for these tripods and think we may be able to place regular orders with you if your prices are competitive.

Will you please, therefore, quote us your lowest prices C.I.F. Seoul and let us know your delivery schedule.

We look forward very much to hearing from you.

Yours faithfully,

용어해설

1) professional type tripods you displayed : 귀사가 전시한 프로용 타이프의 삼각대
2) steady demand : 일정한 수요

(8) Model 1-2-21 : 도금기구를 수입하려는 서한

Gentlemen :

We have known your product UL-800 by reading "Industrial Reporter,"[1] issue of volume 9, May 2006.

Whenever we have an opportunity to contact new product, and new company, whether they are related to our business or not, we want to know how they will benefit other peoples and industries by replacing[2] present system.

Taking this opportunity, we are pleased to introduce ourselves as one of the leading manufacturers of cold rolled steel sheets[3] with annual production capacity[4] of 450 thousand M/T.[5] Our steel sheets are used in various ways, by just cutting or painted or galvanized.[6]

However, we do not know exactly how our steel sheets are value added[7] by our customers. Vinyl coatings on steel are thoroughly new field in coating[8] industries in this country. We, the supplier of cold rolled steel sheets to metal product manufacturers of Korea, have a deep interest in introducing new application of coating to them.

It would be very kind if you can send us any catalogue, bulletins[9] or reports available about vinyl coatings on steel, including UL-800.

Looking forward to your early replies, we remain.

Very truly yours,

용어해설

1) Industrial Reporter : "산업보고서"라는 월간 잡지
   * We reported the findings of the survey to the board of directors(조사결과를 이사회에 보고하였다).
2) replacing : 대체하다.
3) cold rolled steel sheets : 냉각시켜 만든 철판
4) annual production capacity : 연간생산능력
5) M/T : Metric Ton, 즉 1000Kg(2,204 Lbs)을 말한다.
6) galvanize : 아연도금을 하다.
7) value added : 부가가치

8) new application of coating : 새로운 도금설비. have application to : 에 적용되다.
It has no application to this case : 그것은 이 경우에 적용되지 않는다.
9) bulletins : 회보 (작은 신문). bulletin board : 게시판

4) 수출업자가 거래처를 소개받기 위한 서한

(1) Model 1-2-22 : 공관을 통한 소개의뢰

Dear Sirs :

We are exporters of cotton goods, having no connections in China, we are looking for reliable firms with whom we can do business.

We would appreciate it if you could let us know the names and addresses of several firms enjoying good credit in your area as importers of cotton goods[1], such as yarn, fabric, and sewing thread. If possible, we would like to have our name and address placed in[2] the Bulletin of your Association.

As to the standing of our firm, we refer you to :
The Korea Chamber of Commerce and Industry
The Korean Traders Association

We hope that through your assistance we shall be able to build up mutually satisfactory business relations with traders in your country.

Yours very truly,

용어해설

1) cotton goods. : 면제품, 면이 원료가 되어 만드는 제품으로 직물, 원사, 재봉사 등이 있다.
2) have A placed in ～ : ～ 에 A를 게재하다.

(2) Model 1-2-23 : 자동차부품 수입업자 소개의뢰 서한

Gentlemen :

Our firm has been manufacturing various excellent motor car parts for more than thirty years and have supplied them to the leading car makers.

Our parts have been accepted by any car makers using them and we would like to extend our sales activities over the whole Europe.

We shall be obliged, therefore, if you will let us have the names of the prospective users who will adopt our superior car parts[1).

Enclosed are our catalogs fully showing the full range of our products, and pamphlet introducing our company together with our technical information[2). We look forward to your early and favorable information on this matter.

Yours truly,

용어해설

1) the prospective users who will adopt our superior car parts : 폐사자동차 부품을 채택할 가능성 있는 소비자.
2) technical information : 기술정보

(3) Model 1-2-24 : 광고지를 본 후 상품수입을 권유하는 서한

Dear Sirs,

As your name and address were found in the technical magazine "Electronics", we are getting in touch with you concerning the supply of our high quality products.

We are one of the leading manufacturers of business machines[1) with experience of more than thirty years. Our business machines have proved very successful wherever they have been introduced, and you will surely be able to build up a good market[2) if you let us have an opportunity to supply our products to you.[3)

Our latest catalogs showing all kinds of our products with technical information are enclosed together with our company guide.

We are looking forward to your early and favorable reply.

Yours truly,

용어해설

1) business machines : 사무용기기
2) to build up a good market : 좋은 시장을 확보하기 위하여
3) an opportunity to supply our products to you : 우리 회사 제품을 귀사에 공급할 기회

(4) Model 1-2-25 : 잡화상품 수입업자의 소개를 의뢰하는 서한

Dear Sirs :

We are exporters of General Merchandise, particularly toys, bamboo products, shell buttons[1], stationery, etc., but having no connections in your market at present, we are looking for reliable firms with whom we can enter into business relations.

We should, therefore, appreciate it very much, if you would let us know the name of any reliable firms enjoying a good reputation in your city[2] who are interested in importing our goods.

As to our credit standing, we wish to refer you to the attached letter of recommendation[3] by the Korea Chamber of Commerce and Industry in Seoul.

Your cooperation in this matter would be highly appreciated and we look forward to an early reply.

Yours truly,

용어해설

1) shell button : 조개단추, shell(조개)
2) any reliable firms enjoying a good reputation in your city : 귀사가 있는

도시에서 좋은 평판을 받고 있는 회사
3) letter of recommendation : 추천서, letter of appliciation : 신청서

(5) Model 1-2-26 : 간행물에 수출품게재를 의뢰하는 서한

Gentlemen :

We take the liberty of[1] introducing ourselves to you as the most reputable stationery exporters in Korea, who have been engaged in this line of business since 1970. We have been enjoying a good sale[2] of sundries, and are now desirous of expanding our market to your area.

We shall, therefore, appreciate it very much if you will kindly introduce us to the relative importers by announcing our requirements in your publication[3] as follows:

"A Korean export firm of Stationery Goods is now making a business proposal for sundries which are said to have built up a high reputation at home and abroad. Contact them by addressing your letter to The Mokwon Trading Co., Ltd., P.O. Box 123, Daejon, Korea."

We solicit your close attention to[4] this matter.

Yours very truly,

용어해설

1) take the liberty of : 기꺼이 ~를 하다.
2) have been enjoying a good sale : ~를 잘 판매하여 왔다.
3) publication : 출판물, 간행물
4) attention to ~ : ~에 주의를 기울이다.

(6) Model 1-2-27 : 장식용 전구 수입업자 소개를 의뢰하는 서한

Dear Sirs :

We are desirous of extending our connections in your country, and shall be much obliged if you will give us a list of some reliable business houses in Baijing who are interested in the importation of Christmas Tree Light Bulbs[1] and Household Lamps.[2]

We are one of the biggest manufactures and suppliers of the above-mentioned bulbs in Korea and are confident to give full satisfaction to your people.

To justify our confidence in addressing you, we refer you to The Chamber of Commerce and Industry, Daejon.

Your courtesy will be appreciated and we earnestly await your reply by return[3] air-mail.

Yours very truly,

용어해설

1) Christmas Tree Light Bulbs : 크리스마스 트리 장신용 전구
2) Household Lamps : 가정용 전구
3) by return : 받는 즉시 회신(by return air-mail : 받는 즉시 항공우편으로)

5) 수입업자가 거래처를 소개받기 위한 서한

(1) Model 1-2-28 : 전자계산기 수출업자를 소개받고자 하는 서한

Dear Sirs,

We are importers and exporters of electronic calculators, and now desirous of[1] establishing business connections with[2] the most reliable firms in your country.

We shall be obliged, therefore, if you will introduce us to any capable exporters who are interested in this line of business.

As for our business standing, you may refer to the Korea Exchange Bank, Head Office, and the Korea Chamber of Commerce and Industry.

Your kind cooperation in this matter would be very much appreciated.

Very faithfully yours,

용어해설

1) desirous of ~ : ~을 원하다
2) establishing business connections with ~ : ~ 와 거래관계를 맺고 있는

(2) Model 1-2-29 : 수출업자나 광고회사의 명단을 얻고자 하는 서한

Gentlemen :

Our firm is interested in importing merchandise from the China and would appreciate your assistance.

Our main interest lies in products in the following categories :

Novelty[1] and gift items ; Jewellery[2], Leather and bamboo items ;

Household items[3] and decorations[4] ; Digital electronic watches and clocks.

In addition, we are looking for unusual items[5] produced in China which may be of interest to the Korean consumers.

Will you please send me a list of suppliers who might be interested in doing business with us. Alternately, if there is a Manufacturers' Association whom we can contact directly, will you please forward to us the address?

We are also interested in obtaining the names and addresses of two major newspapers, two consumer magazines and a major business/ trade magazine in which we can advertise.

Any assistance you can provide will be appreciated.

Yours very truly,

용어해설

1) Novelty : 신제품
2) Jewellery : 보석이 박힌 장신구
3) Household items : 가정용품
4) decorations : 장신물
5) unusual items: 희귀상품(보기드문 상품)

6) 대리점거래 제의

(1) 대리점거래의 의의

대리점계약은 본사로부터 독립된 지위로 법률상 대리권 없이 거래를 유지하느냐 아니면 종속된 지위를 가지고 거래를 유지하느냐에 따라 판매계약(특약점 ; Distributor)과 대리점계약(Agent)으로 구분된다.

판매계약은 계약당사자가 매도인 대 매수인의 관계에서 특정상품에 관하여 계속 거래관계를 정한 것으로서, 매수인이 자신의 이름과 계산으로 매도인으로부터 특정상품을 인수하여 고객에게 전매하기 위한 계약이다. 그러나 대리점계약은 대리인이 본사로부터 본사를 대리할 수 있는 권한을 부여받아 그 수권받은 권리에 관련해서 권리의무관계를 규정하게 된다.

대리점은 본사를 대신해서 상품판매를 대리하는 판매대리점(selling agent)과 상품의 구매를 대리하는 구매대리점(buying agent)으로 구분되고, 일정한 지역에 한정해서 대리권을 독점으로 허용하는 독점대리점(sole or exclusive agent)과 경합적으로 허용하는 일반대리점(general agent)으로 역시 구분된다.

독점대리점이 체결되면 계약기간동안 계약된 상품을 한정된 특정지역에서만 취급할 수 있는 특권을 가지게 되므로 독점대리인의 동의없이는 본사를 포함하여 누구든지 상행위를 할 수 없게 되므로 독점대리권을 부여하는 입장에서는 신중하게 하여야 한다.

예컨대, 미국의 A사가 독일과 일본의 자동차회사로부터 미국에서 독점판매대리권을 부여받고도 한국의 자동차회사들로부터 다시 독점판매대리권을 얻은 후에 자신에게 가장 많은 이윤을 주는 한국회사의 자동차만 치중해서 판매행위를 한다면 일본의 자동차는 미국시장을 잃게되어 그만큼 손해를 입을 수도 있다.

대리점은 일반적으로 판매 또는 구매대리 영업실적에 따라 소정의 수수료를 본사로부터 받아 운영된다. 그러나 독점권을 부여받지 못한 일반대리점은 방대한 지역에서 다수의 일반대리점과 경쟁을 해야하는 부담이 있다.

한편, 대리점과 비슷한 기능을 가지고 매도인과 매수인 사이에서 거래 촉매역할을 하는 브로커(Broker)가 있는데 이들은 판매나 구매활동에 제공된 서비스에 따라 수수료를 받는 중간상인으로서 이들에게는 법적인 책임이나 의무를 물을 수 없다는 단점이 있다.

상품제조회사나 무역회사가 해외시장에서 시장개척이나 판로확대를 위하여 또는 항구적이고 안정적인 원료확보를 위하여 해외지점이나 주재원을 두는 것이 바람직하지만 이에 따른 경비나 운영문제와 같은 현실적인 어려움이 있다. 더구나 외국에 우호적이지 못한 법률제약은 더욱 어려움을 가중시키는 사례가 많다.

따라서, 현지의 관습과 법률사정에 밝은 현지인이나 회사로 하여금 본사업무를 대리하도록 하는 것이 오히려 이익이 될 수 있으므로 대리점을 설치하고 있다.

미국과 같은 선진국에서는 기업의 판매활동이 전문화되어 있고 보이지 않는 국가의 지원이 있기 때문에 장기적 안목에서 대리점보다는 직판을 선호하는 실정이다.[9)]

(2) 대리점거래제의 사례

(1) Model 1-2-30 : 위탁판매거래 제의 서한

Dear Sirs :

Your name has been recommended to us and we are informed that your connections are excellent. We wish to inquire whether you would be disposed to work[1)] with us on a consignment basis[2)].

We would like to introduce our cotton goods in your market, and are convinced that[3)] a considerable amount of business can result to our mutual advantage.

For your information we enclose a folder[4)] describing our products and our retail price-list[5)] for these goods. We shall be pleased to allow you a discount of 15% on the quotations if you will stock our goods exclusively. If you agree to our proposal, we shall immediately ship you a sample consignment, with future shipment to be

9) 김원배, 신한동, 전게서, PP.96-97

determined by your reports on the different grades which may be best suited for your market. An accounting of sales should be rendered quarterly[6] and transmitted to Seoul.

We are prepared to consider any suggestions you have to make and we will furnish you with all necessary advertising matter[7], folders and price-lists for distribution.

We hope to hear from you at your earliest convenience.

Yours truly,

용어해설

1) be disposed to work with ～ = ～과 일하고 싶다
2) on a consignment basis = 위탁판매조건으로
3) are convinced(confident) that ～ = ～ 할 자신이 있다.
4) folder = 소책자
5) retail price-list = 소매가격표
6) should be rendered quarterly =분기별로 작성되어야 한다.
7) advertising matter = 광고책자

(2) Model 1-2-31 : 대리점 지정을 요청하는 서한

Dear Sirs,

Distributorship in Australia

We are now in the process of deciding on the exclusive distributor of our "HIGHKING" sports bicycle in Australia. At present we have four candidates including your company.

The General manager of our export department, Mr. Gil-dong Hong, will be visiting all candidates this month to study their marketing and promotional capabilities.[1]

His tentative itinerary[2] is as follows :

October 20 - 22 : Sydney
October 23 - 24 : Canberra(MGM sports Ltd. and Brown Ltd.)

October 25 - 27 : Melborne (God Limited and Wall & Keys Ltd.)

Please let us know by September 30 by telex which day and what time will be convenient for you to meet Mr.Hong(he stay in Melborne.).

After his study in Australia, Mr. Hong will submit his report to the board, which then will make a decision on which company to start discussing the distributorship agreement .

We would finalize the distributor designation[3] by the end of November.

Due to your increasing amount of import of our "HIGHKING" products and active promotional campaigns and servicing[4], you are one of the prospective candidates for the exclusive distributorship.

As for the details of the distributorship requirements[5] Mr. Hong will be happy to explain them to you when he meet you.

We hope to hear from you soon.

Yours faithfully,

용어해설

1) marketing and promotional capabilities : 판매 및 판매가능성
2) tentative itinerary : 잠정적인 여행일정
3) finalize the distributor designation : 대리점 지정을 확정할 것이다.
4) active promotional campaigns and servicing : 적극적인 판매확장과 봉사활동
5) As for the details of the distributorship requirements : 판매에 필요한 명세서에 대해서

(3) Model 1-2-32 : 거래처의 소개로 위탁판매를 제의하는 서한

Dear Sirs,

We wish to establish business connections with a leading British manufacturer of woolen goods, and your firm has been recommended to us by William & Sons[1], as one of the best houses in the trade.

We wish to inquire if you would be interested in sending us

shipments of your goods on consignment, on the usual terms prevailing in the trade, as we believe we could do a good business on such a basis. There is a considerable demand for this type of goods here, and we would do our best to promote your products[2].

We would like to know if you are willing to consider our proposal, and refer you to Johnson, Ginseng & Co., Ltd., Ali Street, London, E.C. 1, who can give you full information as to our business standing We await your reply.

Yours faithfully,

용어해설

1) William & Sons : 윌리암 부자회사
2) to promote your products : 귀사 제품의 판매촉진을 위하여

(4) Model 1-2-33 : 박람회 출품 상품을 본 후 대리점을 신청하는 서한

Dear Sirs,

We saw your new motorcycles, "Peddler[1]" at the Trade Fair in Tokyo[2] and are keenly interested in this model.

We should like to market the motorcycles in Korea if you are ready to give us sole agency[3] here. We are among the leading Korean importers of motorcycles with an efficient sales network.

The Bank of America, Seoul will supply you with our credit standing and reputation.[4]

If you find this suggestion interesting enough, we shall be glad to hear what terms you can offer us.

Yours faithfully,

용어해설

1) Peddler : 오토바이 상표이름
2) Trade Fair in Tokyo : 동경무역박람회
3) sole agency : 독점대리점, the sole agent ; 독점대리인
4) our credit standing and reputation : 우리 회사의 신용상태와 평판

(5) Model 1-2-34 : 상업회의소 소개로 잡화물 대리점 지정 제의하는 서한

Gentlemen :

Your Chamber of Commerce has recommended you to us as a possible agent for our products in your country.

As you see in the enclosed brochure, we have been exporting general merchandise for the past twenty years and are now looking for a reliable agent in your area.

We offer very liberal commissions[1] ranging from seven to twenty percent depending on the goods besides quantity discounts. Drafts will be drawn at 90 days after sight under irrevocable credits.

Our products are so popular in any market that you will soon be able to do enough business so that we can[2] consider giving you easier terms[3] and granting you the sole agency in your country.

We trust that you will be interested in our proposal and look forward to your favorable reply.

Very truly yours,

용어해설

1) liberal commissions : 관대한 수수료
2) so that ~ can : ~ 이 할 수 있도록
3) easier terms : 유리한 조건

(6) Model 1-2-35 : 대리점지정을 원하는 서한

Dear Sirs,

Your firm has been recommended to us by Tokyo Chamber of Commerce as one of the reliable exporters of the above-mentioned lines to Korea.

Having been for many years in constant association with the leading manufacturers, wholesalers, as well as bazaars[1] throughout Seoul in the capacity of Manufacturer's Representatives[2], we are in a position to offer you our services in this connection if you are not yet represented here ; but if you are already represented in this country, please consider this letter as not having been written[3].

We have our own offices in Daejun and Kwangjoo and sub-agents[4] in Pusan, so that the whole territory is covered by our organization.

Payment by Customers : All goods are being paid by the Hanil bank against presentation of the documents, so that losses never occur.

Should you agree with us, please let us have immediately after receipt of this letter your full sample range with all details. As competition is very keen here, please quote your lowest prices, including our commission in order to enable us to start selling on your behalf[5] soon.

Your early reply will be appreciated.

Yours faithfully,

용어해설

1) bazaar : 특매장
2) in the capacity of Manufacturer's Representatives : 제조회사의 대리인 자격으로
3) as not having been written : 쓰지 않았던 것으로
4) sub-agents : 부대리점
5) on your behalf : 귀사를 대신하여(I write on behalf of Mr. kim : 김씨의 대리인으로 쓰다)

(7) Model 1-2-36 : Model 1-2-34의 회신

Gentlemen :

We have learned from your letter of September 27 that you proposed doing business with us[1] on a commission basis, and we want to enter into close business relations with you in our special line of merchandise, namely, Piece-goods[2] and General Merchandise[3]. We have no representatives in your territory at present, and if you agree to the following terms and conditions of business we shall gladly appoint you our exclusive representative in your territory for our line of commodities.

Prices : All prices will be quoted at FOB Tokyo, Japan in U.S. Dollar currency.

Payment : All shipments are to be effected under[4] Irrevocable Letters of Credit, or under same effective certificates issued[5] by the Hanil bank.

Commission : Your commission of a certain percentage[6] is always included in our price-lists, and this commission will be remitted to you[7].

We shall be very much pleased if you will inform us of the details of merchandise[8] you specially want to purchase from us, and we trust that this letter will enable you to enter into nice and agreeable business connections[9] to our mutual advantage.

In conclusion, we wish to state our business reference banks who will surely report you everything you want to know upon your enquiry.

Yours very truly,

용어해설

1) you proposed doing business with us : 귀사가 폐사에게 거래를 제의하신
2) Piece-goods : 말아서 파는 원단(옷감)
3) General Merchandise : 일반잡화품, General hospital(종합병원), General Magazine (종합잡지).
4) All shipments are to be effected under ~ : 모든 선적품은 ~에 의하여 결제되어야 한다.
5) same effective certificates issued by ~ : ~에 의해 발행된 동일한 효력을 지닌 증명서
6) a certain percentage : 확정된(일정한) %의
7) this commission will be remitted to you : 동 수수료는 귀사에게 송금될 것이다.

8) the details of merchandise : 상품명세서
9) nice and agreeable business connections : 서로 좋고 납득할 수 있는 거래관계

(8) Model 1-2-37 : 위탁판매 대리를 원하는 거래제의

Dear Sirs,

We are indebted to[1] the publishers of "The Importer" monthly trade magazine, wherein we obtained your name and address for our clients' requirement of following items :

"Stainless steel kitchen ware[2], table-ware, kitchen tools, crockery[3], chinaware, home electric appliances[4], gift articles[5], plastic flowers and fruits, toys, and kerosene stoves[6]"

May we have the pleasure of[7] introducing ourselves as one local indenting business house[8] catering[9] to all requirements of all our esteemed clients. We wish to establish business connections with your goodselves and work aggressively[10] for booking of orders for all your offered items here in Kuwait.

So, we request you to express[11] your latest detailed catalogues of the above together with your lowest and competitive "CIF & C 5% Kuwait"[12] price quotations.

We hope and trust that this our enquiry will be the beginning of a beneficial and fruitful business relationship. So, we would like to expect your prompt & favourable reply.

As for our references, please feel free to contact the following banks or any Arab Embassy in your country.

Commercial Bank of Kuwait
National Bank of Kuwait

Thank you in advance for your kind cooperation.

With our very kindest personal regards, we remain.

Yours faithfully,

용어해설

1) be indebted to(a person) for～: ～에 대하여 ( )의 은혜를 입고 있다. 위의 첫 문장을－We have got your name and address for our clients' requirement of following items from the business bulletin, "The Importer", the monthly trade magazine－으로 바꾸어 쓸 수 있다.
2) 녹슬지 않는 강철로 만든 주방용 그릇. stain(stein) : vt 더럽히다. n 얼룩, 오점. stainless : a 녹슬지 않는. kitchen ware : 주방용 그릇. kitchen tools : 주방용 도구.
3) crockery : 도자기, 토기
4) home electric appliances : 가정용 전기기구
5) gift articles : 선물용품
6) kerosene[kerosi:n] stoves : 석유용 곤로
7) May we have the pleasure of ～ : ～을 하게되어 기쁩니다. 여기서 may는 희망(기원)을 의미한다. May you succeed(성공하소서). May he rest in peace(고이 잠드소서).
8) indenting business house : 위탁중개업자
9) catering : 조달하다.
10) aggressively : 적극적으로
11) express : 급송하다. despatch(dispatch)도 쓸 수 있다.
12) CIF & C 5% Kuwait : Kuwait까지의 운임, 보험료 및 CIF가격에 5% 대리점 수수료 포함가격

(9) Model 1-2-38 : 소나타 자동차 수입대리권을 희망하는 서신

Dear Sirs,

We are a holding company[1] which serves as agent for several corporations outside Canada in different fields. Our import and marketing activities are carried out[2] by subsidiaries[3] and affiliated companies[4], each in its own specific area. We are a relatively new establishment which is trying to penetrate the market with various products by using marketing experts in each field.

We are interested in importing your "Sonata" car to Canada. As we cannot carry out this operation on our own, we intend to form a project group with three large Canadian companies dealing with the marketing of tractors and earth-moving vehicles[5].

We believe that with our good name, connections and extensive commercial ties, and the cooperation of the above companies, the group will be able to provide funds, a marketing force and technical backing for best after-sale service, and promote the sale of your car in Canada.

We assume that you may have already been approached by[6] other companies in Canada and we would appreciate it very much if you could consider our proposition and give us the opportunity to prove our competence.

we are eager to represent your firm and thus penetrate the automobile market in Canada.

Yours very truly,

용어해설

1) holding company : 지주회사(여러 회사를 거느리고 있는 회사로서 母會社라고도 한다)
2) carried out : (의무를) 수행하다. Your order would be carried out at once (carried on : 장사를 하다. He carried on business for many years)
3) subsidiaries : 자회사 또는 종속회사(subsidiaries business : 부업)
4) affiliated companies: 자매회사(종속관계가 아닌 수평관계). affiliated unions(가맹조합). affiliated societies(협회지부)
5) tractors and earth-moving vehicles : 트랙터와 흙을 운반하는 자동차
6) approached by : 접촉을 받다.

(10) Model 1-2-39 : 대리점 지정신청에 대한 회신

Dear Sirs,

We are pleased to learn from your letter of June 27 that you are interested in our "Peddler" Motorcycles.

Mr. Ginson, our Export Manager, will be in Korea for a few days early next month, and will call on you on the 3rd or 4th of August to discuss the possibilities of an agency[1] with you. We hope that we shall come to a satisfactory agreement.

A brochure illustrating our new model is enclosed. You will see there what reception it has enjoyed in the trade journals[2].

Yours faithfully,

용어해설

1) the possibilities of an agency : 대리점 지정 가능성
2) reception it has enjoyed in the trade journals : 무역잡지에서 받고 있는 반응

(11) Model 1-2-40 : 거래실적을 고려해서 독점대리권을 주겠다는 서한

Dear Sirs,

In response to your letter of September 9, concerning your proposal to open an account with us for Cotton Goods, we are glad to say that we are interested in this project, as we are just about to cultivate your market[1].

We trust that you will not fail to find large demands for our products in your country and the adjoining territories[2] because of A1 quality[3], quick delivery and competitive prices of our products.

As to the problem of exclusive agency, however, we have at present no plan to give this right to anyone, and would like to take up this matter in the near future considering the experiences of our cooperators. We look forward to your favourable reply by return.

Yours faithfully,

용어해설

1) as we are just about to cultivate your market : 폐사는 시장을 개척해야 할 입장이기 때문에
2) the adjoining territoies : 인접지역국가들
3) A1 quality : 품질이 A등급 중에서 1등급으로 우수한

(12) Model 1-2-41 : 대리점수수료 인상을 요구하는 서한

Gentlemen :

Your letter of October 29 informing us of the new machine tools you want to put on the market in Tianjin interests us very much. Certainly, there is a steady demand for[1] the machine tools of these types and we are anxious to help you in making your items known here.

As you probably know, however, the American and Japan competitors are very firmly established in this market and it will be no easy task to win business in the face of such opposition[2]. We want, anyway, to make a strong sales promotion of your new machine tools.

We look forward to hearing what you have to suggest in an increased commission on the sale of your items[3].

Yours truly,

용어해설

1) a steady demand for~ : ~ 에 대한 안정된 수요
2) in the face of such opposition : 대항자를 맞이하여
3) in an increased commission on the sale of your items : 귀사제품의 판매에 대한 수수료인상

2. 각종회신

1) 거래제의에 대한 회신

(1) 수출제의에 대한 회신

(1) Model 1-2-42 : 면제품 수출제의에 대한 수입업자의 회신

WILSON & CO., LTD.
50 Liberty Street, New York,
N.Y. 10005, U.S.A.

Daejon Ind. Co., Ltd. New York, July 17, 2011
C.P.O. Box 1234
Daejon, Korea

Dear Mr. Song,

We thank you very much for your letter of July 5, 2011 in which you expressed your willingness to open an account with us.

We are glad to learn that you are specially interested in shipping cotton shirts, and in these we may say that we are specialists.

We would appreciate receiving your best CIF New York on men's cotton shirts as well as several samples by air parcel post[1).

If your prices are competitive and merchandise is suitable for our trade[2), we will be able to place large orders.

We look forward to hearing from you soon.

Cordially yours,

WILSON & CO., INC.

Phillip Adams, Vice President

용어해설

1) by air parcel post : 항공소포 우편으로
2) suitable for our trade : 우리 회사의 영업에 적합한

(2) Model 1-2-43 : TV수출문의에 대한 회신

Gentlemen :

Subject : Black/White TV Set

Thank you very much for your inquiry of April 10 regarding the above subject.

As requested, we are sending you separately 3 copies of the latest catalog showing the products by the Korea Electronic Company Ltd., one of the top manufacturers of electrical and electronic machinery in Korea, together with a price list indicating our net CIF New York.

Delivery will depend on the quantities you may require, but up to 2,000 sets for each model can be shipped immediately on receipt of your order and letter of credit. Since material and labor costs have been steadily rising from the beginning of this year, we recommend that you inform us of your requirement immediately.

Looking forward to your early reply.

Very truly yours,

(3) Model 1-2-44 : 자동차 부품 수출문의에 대한 회신

Dear Sirs,

Thank you very much for your letter of July 6, 2011 addressed to Changwon Carburetor. Co., Ltd.

We are one of the fifty leading firms in Korea and have ten subsidiary firms[1], including Changwon Carburetor Co., Ltd. The major export items we handle are energy products[2], automotive parts[3] & accessories[4], automotive tubes, die castings[5], aluminium wheels, etc.

For your reference, we are enclosing a copy of our Auto-Parts List. We would appreciate it very much if you would specify your desired items[6] as well as quantities so that we can offer you most favorable prices.

We are able to supply carburetors and fuel pumps to your specifications[7]. However, in case of carburetor, it takes about one or two years to meet customers' approval. At present, we are supplying carburetors exclusively for Korean made cars and agricultural machinery.

If you have any further question, please do not hesitate to contact us.

Thank you very much for your kind attention and cooperation.

Faithfully yours,

용어해설

1) subsidiary firm : 자회사
2) energy products : 동력장치
3) automotive parts : 자동차부품
4) accessories : 자동차 장식용 부속물
5) die casting : 수압기를 사용한 주형물
6) your desired item : 귀사가 필요한 상품
7) fuel pumps to your specification : 귀사제품의 규격에 맞는 연료용 펌프

(4) Model 1-2-45 : 거래제의를 수락하는 회신

Gentlemen :

Thank you for your inquiry of February 2011 and as this is the first transaction between us, we have taken up the reference which you have supplied[1]. The report from your reference being a satisfactory one, we shall be pleased to consider your proposal in regard to the business you mention.

As we are very interested in Ball Bearing for Machines, we wish to know the details of the Ball Bearing, prices and other terms. At the same time, please send us a copy of your latest catalog.

Being closely connected with first-class makers[2] and wholesalers here, we shall be able to import large quantities from you if your price and quality are satisfactory.

As for our credit standing, we are permitted to refer you to the Bank of America, Los Angeles Office.

We are waiting for your early reply.

Very truly yours,

용어해설

1) we have taken up the reference which you have supplied : 귀사가 제공하신 신용조회처에서 신용조사를 했다.
2) first-class makers : 일류급 제조회사

(2) 수입제의에 대한 회신

(1) Model 1-2-46 : 복사기 구매의사에 대한 회신

Dear Sirs,

We are very pleased to receive your letter of lst June concerning the supply of our copiers[1].

We are sending two copies of our complete catalogs fully illustrating all our products and our best quotations so that you can check for recommending our products to your customers[2]. Also we have sent two samples of our copier by air-freight today.

Our goods enjoy an international reputation for reliability and superior quality. You will find them far better than the ordinary goods for the market of discriminating users[3].

Despite our superior quality we have kept our prices advantage over our competitors and hope you will furnish us with a favorable reply by return.

Yours faithfully,

용어해설

1) copier : 복사기
2) quotations so that you can check for recommending our products to your customers : 귀사가 당사제품을 귀사 고객에게 추천하시는데 검토할 수 있도록 하는 견적서
3) discriminating user : 특수한 소비자(discriminating : 차별적인, 구별되는)

(2) Model 1-2-47 : 구매제의에 대한 회신

Dear Sirs

Thank you very much for your letter of July 5 along with your purchasing proposal[1).

As requested, we have already dispatched the samples and color swatches[2) by speed post.

From the enclosed price list you will find that our prices are exceptionally low and this sacrifice is entirely due to our recognition of the necessity for price cutting in order to develop our sales in your market.

Since the market is now slow[3) and prices are generally low, you are very fortunate buying at this time. European buyers, however, seem to be picking up in activity. Therefore, we advise you to buy the goods before the recovery reaches a peak.

Consequently, we can not keep the prices effective more than two weeks from the date of this letter and we wish to receive your order by return mail.

We hope that this will meet with your immediate approval.

Sincerely yours,

용어해설

1) along with your purchasing proposal : 구매제의서와 함께
2) color swatches : 천연색의 천조각(견본)
3) the market is now slow : 시황이 현재 침체되어 있다(Bussiness is slow in summer).

(3) Model 1-2-48 : 영국영사관의 소개를 받고 회신

Dear Sirs,

Your name has been passed on to us from the British Consulate General, Seoul, as exporters of "EXPO" Office Equipment1), and we write to you with eager wishes to introduce your products in our country.

As you will see in the enclosed pamphlet, we have been engaged in theimport of office machines for half a century, having a wide network of reliable distributors2) the country over, of sophisticated printing machines besides electronic computers and word processors3).

For any information as to our financial standing, we are permitted to mention the Bank of Seoul and Trust Company, Ltd., Seoul.

May we expect to hear favourably on this matter from you pretty soon.

Yours faithfully,

용어해설

1) Office Equipment : 사무용 비품 2) distributors : 유통업자
3) word processors : 언어처리 프로그램

(4) Model 1-2-49 : 광고를 보고 문의내용에 대한 회신

Dear Sirs,

Thank you very much for your inquiry of August 28 referring to our advertisement in the "Newsweek." We have sent today a copy of our latest catalog and price-list specifying other conditions of business.

There has been a steady increase in the sale of our new product introduced into the market[1] three months ago, and it has been difficult for us to meet the requirements of our customers as orders are rushing in[2].

Delivery varies between three and four months from receipt of an order at the moment, but we hope that we can improve it to firm two months in the future.

We look forward to receiving your order.

Yours sincerely,

용어해설

1) the sale of our new product introduced into the market : 시판에 들어 갔던 폐사의 신제품 판매
2) as orders are rushing in: 주문이 쇄도하고 있기 때문에

(5) Model 1-2-50 : 시장진출을 타진하는 내용에 대한 회신

Dear Sirs,

In reply to your proposal requesting us to put your products into the market here, We would like to invite your attention to the following matters[1].

1. The domestic goods are sold at much lower prices.
2. The overseas leading manufacturers[2] have recently reduced their prices by approximately 10%
3. As a conclusion, the discount of around 15% will be necessary for you.

In order to induce the retailers here to handle your goods, the discount will be imperative. It is necessary for us to take over the domestic sales channels[3] with attractive prices.

Please consider the situation carefully and let us have more favorable consideration on this matter.

Yours truly,

용어해설

1) to invite your attention to the following matters : 다음 사실에 대해 유의해 주시기를
2) overseas leading manufacturers : 해외 일류 제조회사들
3) the domestic sales channels : 국내판매 경로

제3절 신용조회

거래제의장을 발송하면 상대방이 거래의 가능성을 확인한 후 거래수락의 회신이 온다. 따라서 상대편의 거래수락서를 받은 2국간의 거래라는 점을 감안하여 향후에 발생될 수 있는 다양한 문제점을 사전에 방지하기 위하여 거래처에 대한 신용조사를 철저히 하여야 한다. 왜냐하면 무역거래는 거래상대방이 Sample취득만을 목적으로 하는 Sample Merchant나 고의적인 Claim을 제기하는 Claim Merchant와 같은 저질의 상인도 존재하기 때문이다.

일반적으로 신용조사를 하는데 필요한 사항은 거래상대의 성격(Character), 자산(Capital), 생산능력(Capacity), 현재의 기업상태(Condition) 등이다.

그리고 이러한 신용상태를 조사하는 방법으로는 다음과 같은 경우를 들 수 있다.

첫째, 상대방이 제공해 준 신용조회처(대부분 거래은행)에 신용조사를 의뢰하는 방법

둘째, 자사 거래은행의 환거래 은행에 신용조사를 의뢰하는 방법

셋째, 상업흥신소에 신용조사를 의뢰하는 방법 등이다.

그러나 상기의 방법들 중에서 첫 번째의 방법은 상대방이 제공해준 의뢰처에 조사를 의뢰하여야 하므로 자신이 원하는 방향으로 정확한 조사를 하기가 어려운 단점이 있으며, 두 번째의 방법은 자신의 거래은행의 환거래은행에 조사를 의뢰하는 것이므로 첫 번째의 방법보다는 확실한 조사를 할 수 있겠으나 은행의 본래 업무가 신용조사 업무가 아니기 때문에 조사에 대한 신빙성에 문제가 있을 수 있다. 따라서 보다 정확한 신용조사를 하기 위해서는 신용조사를 전문으로 하는 전문기관에 신용조사를 의뢰하는 세 번째의 방법을 이용하는 것이 바람직하다 하겠다. 일반적으로 신용조회에 포함되는 내용들은 다음과 같다.

1) 성격(character)

당해업체의 개성(personality), 성실성(integrity), 평판(reputation), 영업태도 (attitude toward business), 채무변제이행 열의(willingness to meet obligation) 및 계약이행 상태에 대한 상도의 성에 관련된 내용 등을 조사한다.

2) 자본(capital)

당해업체의 재무상태(financial status), 즉 수권자본(authorized capital)과 납입자본(paid-up capital), 자기자본과 타인자본의 비율과 규모, 기타 자산 및 부채상태 등 지불능력과 직결되는 내용을 조사한다.

3) 능력(capacity)

당해업체의 연간매출액(turn-over), 개인 또는 법인 등 업체의 구성형태, 업종, 연혁(historical background) 내지 경력(career) 및 영업권(goodwill) 등 영업능력과 장래의 사업성에 관한 내용을 조사한다.

이러한 "Three C's" 이외에 거래 대상업체가 소속된 국가의 정치 및 사회의 안정, 거래조건(condition), 담보능력(collateral), 거래통화(currency), 소속국가(country) 가운데 두 가지를 추가시켜 "Five C's"라고도 한다.

신용조회에서의 신뢰도 측정요소 중에 가장 중요한 것은 성격(character)이라 할 수 있다. 왜냐하면 적용법률과 관습을 달리하는 국가간에 무역거래가 이루어지고 있기 때문에 무엇보다도 중요한 것은 신용이라 할 수 있다.

일정한 거래기간이 지나고 어느 정도 신용을 쌓게되면 무리한 거래나 요구가 있게되고 나아가 외상거래로 발전하기 쉬운 것이 상거래이기 때문에, 상대방의 감정을 해치지 않는 범위에서 1년 또는 2년의 정기적인 신용조회로 관례화하는 것이 바람직하다.

1. 신용조회 의뢰

1) 은행을 통한 신용조회

(1) Model 1-3-1 : 재정 및 신뢰성에 대한 조회

Gentlemen ;

We have been referred to[1] your bank by Mokwon Trading Co., Ltd., Daejon in their recent proposal to enter into business relations with us. Should their business standing turn out[2] unquestionable, we are prepared to accept their proposal. We should, therefore, be much obliged if you would give us such information as you may have or can secure for us[3] regarding their financial standing and reliability.

We are particularly interested to know in what line they are mainly engaged and if possible, your candid opinion on their financial responsibility, their mode of doing business and their general reputation they enjoy in your community.

Any expense to be incurred in connection with this inquiry please charge to our account[4].

Your prompt attention will be much appreciated, and we assure you that your information will be held, as usual, in strict confidence.

Yours very truly,

용어해설

1) have been referred to A by B : B로부터 A에게 조회하라는 부탁을 받다. I was referred to the secretary for information(나는 비서에게 문의해 보라는 연락을 받았다.) I referred to a former employer for a character(나는 인적사항을 전 고용주에게 문의하였다.)
2) turn out : 판명되다(prove)
3) secure A for us : 우리 회사를 위해 A를 확보하다. He has secured a seat for me.
4) charge to our account : 우리 회사의 계정으로 청구하라.

(2) Model 1-3-2 : 대리점지정 제의에 대한 신용조회

Gentlemen :

Your bank was given as a reference by Messrs.[1] Milane Spinning Co., London, who have offered their services as our agents in U.K[2].

We would appreciate it if you would inform us of their financial standing and reputation. Any information provided by you will be treated as strictly confidential, and expenses will be paid by us upon receipt of your bill.

Your prompt reply would be appreciated.

Yours truly,

용어해설

1) Messrs : 남성이 대표로 활동하고 있는 기업
2) U.K=United Kingdom의 약어로 영국을 의미함

(3) Model 1-3-3 : 외상거래의 한도를 조회하는 서한

Dear Sirs,

Messrs. New York Trading Co., Ltd of Phila wish to open an account with us and have given us your name as a reference.

We should be grateful if you would supply us with what information you can get about the firm's general standing and say whether, in your opinion, they are likely to be reliable for credit up to US $300,000[1] and whether they settle their accounts promptly.

We enclose a stamped addressed envelope and shall be only too glad to render you a similar service,[2] should the need arise.[3]

It is hardly necessary to add that[4] any information you supply will be treated in strict confidence.

Yours faithfully,

용어해설

1) be reliable for credit up to US $300,000 : 30만불까지 외상거래가 가능한지
2) be only too glad to render you a similar service : 기꺼이 귀사에게 비슷한 호의를 베풀다.
3) should the need arise : 만일 필요하다면, If the need should arise
4) It is hardly necessary to add that - : that 이하를 덧붙여 말할 필요가 없다.

(4) Model 1-3-4 : 상품을 수입하기 전에 영업상태를 조회하는 서한

Gentlemen ;

We have learned your House from the England Exporters, Ltd., who wants to export the various British products.

They are reputed to be[1] one of the most reliable exporters with the profound trade experience[2] of more than thirty years. We shall appreciate it therefore, if you will inform us of your actual relations with them, their financial standing, and your opinion on their manner of doing business.

Any information given to us, of course, will be kept in strict confidence, and we will be very glad to reciprocate your assistance[3] when a similar opportunity arises[4].

Thank you very much for your assistance and cooperation.

Yours faithfully,

용어해설

1) are reputed to be ~ : ~ 평판을 받고 있다.
2) the profound trade experience : 충분한 거래경험
3) to reciprocate your assistance : 귀사의 원조에 보답하기 위하여
4) when a similar opportunity arises : 비슷한 기회가 오면(일어나면)

2) 기타방법을 통한 신용조회

(1) Model 1-3-5 : 동종업자에게 의뢰하는 신용조회

Dear Mr. Smith :

The Chicago Corporation of Lincoln Street, Chicago, IL 9811, has recently proposed to open an account with us and given your name as a reference.

We shall appreciate it if you will inform us of your experience with this form by filling in the blanks below[1] and returning this letter to us in the enclosed envelope.

Any information you may give us will be held in strict confidence, and when an opportunity comes, we shall be only too glad to reciprocate[2].

Sincerely yours,

Enc. Envelope 1

1. Do they have an account now with you ? Yes _____No_____
2. How long have they had the account?_____ years
3. On what terms_____________________________________
4. How do they pay? Prompt______Medium_______Slow________
5. Have you ever had trouble in collecting ?_________________
6. What line of credit[3] have you extended ?_________________
7. Other information you think useful to us :

●●○ 용어해설

1) by filling in the blanks below : 아래 빈칸에 기입하여
2) we shall be only too glad to reciprocate : 당사는 기꺼이(only too) 보답하겠습니다.
3) line of credit : 신용한도(외상거래)

(2) Model 1-3-6 : 거래처를 통한 신용조회

Dear Sirs,

New York Trading Co.,, on opening an account with us, have given your name as a trade reference[1].

As the above firm is quite unknown to us, we will be grateful if you would give us information regarding their financial standing, business conduct[2] and the reputation and character of the proprietors[3].

We assure you that any information you supply to us will be treated as confidential. A stamped addressed envelope[4] is enclosed for your reply.

We will be happy to be of service to you in any similar case.

Yours faithfully,

용어해설

1) trade reference : 동업자 신용조회처
2) business conduct : 영업방식
3) character of the proprietors : 경영주의 인격
4) A stamped addressed envelope : 우표를 붙이고 주소를 기재한 봉투

(3) Model 1-3-7 : 대리점신청자에 대한 신용조회

Gentlemen :

Henly Lee Co. of Phila have sent us a proposal expressing interest in acting as our agent in the United States and have given your name as reference regarding their standing.

We will be grateful if you will give us detailed information regarding their business status, commercial activities, solvency[1], and reputation, which we will hold in strict confidence.

We will be happy to return this favor, should you have the occasion to call upon us[2].

Very truly yours,

용어해설

1) solvency : 지불능력
2) have the occasion to call upon us : 폐사를 방문할 기회가 있다면.

(4) Model 1-3-8 : 신규 대리점 신청인의 신용조회

> Gentlemen :
>
> Henry Lee & Co. of your city have proposed to represent us in our products[1] and named you as a reference.
>
> We shall be glad if you will inform us of your candid opinion as to their financial standing, business status and reputation[2].
>
> Especially, we wish to know if you would consider it safe for us to appoint them our agent.
>
> Any information you may give us will be treated in strict confidence and we shall be only willing to reciprocate on similar occasions.
>
> Yours very truly,

용어해설

1) represent us in our products : 우리 회사 제품의 대리점이 되다.
2) business status and reputation : 영업상태와 신용평가

2. 신용조회에 대한 회신

1) 긍정적인 회신

(1) Model 1-3-9 : 믿을 수 있다는 내용의 회신

> Gentlemen :
>
> In response to your inquiry of March 3, we are pleased to inform you that, although having not been long established, the people you

mentioned enjoy a good reputation here[1], have wide connections[2] and possess a sufficient fund to carry on their business.

You would not run the least risk in being represented by them and would be satisfied with their mode of doing business, though this is no more than our personal opinion[3].

Yours very truly,

용어해설

1) enjoy a good reputation here : 이곳에서 호평을 받고 있다.
2) wide connections : 많은 거래처들
3) this is no more than our personal opinion : 이것은 당사의 개인적인 견해이다.

(2) Model 1-3-10 : 동업자가 보내준 긍정적인 회신

Gentlemen :

The firm you inquired about in your letter of Jan 10 is one of the most reliable importers in this city.

We have been doing business with them for more than ten years and there has been not a single instance[1] in which they failed to meet their obligations[2]. Their senior partner is an active businessman[3], about forty years old, with unlimited resources and sound judgement[4].

You will run no risk in dealing with them, though of course this is our personal opinion, for which we assume no responsibility.

We hope that this information will prove useful to you and ask you to treat it with utmost discretion.

Very truly yours,

용어해설

1) single instance : 하나의 예
2) meet their obligations : 채무를 이행하다.
3) active businessman : 활동적인 사업가
4) unlimited resources and sound judgement : 무한한 지혜와 건전한 판단력

(3) Model 1-3-11 : 긍정적인 회신

Dear Sirs :

We are pleased to state that the firm referred to in your letter March 10 is a small but a well-known and highly respectable firm, who has been established in this town for more than thirty years.

We ourselves have been doing business with[1] them for over ten years on quarterly-account terms[2]. The latest financial statement[3] in our possession, dated May 31, 2011 was given to us in confidence according to our analysis, reflects a satisfactory condition.

We have a favorable regard for[4] the company and its management, and believe them responsible for their normal business obligations.

We hope this information will be helpful and understand that you will treat it as confidential.

Yours truly,

용어해설

1) have been doing bussiness with : 거래해 왔다(=have maintained an account with)
2) on quarterly-account terms : 3개월마다 결산하는 결제조건으로
3) financial statement : 재무재표
4) favorable regard for : 좋은 평가(점수)

(4) Model 1-3-12 : 신용한도를 정해서 거래하기를 권유하는 회신

Gentlemen :

We are pleased to state that the firm referred to in your letter of June 12 are a small but well-known and highly respectable firm who have been established in this town for more than fifteen years.

We ourselves have now been doing business with them for over ten years on quarterly-account terms and although they have not as a rule taken advantage of our cash discounts[1] they have always paid their accounts promptly on the net dates[2]. The credit we have allowed the firm has at all times been well above the US $500,000 you mention.

We hope this information will be helpful and understand that you will treat it as confidential.

Yours truly,

용어해설

1) have not as a rule taken advantage of our cash discounts : 당사의 현금결제할인 혜택을 이용한 사례는 없지만
2) on the net dates : 결제당일

2) 부정적인 회신

(1) Model 1-3-13 : 은행에서의 부정적인 조회회신

Gentlemen ;

We regret that we are unable to give you satisfactory information regarding the firm mentioned in your letter of the 10th May.

Our business relations with them have been hitherto[1] rather satisfactory, but in recent years, however, payments have been irregularly made[2] and many times we have had to press them for payment[3].

Certain unfavourable rumours are in circulation[4] concerning these people and they seem to be losing their reputation financially[5]. We would advise you, therefore, to take precaution[6] when dealing with them.

Please note, however, that this is given for your use only, and without any responsibility on our part.

Yours faithfully,

용어해설

1) hitherto : = until now = up to this time, 지금까지

2) payments have been irregularly made : 대금결제가 불규칙적으로 이루어지다
3) to press them for payment : 대금결제를 독촉하다.
4) are in circulation : (소문 등이) 유포되고 있다.
5) be losing their reputation financially : 재정적으로 평판이 좋지 않다.
6) take precaution : ~를 경계하다

(2) Model 1-3-14 : 동업자가 보내준 부정적인 회신

Genetlemen ;

We must express surprise that the firm mentioned in your inquiry of July 10, should have given our name as a reference.

As far as we know they are a reputable firm, but we have no certain knowledge of their financial position.

It is true that they have placed orders with us on a number of occasions during the past five years, but the amounts involved have been too small compared with the sum mentioned in your letter ; and even so, accounts were not always settled on time.

This, we feel, is a case in which caution is necessary and we suggest that you make additional inquiries[1] through an agency.

We accept your assurance[2] that the information we have given will be treated in strict confidence and regret that we cannot be more helpful.

Yours truly,

용어해설

1) make additional inquiries : 추가로 조회하다.
2) accept your assurance : 귀사의 확약을 믿는다.

(3) Model 1-3-15 : 신중하게 판단해서 거래하도록 권유하는 회신

Dear Sirs,

The company mentioned in your letter of 20th Apple has placed regular orders with us for several years.

We believe the company to be trustworthy and reliable, though we are bound to[1] say that they have not always settled their accounts[2] with us on time.

Their account with us is on quarterly settlement terms, but we have never allowed it to reach the sum mentioned in your letter.

This to us seems to be a case in which caution is necessary.[3]

We are glad to be of help, but ask you to ensure that the information we have given you is treated as strictly confidential.

Yours faithfully,

용어해설

1) are bound to : ~ 할 의무가 있다.
2) settled their accounts : 청산하다
3) caution is necessary : 주의가 필요하다.

(4) Model 1-3-16 : 현금거래를 하도록 권유하는 회신

Dear Sirs :

Johnson & Smith Co., Ltd.

We regret that we are unable to give you a satisfactory reply regarding the above firm.

After the withdrawal[1] a few years ago of Mr. Johnson, the founder of the firm, the capital left in the concern[2] is said to be very little, although we cannot obtain definite information on this point.

On the other hand, the firm is said to be supported by a powerful house[3], but details on this point are lacking. Perhaps, it would be safest for you to do business with them for cash against documents[4] and we think it is inadvisable to grant credit.[5]

Please avail yourselves of this information without any responsibility on our part.

Yours truly,

용어해설

1) the withdrawal : 은퇴
2) the concern : 회사
3) a powerful house : 강력한 회사
4) for cash against documents : 선적서류를 받는 동시에 현금결제조건으로
5) inadvisable to grant credit : 외상으로 거래하는 것은 권하고 싶지 않다.

3) 평범한 신용보고 회신

(1) Model 1-3-17 : 신용조사 비용을 청구하는 서한

Gentlemen :

We are pleased to report on the firm referred to in your letter of May 10 as follows :

Mokwon Trading Co., Ltd. were established in 1955 as General Importers and Exporters, with an authorized capital[1)] of US $100,000 fully paid-up[2)]. The net worth at the end of last year exceeded US $400,000 and about half of which is readily realizable[3)]. Their main lines are Cotton Products. They have maintained a current account[4)] with us for more than ten years, always to our satisfaction and their latest financial statements show a healthy condition.

We are of opinion that they may be rated as A[5)] and you would not run the least risk[6)] in opening a connection with the firm.

For this information, we do not like to accept any responsibility, but we shall be pleased to be of any further service to you more details.

The enclosed note[7)] shows the charge which we have paid on your behalf8), for which we ask you to settle soon.

Yours very truly,

용어해설

1) authorized capital : 수권자본금
2) fully paid-up : 전액 납입된
3) is readily realizable : 쉽게 현금화할 수 있는
4) current account : 당좌계정
5) be rated as A : 비율상 A급으로
6) not run the least risk : 전혀 위험이 없는 것으로 보인다.
7) The enclosed note : 동봉한 계산서
8) on your behalf : 귀사를 대신하여(= 귀사를 위하여)

(2) Model 1-3-18 : 은행의 일반적인 조회 회신

Gentlemen :

We are providing you with the status report on the firm referred to in your letter of June 20, 2011 :

Name and Address of the Company : Chicago Industrial Co., Inc.
100 King Street
Chicago, IL 9811

Established : The firm is a Chicago corporation chartered on June 10, 1950.

Activities : Wholesaler and retailer of automobile parts and accessories[1)] manufacturer and exporter of auto polish and grease[2)] : wholesaler of hardware and building materials.

Financial Report : The National Mercantile Agency report indicates that the firm has a net worth in low six figures[3)]. Sales are reported to be in medium six figures.

Banking Report : A local bank reports balances averaging[4)] in moderate four figures. Loans have been granted to medium four figures. Relations are satisfactory.

Employment : The firm employs 16 persons, including officers.

CONFIDENTIAL : This information is furnished without liability on the part of this bank or any of its officers, as a matter of business courtesy in answer to your inquiry and is for your confidential use only. Any opinion herein expressed is subject to change without notice.

Yours truly,

용어해설

1) automobile parts and accessories : 자동차 부품 및 부대장식품
2) auto polish and grease : 자동차 광택약 및 기름(유약)
3) low six figures : 낮은 6자리 숫자, 즉 100,000에서 200,000의 순자산, moderate는 200,000에서 500,000, medium은 400,000에서 700,000 그리고 high는 700,000에서 900,000정도를 가리킴
4) balances averaging : 평균 잔고

제 2 장
주문 및 수락

제1절 Offer의 의의 및 종류

1. Offer의 의의

Offer란 매매조건을 제시하는 것이다. 무역계약은 일방이 타방에 대하여 Offer를 발송하면 Offer를 접수한 타방이 접수한 Offer를 수락(Acceptance)함으로써 성립된다.

일반적으로 Offer를 발행하는 방식은 특별한 규칙이 없지만 전문이나 텔렉스로 하거나 일정한 서식(Offer Sheet)에 의하며, Offer의 내용은 거래예정 상품의 가격이나 선적시기와 방법 및 결제방법 등이 포함된다.

그리고 Offer는 발행자에 따라서 Selling Offer와 Buying Offer로 구분하는데, Selling Offer란 Offer의 작성을 Seller가 하는 경우를 의미하고, Buying Offer란 Buyer가 Offer를 작성하는 경우를 의미한다. 그런데 국제무역에서 말하는 Offer란 매도인이 매수인에게 어떤 조건을 제시하여 매도하고 싶다는 의사표시를 하는 Selling Offer를 지칭하는 것이다.

2. Offer의 종류

Offer는 분류하는 관점에 따라 다음과 같이 다양하게 구분된다.

첫째, Offer 발행주체를 기준으로 하여 Selling Offer와 Buying Offer로 구분한다.

둘째, Offer의 유효기일(확정력)을 기준으로 하여 Firm Offer(확정오퍼)와 Free Offer(불확정 오퍼)로 구분한다.

셋째, Offer 발행에 특수한 조건이 부여되는 조건부 오퍼가 있다.

넷째, Offer 발행지를 기준으로 하여 국내발행 Offer와 국외발행 Offer로 구분한다.

상기 Offer를 보다 구체적으로 정리하면 다음과 같다.

1) Selling Offer와 Buying Offer

Selling Offer란 수출업자가 수입업자에게 판매조건을 제시하는 경우의 오퍼를 말하며, Buying Offer란 수입업자가 수출업자에게 구매조건을 제시하는 경우의 오퍼를 의미한다.

2) Firm Offer(확정오퍼)

Offer 발행자가 상대방이 회신해야 할 일자를 명시하여 Offer를 발행하는 경우이다. Firm Offer는 발행된 오퍼에 대하여 시황이 변하하더라도 Offer 발행자가 Offer의 유효기간 내에는 내용을 수정하거나 취소할 수 없다. 따라서 매도인이 발행한 Offer에 대하여 매수인이 기간 내에 조건 없이 수락하면 매매계약은 성립된다.

3) Free Offer(불확정 오퍼)

Offer 발행자가 상대방이 회신해야 할 일자를 명시하지 않고 발행하는 Offer이다. 따라서 이 Offer는 발행된 Offer에 대하여 시황의 변동에 따라 조건의 일부나 전부를 수정 또는 취소할 수 있다. 그리고 Free Offer는 Offer발행자의 최종적인 확인이 있어야만 매매계약으로 성립된다.

4) 선착순 판매조건부 오퍼

Free Offer의 일종으로 Offer 발행자가 다수의 상대방에게 Offer를 제시하여 매매 가능한 시점까지 접수된 오퍼에 대해서만 계약이 성립되는 경우이다. 이 Offer는 한정된 수량의 상품에 대하여 다수의 매수인 앞으로 동시에 오퍼 하는 경우에 이용되며, 상품의 매진과 함께 효력이 소멸되는 오퍼이다. 따라서 이는 재고정리를 위하여 사용하는 오퍼로서 가장 먼저 수락의 통지를 한 자에게 매도할 것을 조건으로 하는 오퍼이다.

5) 승인 오퍼(Offer On Approval)

Offer와 함께 Sample을 발송하여 상대방이 접수한 Sample을 실험 및 시용한 후 수락여부를 결정하도록 하는 Offer이다.

6) 반대 오퍼(Counter Offer)

접수한 오퍼의 조건 중에서 일부나 전부를 변경하거나 추가하여 오퍼 발행자에게 제의하는 경우의 Offer이다. 따라서 Counter Offer는 원 오퍼(Original Offer)에 대한 거절인 동시에 새로운 오퍼이다.

일반적으로 무역거래에서는 Counter Offer가 몇 번 이뤄진 후 일방의 최종적인 수락으로 매매계약이 성립된다.

3. Offer의 발행요건 및 유효기간

Offer의 내용은 그 오퍼의 수락으로 성립되는 계약에서 양 당사자의 권리와 의무가 확정되기에 충분할 정도로 명확하여야 한다. 따라서 Offer를 발행함에 있어서는 향후에 작성될 매매계약서의 내용을 충분히 보완할 수 있어야 한다.

일반적으로 오퍼를 발행함에 있어서는 다음과 같은 구비요건을 갖추어야 한다. 즉, 품명, 원산지, 규격, 수량, 단가, 선적지, 인도조건, Offer의 유효기간, 대금결제방법 등이다.

그리고 Offer의 유효기간은 오퍼 발행일을 포함하여 기산하며, 최종 시기는 통상의 근무시간(평일은 오후 5시, 토요일은 정오)까지로 한다.

4. Offer의 수락

Offer의 수락(Acceptance)이란 오퍼 발행자의 오퍼 내용에 대한 피발행자의 수락의사 표시이다. 수락은 원칙적으로 발행된 오퍼의 모든 조건에 대하여 피발행자가 무조건 동의하는 것이어야 하며, 만약 오퍼의 내용에 어떠한 추가사항이나 조건의 변경을 요구한 조건부 수락은 발행된 오퍼를 Acceptance한 것이 아니라 거절한 것이며 새로운 Offer인 Counter Offer가 된다.

따라서 오퍼의 수락은 오퍼의 유효기간 이내에 하여야 하며, 오퍼의 모든 조건에 대한 완전한 또는 무조건의 수락이어야 한다. 그리고 오퍼에 수락의 방법(Cable이나 Mail)이 명시된 경우에는 그 방법에 따라야 한다.

제2절 Offer의 사례

1. 불확정 오퍼(Free Offer)의 사례

(1) Model 2-2-1 : 면재봉사에 대한 Offer

Gentlemen :

Having heard from the Korea Foreign Exchange Bank in Hong Kong[1] that your company is a leading firm specializing in cotton sewing thread[2], we wish to make a purchase of men's cotton shirts from you.

We would appreciate receiving your best CIF Hong Kong with earliest delivery schedule.

We would also like to have two samples with color swatches[3] by air mail. If your goods are satisfactory in quality and delivery, we will place an order of 500 dozen on a trial basis and can make repeat orders with you in the near future.

We look forward to your early reply.

Yours very truly,
Han & Lee CO., INC.

용어해설

1) the Korea Foreign Exchange Bank in Hong Kong : 홍콩주재 한국외환은행
2) a leading firm specializing in cotton sewing thread : 면재봉사를 취급하는 일류기업
3) color swatches : 색상별 조각천

(2) Model 2-2-2 : 재고품정리를 위한 Offer

Dear Sirs,

"CROWN" YARN

We are going to sell off[1] this popular range[2] before introducing a new model. Our offer to you is a price reduction of 10% off the list prices on the attached sheet up to a sale of 5,000 sets[3]. We do this to you because you placed a considerable number of orders with us last year.

Orders will be executed in strict rotation[4]. We suggest that you return to us straight away the enclosed order form duly filled in.

Yours faithfully,

용어해설

1) to sell off : 재고품(a stock of goods)을 판매하기 위하여
2) this popular range : 이렇게 유리한 조건으로
3) up to a sale of 2,000 sets : 2,000셋트의 판매주문시까지
4) in strict rotation : 엄정하게 선착순을(in the order of receipt) 적용하여

2. 확정오퍼(Firm Offer)의 사례

(1) Model 2-2-3 : 직물에 대한 Offer

Gentlemen :

Thank you very much for your inquiry of May 10. We are pleased to offer you firm the following goods under the terms and conditions set forth below subject to your reply by cable reaching here by May 15.

Commodity : 100% Cotton Fabrics[1]

Quality : As per sample attached herein

Quantity : 100,000yds.
Price : US $1.00 per yard CIF Hong Kong
Shipment : By December 31
Payment : By an irrevocable L/C at sight in your favor[2)]
Packing : Export standard packing

Due to the rush of orders from Hong Kong, the market here is very strong[3)] and the goods are in short supply4). Under the circumstances, the price suggested by us is really rock-bottom one we can make specially for you. We, therefore, strongly request you to accept this offer with no hesitation.

Your prompt attention would be greatly appreciated.

Very truly yours,

용어해설

1) 100% Cotton Fabrics : 100% 면으로 된 직물
2) an irrevocable L/C at sight in your favor : 귀사를 수익자로 하는 일람불 취소불능신용장
3) the market here is very strong : 이곳 시장이 활발하다.
4) the goods are in short supply : 상품 공급물량이 부족하다.

(2) Model 2-2-4 : 담요에 대한 Offer

Gentlemen,

Thank you very much for your inquiry dated May 15 referring to our new General Mats "Elephant". We have separately sent today a copy of our latest catalogues and price list specifying terms and conditions of business together with the detailed information.

We are now pleased to confirm our telegram just dispatched offering you firm for the Mats subject to your reply reaching here by September 1, & mentioned below a copy of our telegram enclosed

Article : General Mat "Elephant" Brand[1)], regular size and wide size

Quantity : 2,000 sheets respectively, total 4,000 sheets
Price : @ US $60.00 CIF Pusan per sheet for the regular size
@ US $80.00 CIF Pusan per sheet for the wide size
Shipment : November, 2011.
Terms : Draft at sight[2] under an irrevocable Letter of Credit

We believe you are assured that our quotations will be the most competitive[3] and place orders with us.

We, therefore, recommend you to accept it without delay.

Yours faithfully,

용어해설

1) General Mat "Elephant" Brand : 코끼리표 일반담요
2) Draft at sight : 일람출급의 환어음
3) most competitive : 가장 경쟁적인

(3) Model 2-2-5 : 카메라에 대한 Offer

Gentlemen :

Thank you for your inquiry of July 10.

We have quoted the price in the following firm offer by cable.

This offer is subject to your reply by July 20.

Item : Model SAMSUNG-111 full-degital camera equipped with automatic exposure meter & range meter
Quantity : 500 sets
Quality : As per sample
Price : $450.00 C.I.F. London in Euro dollars per unit
Payment : By L/C at sight to be opened in our favor
Shipment : Before December 20, 2011

With the approach of the vacation season[1], the demand for high quality cameras is increasing. The compact styling and superb quality[2] will certainly present excellent sales as shown by our production ratio.

We look forward to an early reply and trust you will take advantage of this seasonal opportunity.

Sincerely yours,

용어해설

1) With the approach of the vacation season : 휴가철이 가까워지면서
2) superb quality : 최상의 품질

(4) Model 2-2-6 : 남성용 내의에 대한 Offer

Gentlemen :

We are pleased to inform you that we have cabled you today our firm offer subject to receiving your reply[1)] by June 20 as stated below. Enclosed please find the offer sheet herewith :

3,000 dozen of Men's Pants, Quality sample No. MW-123 at US $20 per doz. FOB Korean port, shipping by the end of October.

Since we are getting more orders from the United States, we would like to request you to make a positive decision[2)], and let us know by Fax even before the final validity date.

We look forward to receiving your favorable response soon.

Very truy yours,

용어해설

1) subject to receiving your reply : 귀사의 회신이 도착하는 조건으로
2) to make a positive decision : 긍정적인 결정을 하다.

3. 역오퍼(Counter Offer)의 사례

(1) Model 2-2-7 : 가격할인을 요구하는 Offer

Gentlemen :

We have received your letter of June 10. Thank you for the supply of samples which are according to our expectation.

Your prices are not competitive[1] and therefore, we are unable to place an order with you at this time, even though we are favorably impressed with your samples[2].

As we indicated in our last letter, our requirements for this line are large[3], but the competition in this line is very strong.

Under such circumstances, we have to ask for your most competitive prices on the particular item, your sample No. 5 which is in high demand. We trust you will make every effort to revise your prices.

Yours very truly,
Henry Lee & CO., Ltd.

용어해설

1) not competitive : 저렴하지 못하다.
2) we are favorably impressed with your samples :귀사의 견본으로 당사는 좋은 감명을 받았다.
3) our requirements for this line are large :이 품목에 대한 당사의 요구량은 상당하다

(2) Model 2-2-8 : 가격할인을 요구하는 Offer

Gentlemen :

We are in receipt of your firm offer dated June. 10 for 300 yds of cotton fabric, item No. 10 at US $5.00 per yd C.I.F. Tokyo for December shipment and L/C payment. Below is cable with our counter offer as follows :

YOURS TENTH ACCEPTABLE SUBJECT FOUR DOLLARS TOTALING 1,200 DOLLARS CABLE HENRY.

In view of the current price[1] in this market, your price is rather high[2]. You must remember that the competition in this line is very strong and that your competitors are offering lower prices than yours.

We would like to transact most of our business with you and we have cabled you a counter offer, asking for further discount. So unless you can accept this price the business will fall through[3].

We hope you will accept our price.

Yours very truly,

HENRY LEE & CO., LTD.

용어해설

1) the current price : 시가(the ruling price)
2) is rather high : 다소 비싼 편이다(= rather stiff, somewhat, slightly firm).
3) will fall through : 실패로 끝나다(= come to nothing, 수포로 돌아가다).

(3) Model 2-2-9 : 선적기일의 수정을 요구하는 Offer

Dear Sirs,

We confirm below our cable dispatched this afternoon against your cable offer of July 25 on KW250.

Your price is certainly attractive, and we must have the chemical by the end of October.

All the other particulars are left to your discretion[1]. We are almost certain that[2] you will make effect shipment accordingly.

You will perhaps confirm our counter offer soon preferably by cable.

Yours faithfully

용어해설

1) All the other particulars are left to your discretion :
2) We are almost certain that — : 폐사는 that 이하의 내용을 거의 확신하고 있다.

(4) Model 2-2-10 : Silk Jacket에 대한 Offer

Gentlemen :

Thank you for your Cable Offer of June for 5,000 Pieces of Men's Silk Jackets at US $30.00 per piece CIF Toronto.

Your prices, however, are not competitive and, therefore, we are unable to place an order with you at this time, even though we are favorably impressed with your samples.

Your rival firms are making endeavours to get our business by offering much lower prices. But it is our intention to entrust you with the bulk of our business[1], and we have made you a counter offer at US $25 per piece.

We hope you will take advantage of this chance so that you will benefit from[2] the expanding market.

We await your reply with great interest.

Your very truly,

용어해설

1) the bulk of our business : 대량거래.
2) you will benefit from : ~로부터 이익을 얻게 될 것이다.

(5) Model 2-2-11 : 최종적인 Counter Offer임을 강조하는 Offer

Gentlemen :

We have the pleasure of acknowledging your letter of July 10, requesting us to quote the most favorable price[1] on cotton shirts. Below find text of cable :

YOURS TENTH OFFER FIRM SUBJECT REPLY HERE BY JULY TWENTY FIFTH 500 DOZEN ITEM NO. 5 AT TWENTY DOLLARS TOTALING 10,000 DOLLARS OCTOBER SHIPMENT PAYMNT LC WBKIM SEOUL

We regret that our prices were not low enough to meet your requirements. But the above revised[2] is the best price we can make at present since the high quality of our goods cannot be maintained at lower prices.

In fact, our revised price is closely calculated and we shall not be able to make any further price reduction in spite of our eagerness to start business.

We trust you will accept it without delay.

Yours very truly,
DOAN IND. CO., LTD.

용어해설

1) the most favorable price : 가장 적당한 가격
2) the above revised : the above revised price로 위와 같이 변경한 가격

4. 조건부 오퍼(Conditional Offer)의 사례

(1) Model 2-2-12 : 시험조건부 Offer

Gentlemen :

We have today had our representative submit to you our new type roller printing machine. We are confident that the machine is better devised in working and design[1] than any that have ever been used in this country.

We have presented it for 30 days free trial in your firm, on the condition that there will be no obligation on your part to purchase at the expiration of the time mentioned.

In the anticipation of interesting you in this offer, we have the pleasure of submitting our Price-List of specification[2].

We hope to have your favourable reply in the near future.

Yours very truly,

●●○ 용어해설

1) machine is better devised in working and design : 작업의 능률을 올릴 수 있도록 고안되고 도안된
2) our Price-List of specification : 폐사의 가격 명세서

(2) Model 2-2-13 : 최종확인을 조건으로 하는 Offer

Dear Sirs,

As suggested in your inquiry dated September 10, we have pleasure in submitting the following offer subject to our final confirmation[1] upon receipt of your order.

500 (five hundred) sets "Minolta" brand Digital Camera, as per attached specifications.

Price : US $400(four hundred dollars in U.S currency) per set, CIF Chicago, including packing.

Shipment : January, 2012, Packing : As usual.

Other terms and conditions are as agreed upon between the both of us on September.1, 2011.

We thank you for your inquiry and look forward to[2] receiving your prompt instructions which will enjoy our immediate attention.

Yours faithfully,

용어해설

1) our final confirmation : 우리 회사의 최종적인 확인
2) look forward to : 기대하다

(3) Model 2-2-14 : 선착순 판매조건부 Offer

> Gentlemen :
>
> We are in a position to offer you the following goods subject to being unsold[1].
>
> 500M/T KOREAN APPLE @US $171.00 CIF HONGKONG AS PER SAMPLES SENT BY AIR PARCEL POST[2].
>
> These are worth considerably more than the price quoted as the market is steadily rising[3].
>
> We would appreciate hearing from you as soon as possible
>
> yours truly,

용어해설

1) subject to being unsold : 재고가 있는 조건으로
2) air parcel post : 항공소포우편으로
3) as the market is steadily rising : 시장상황이 호전되고 있으므로

5. 청약의 수락 또는 거절 사례

1) 수락의 사례

(1) Model 2-2-15 : 확정오퍼에 대한 수락서한

> Dear Sirs,
>
> We are glad to accept your cable offer of March 25 for Cotton Yarns, 50S and 60S, 33,000 1bs. each, at U$1 and U$1.50 cents per

1b. respectively CIF Pusan in the U.S currency for July shipment.

To confirm this business, we are enclosing our Purchase Note No. 7. Please note that the cargo is to be unloaded at Pusan[1].

For payment, we have arranged with our bankers[2] for an L/C to be opened by Mail3).

We accept this offer because the delivery is so attractive. We ask you, therefore, to do everything possible to ensure punctual shipment.

Yours faithfully,

용어해설

1) the cargo is to be unloaded at Pusan : 화물은 부산에서 하역될 예정이다.
2) arranged with our bankers : 은행과 협약을 하다.
3) by Mail : Mail L/C를 개설하겠다.

(2) Model 2-2-16 : 역Offer에 대한 수락서한

Gentlemen :

We accept your counter offer of March 15 in order to realize the first transaction with you[1].

To confirm this business, we are encolsing our revised Offer Sheet[2] No. 112. This confirmation is made subject to our Sales Note.

Please note that your limit price barely covers the cost of production[3], and, therefore, we shall be unable to maintain our quality without any increase in price for your future orders.

We assure you that we will make every effort to meet your satisfaction.

Very truly yours,

용어해설

1) in order to realize the first transaction with you : 귀사와 첫 번째 거래를 실현시키기 위하여

2) our revised Offer Sheet : 수정한 오퍼
3) limit price barely covers the cost of production : 귀사의 제한가격은 겨우 생산가격에 해당한다.

(3) Model 2-2-17 : 소량주문 수락서한

Dear Sirs,

We are pleased to accept your letter of June 10 offering 200 dozen silk blouses S/#222[1] at US $30 per doz. CIF Tokyo for immediate shipment[2].

In reply we have just cabled you as follows:

YOURS 10TH ACCEPT IMMEDIATE
SHIPMENT REQUESTED KWB

To confirm this order, we are enclosing our purchase order No. 222 including shipping instructions. To ensure prompt execution, we have instructed our bankers to open an irrevocable L/C in your favor by cable, which you will receive within a few days.

Though small in quantity, the order is very important for us. We ask, therefore, that you give your very best attention in completing it as soon as possible.

Yours very truly,

용어해설

1) S/#222 : Sales Note No. 즉 계약서 번호
2) immediate shipment : 즉시선적을 의미, 이 용어는 신용장통일규칙에서 사용하지 않도록 권유하고 있다.

(4) Model 2-2-18 : 여행용 가방을 수락하는 Offer

Gentlemen :

We are glad to accept your offer of May 9 for 3,000 pieces Travel Bags at US $10 per piece CIF SINGAPORE for July shipment.

To confirm this transaction, we are sending you herewith our Purchase Note No. 111.

In order to cover the amount of this purchase, we have arranged with our bankers for an Irrevocable Letter of Credit to be opened in your favor[1).]

Since this transaction is very important to us, we would like you to give it your best attention to satisfy us in every respect[2)].

Yours very truly,

용어해설

1) in your favor : 너희 회사를 수익자로 하여
2) in every respect : 모든 면에서

(5) Model 2-2-19 : Offer를 수락하면서 신용장개설을 통보하는 서한

Gentlemen :

We have pleasure in confirming our telegram just despatched, accepting your firm offer of March 15 on 5,000 sets, Item No. 20 TV Set US U$500 per set. CIF Pusan and now send you our Purchase Note No. 111.

In order to cover the amount[1)] of this purchase we have instructed theHanil Bank Ltd., Seoul, to open a Letter of Credit in your favor by cable and trust you will be notified of it by your bank as usual[2)].

Please give your best attention to this business.

Sincerely yours,

용어해설

1) In order to cover the amount : 금액을 결제하기 위하여
2) be notified of it by your bank as usual : 관례대로 귀거래은행으로부터 그것을 통보받게 될 것이다.

2) 거절의 사례

(1) Model 2-2-20 : 가격인하를 요구하는 Offer

Dear Sirs,

Thank you for sending your offer for the high quality product. However, we have to point out the following matter.

Although you have emphasized popularity of your product[1], we have now a very powerful competitor in the market here, which is commanding an excellent reputation[2].

Their commodity is lower in price by 15% and the design and style are much superior. Our retail stores report that yours will be competing with it if the price is reduced by US $45[3].

However, this will be too large a discount for you, so we will have to decline[4] the business with you.

We hope that this will meet your immediate attention.

Yours truly,

용어해설

1) popularity of your product : 귀사제품에 대한 대중적 인기
2) is commanding an excellent reputation : 호평을 받고 있다.
3) the price is reduced by US $45 : 가격을 45달러까지 인하시켜야 한다.
4) have to decline : 거래를 거절(단절)하다.

(2) Model 2-2-21 : 선적기간을 조정해달라는 서한

Dear Sirs,

We have received your offer of April 28 proposing us to market your new product[1], model PA-800 subject to US $199.99 FOB Los Angeles per unit and delivery within ten weeks of our order.

Concerning your proposal, we are pleased to let you know that your offer meets our requirements[2] both in price and quality. However, we need the shipped goods at latest by the end of July.

As you will know, our market is now in hard competition owing to the rush of the new products and marketing in September is too late for sale.

We would like you to make earlier shipment, by June 30 at latest and trust you will be able to accommodate us by giving your prompt acceptance.

Yours sincerely,

용어해설

1) proposing us to market your new product : 귀사의 신제품을 판매하도록 우리 회사에 제의 하시는
2) your offer meets our requirements : 귀사의 제의는 우리 회사의 욕구를 충족시킨다.

제 3 장
무역계약

제1절 상품의 주문과 수락

Offer로서 당사자간의 의견이 접근되거나 처음부터 서면으로 거래와 관련된 내용들을 당사간에 교환하여 거래를 확정하는 경우들이 있는데 본절에서는 서면을 중심으로 거래를 확정하는 경우들의 사례를 연구하고자 한다. 서면으로 거래의 주문을 하는 경우는 수입업자가 지금까지 수출업자와 거래를 존속하였거나 기타 여러 가지 방법을 통하여 수출업자를 알게 된 경우에 이용된다. 주문서에는 향후 거래를 하면서 결정적으로 중요한 품질조건, 선적조건, 가격조건, 결제조건과 같은 내용이 언급된다.

1. 각종주문 사례

1) 일반주문 사례

(1) Model 3-1-1 : 면도기 주문

Dear Sirs,

We are pleased to enclose Order Sheet No. 10 covering Electric Shaver[1] as described in your Catalog, page 3, Model No. 111.

On looking it through, we have found some items would be suitable for our trade and are very happy that we enclosed the first Order Sheet No. 10 for 1,000 pieces Electric Shaver.

We would like to instruct our bankers, the Uri Bank, Daejon, to open an irrevocable letter of credit valid by June 15 and believe the above L/C will reach you through their correspondent[2] in HongKong.

We hope you will execute this initial order to your best attention[3]. Should it turn out satisfactory[4] in all respects, you may expect further orders.

Yours very truly,

용어해설

1) Electric Shaver : 전기면도기
2) their correspondent : 그들의 환거래계약체결음행
3) execute this initial order to your best attention : 최선을 다해 본 주문을 이행하다.
4) Should it turn out satisfactory : If it should turn out satisfactory, 만약 안전한 것으로 판명된다면

(2) Model 3-1-2 : 촛대주문

Gentlemen :

We thank you for your letter of July 23, together with samples of Candle Holders and are pleased to enclose Order Sheet No. 100. We should like to have them sent by the first steamer1) as our customers require them as soon as possible.

We have requested our bankers to open an L/C for the amount of this order and believe the advice will reach you through their correspondent in Seoul.

We hope you will execute this order with your usual attention and promptitude2) so that we may send you further orders.

Sincerely yours,

용어해설

1) the first steamer : 첫 번째 증기동력선
2) promptitude : 기민, 신속

(3) Model 3-1-3 : 능직에 관한 주문

Gentlemen ;

Thank you for your letter of March 20 sending us woven cotton fabric[1]. We find both quality and prices satisfactory and are pleased to give you an order for the following items on the understanding that they will be supplied from current stock[2] at the prices named :

Quantity	Pattern No.	Prices (net)
600 yards	10	40p per yd
700 yards	20	45p per yd
800 yards	30	50p per yd

We expect to find a good market for these cottons and hope to place further and larger orders with you in the near future.

Our usual terms of payment are one month from date of invoice3) and we hope they will be satisfactory to you. Meanwhile, should you wish to make enquiries concerning our financial standing, you may refer to the following manufacturers. with whom we have had dealings for many years :

Yours faithfully,

용어해설

1) woven cotton fabric : 능직(원단)
2) current stock : 현 재고품
3) date of invoice : 송장발행일자

(4) Model 3-1-4 : 딸기잼을 주문하는 서한

Gentlemen ;

Many thanks for your quotation for Strawberry Jams and also for the samples which arrived last week.

We are now convinced that[1)]some of the lines[2)] will find a ready sale here, and would like you to send us the 500 jars of Strawberry James with gift boxes.

As your makers are comparatively unknown in this country, we hope you will go ahead with the advertising campaign[3)] mentioned by your representative on his last visit.

Our order is subject to your acceptance of our usual terms of payment4), viz.5), L/C at sight.

If this first order is executed satisfactorily, we shall be happy to place further business with you.

Yours faithfully,

용어해설

1) are now convinced that ~ : ~를 확신하다.

2) some of the lines : 일부상품
3) advertising campaign : 광고선전
4) our usual terms of payment : 우리 회사의 일반적인 결제조건
5) viz. : 즉, 말하자면 (라틴어 videlice의 약자)

(5) Model 3-1-5 : 상품안내서를 참조해서 하는 주문

Dear Sirs,

Thank you for your letter of March 20. We have studied your catalog and price-list, and have chosen two models, for which we enclose our order.

We would like to stress that the total cost for the 200 units (respectively 100 units for each model) is US $60,000 CIF Tokyo and the shipment is to be made by May 30.

Payment is made by your sight draft as usual. The shipping instructions[1] will follow and other particulars of trade terms are subject to the general terms and conditions of business concluded between us.

We request you to confirm this order by return[2] and perform the shipment with your careful attention.

Yours sincerely,

용어해설

1) shipping instructions : 선적지시
2) by return : 지급회신편으로

2) 시험주문사례

(1) Model 3-1-6 : 실크제품에 대한 주문사례

Gentlemen :

Thank you very much for your letter of June 10, together with a parcel[1] containing two samples of silk shirt.

We are satisfied with the quality of the shirt and the prices you quoted, and shall appreciate you sending us 200 dozen of style No. 100 as trial order[2] in accordance with the full details in the enclosed order.

As requested, an Irrevocable Letter of Credit for US $6,000 will be opened by the City Bank this week.

This is a small order, but if satisfactory, we shall be able to place larger and regular orders with you.

Truly yours,

용어해설

1) together with a parcel : 소포와 함께
2) trial order : 시험주문

(2) Model 3-1-7 : 광고용 목록표를 본 후 시험주문하는 서한

Dear Sirs,

Thank you for your catalogs and price-list. We have studied them carefully and have decided to make an order for your construction machine[1], Model MW-100, for which we enclose our order sheet.

We would like to stress that this is a trial order and if we are satisfied with your shipment, you can expect our regular orders.

To avoid any difficulties with the customs authorities[2] here, please make sure that our shipping instructions are carefully observed.

For our credit standing, we refer you to The Bank of Tokyo, Ltd., Tokyo and the Itoh Trading Co., Inc., Tokyo.

We hope that you will make a prompt order confirmation and execute our order in a most satisfactory manner.

Yours faithfully,

용어해설

1) construction machine : 건설장비(기계)
2) customs authorities : 세관 당국

(3) Model 3-1-8 : 소량의 시험주문

Dear Sirs,

Thank you for your samples and price list of 15th October. We are pleased to find that your materials[1] appear to be of fine quality.

As a trial we are delighted to give you a small order for 50 Pcs., white shirting S/# 123. Please note that the goods are to be supplied in accordance with your samples.

The particulars are detailed[2] in the enclosed Order Sheet No. 111. We are in a hurry to obtain the goods, so please cable your acceptance, upon receipt of which we will open an irrevocable L/C through The Bank of America, Osaka.

If this initial order turns out satisfactory, we shall be able to give you a large order in the near future.

Yours faithfully,

용어해설

1) materials : 재료 , 원단
2) The particulars are detailed : 특징이 설명되어 있다.

3) 주문을 수락하는 사례

(1) Model 3-1-9 : 카펫트 주문의 수락

Dear Sirs :

We have received your letter of April 10, confirming your cable acceptance for Wool Carpets as regards our cable offer.

The offer we made is virtually a rock-bottom[1] one sacrificing our own margin[2], so we are convinced that you will be able to carry out a most profitable business this time.

Immediately upon receipt of your letter of credit for the above, we will make every arrangement necessary to clear the goods by the first available direct steamer to Hamburg.

Shipment will be effected during May, of course. We have enclosed our Sales Note No. 12 and also copies of cables exchanged between us.

We thank you again for this initial order and wish to assure you that your order will receive our best attention.

Yours very truly,

용어해설

1) is virtually a rock-bottom : 사실상 최저가격이다.
2) sacrificing our own margin : 폐사의 이익을 희생시키는

(2) Model 3-1-10 : 주문을 수락하면서 Sales Note도 함께 발송하는 사례

Dear Sirs,

Thank you very much for your order of April 10 on 30,000 Cones[1]. White Sewing Thread. We are pleased to confirm our acceptance as shown in the enclosed Sales Note, together with the copy of our cable dispatched today.

We have arranged for immediate shipment as requested. Please open your L/C by cable by the end of May upon accepting our requirement by cable.

The first available ship is scheduled for departure on the July 10. We are confident of handling your order with complete satisfaction, providing your L/C reaches us by the end of May.

We hope that this initial business will lead to a pleasant business relationship and further orders in the future.

Yours sincerely,

용어해설

1) cones : hank상태가 아닌 실을 감는 방법

(3) Model 3-1-11 : 촛대주문 수락

Gentlemen :

We have the pleasure of confirming our cable despatched this morning accepting your order No. 110 for 220 gross Candle Holders M#310 as per enclosed cable confirmation and Sales Note No. 10.

The goods are now in our stock and we are pleased to be able to ship them by m.s.[1] "Korean Express" leaving Pusan on October 10. However, the credit to cover this order[2] has not yet reached us, and we have, therefore, asked you in our telegram to open the L/C by cable[3].

We thank you very much for the order and assure you of our very best attention to its execution.

Sincerely yours,

용어해설

1) M.S : motor ship의 약자로 운항하는 배
2) to cover this order : 본 주문을 결제해 줄
3) to open the L/C by cable : 전보로 신용장을 개설하다.

(4) Model 3-1-12 : 전신으로 승낙하는 사례

Gentlemen ;

We thank you for your cable order of the 10st for 500 pcs1). Ballpoint-pen. In reply we have dispatched our cable acceptance reading :

"YOUR CABLE ORDER 10ST ACCEPTED PLEASE CABLE L/C."

The goods are in stock and the first available steamer sails on June 10.

We ask you to open the credit by cable. Sales Note No. 25 is enclosed.

We thank you again for this order and assure you of our best attention to its execution.

Yours truly,

용어해설

1) Pcs : pieces 개수의 단위로 개.

(5) Model 3-1-13 : 가격인상을 요구하며 주문승락하는 사례

Dear Sirs,

We thank you for your order for cotton yarn 60/31) in your letter of July 10.

We point out that you have used prices taken from our 2004 catalog. Owing to the recent rise in the cost of raw material2), we have been compelled to raise3) all our prices by 10%.

If you still wish us to execute this order at the increased price, please cable us "agree 10% increase," and we will immediately give orders to the factory for the consignment to be packed for shipment.

We are sorry for the delay and any annoyance which may have been caused.

Yours truly,

용어해설

1) 60/3 ; 60번수의 실 3합
2) the cost of raw material : 원료비용
3) be compelled to raise : 인상시킬 수밖에 없다.

(6) Model 3-1-14 : 교환된 전신을 동봉하면서 수입업자가 거래수락하는 사례

Dear Sirs

Color TV Set

We have the pleasure to enclose confirmations of three telegrams the exchange of which has resulted in our order as specified in the Order No. 30 attached.

We have instructed the first Bank of America of New York, to open a Confirmed[1)] and Irrevocable Letter of Credit in your favor for US $35,000.

This credit will be cabled to the Uri Bank of Korea, their Seoul correspondent, and you will be notified.

We hope you will execute the present order with your usual attention and promptness.

Yours sincerely,

용어해설

1) to open a Confirmed : 은행의 확인신용장을 개설하다

4) 주문거절사례

(1) Model 3-1-15 : 매진으로 인한 거절사례 1

Dear Sirs,

We thank you for your Order Sheet No. 11 for Sewing Thread. However, we regret to inform you that we are unable to accept your order at this moment.

For Item No. 30, which is out of stock at present, we have substituted the very similar Item, at the same price and hope that you will approve.

This item has been enjoying a good reputation in HongKg markets.
We shall be happy to send you further details about our products as soon as we hear from you.

Yours very truly,

(2) Model 3-1-16 : 매진으로 인한 거절사례 2

Gentlemen ;

We were glad to receive your order of February 11, but very much regret that, because of the exceptional demand for electric blankets[1) due to the prolonged cold weather, we are at present out of stock of the make you ordered[2).

The manufacturers have promised us a further supply by the end of this month and if you could not wait until then, we would deliver promptly the twelve you need.

We are indeed sorry not to be able to meet your present order immediately and hope that in the circumstances you will bear with[3) us.

Yours faithfully,

용어해설

1) electric blankets : 전기담요
2) out of stock of the make you ordered : 귀사가 주문하신 제품의 재고부족(품절)
3) bear with : 참다(기다리다).

(3) Model 3-1-17 : 대금상환을 요구하며 주문거절

Dear Sirs,

We were pleased to receive your order of May 15 for a further supply of transistor sets but, as the balance of your account now stands at over[1] US $3,500, hope you will be able to reduce it before we grant credit for[2] further supplies.

We fully realize how difficult conditions are just now. We ourselves have many commitments[3] of our own and I am sure you will understand when I say we can meet them only if our many customers keep their accounts within reasonable limits.

We should therefore be grateful if you could send us your cheque for, say, half the amount you owe us[4].

We would then arrange to supply the goods you now ask for and charge them to your account.

Your Faithfully

용어해설

1) now stands at over ** : 현재 **를 초과하고 있다
2) grant credit for ** : **를 외상으로 주다.
3) many commitments : 많은 약정(행실)
4) half the amount you owe us : 폐사에게 지불할 금액의 절반

5) 기타 주문사례

(1) Model 3-1-18 : 종전가격으로 L/C를 개설하면서 거래수락요구

Gentlemen :

Confirming our letter of May 10, we wish to acknowledge receipt of your letter of May 15.

We take pleasure in telling you that we have another inquiry for a parcel of 300 tons of your structural steel[1], of the same quality as received by s/s "Lincoln" last May.

If you can execute the order[2] at the same price as the last shipment and on the usual terms, we ask you to proceed at once.

In case you cannot accept this order on the above conditions, kindly cable us your current lowest CFR Hongkong price.

Enclosed please find L/C(No. 1000) of the Bank of Chicago, Chicago, dated May8, 2006, authorizing you to draw against shipments[3] to the extent of US $450,000.00 up to December 31, 2006.

You will kindly make use of this credit for shipments of steel as above, or of any other produce we may eventually order from you.

Yours sincerely,

용어해설

1) your structural steel : 귀사의 건축용 강철
2) execute the order : 주문을 이행하다.
3) authorizing you to draw against shipments : 선적과 더불어 귀사에게 어음을 발행할 권한을 부여하다.

(2) Model 3-1-19 : 대체품을 제공하면서 구매를 제의하는 사례

Gentlemen ;

We were glad to learn from your letter of April 19 that you had decided to place a large order for a number of the items included in our quotation[1].

All the items ordered are in stock except the two dozen cushion covers in strawberry pink[2]. Stocks of these have been sold out since we quoted for them and the makers inform us that it will be another four weeks before they can send replacements[3].

As you stated in your order that delivery of all items is a matter of urgency, we have substituted covers in deep orange[4], identical in design and quality with those ordered.

They are rich-looking and most attractive and very popular with our other customers. We hope you will like them, but if not, please return them at our expense. We shall be glad either to exchange them[5] or to give you credit[6].

All items ordered are being sent to you today by the s.s. "QUEEN" and should reach you in good order. We hope you will be pleased with them.

Yours faithfully,

용어해설

1) in our quotation : 폐사의 시세견적서
2) two dozen cushion covers in strawberry pink : 딸기 연분홍색의 방석카버 2타스
3) replacements : 대체품(substitutes). We think you had better substitute our machines for the existing ones as we guarantee the quality and after services for three years.
4) substituted covers in deep orange : 진한 오랜지색의 카바로 대체하였다.
5) exchange them : 그것들을 교환해 주다.
6) to give you credit. : 귀사에게 외상으로 주다.

(3) Model 3-1-20 : 인도지연으로 취소된 주문에 유감을 표시하는 사례

Gentlemen :

Your order No.123

We acknowledge the receipt of your letter of October 19 and are extremely sorry that causes completely beyond our control[1] have made it impossible for us to keep the delivery date of September 22.

The recent railway strike[2] held up supplies[3] of coal and raw material and resulted in delays of 5 to 7 weeks.

We have made every possible effort to speed up delivery[4] but unfortunately have failed without success.

Under the circumstances we have no alternative but to accept[5] your cancellation with regret, but we would ask you to know that the delay was in no way caused by any negligence[6] on our part.

While offering our sincere apologies we trust that you will continue to place your orders with us.

Yours faithfully,

용어해설

1) causes completely beyond our control : 완전히 폐사의 통제밖에 있는 요인
2) recent railway strike : 최근의 철도파업
3) held up supplies : 공급을 중단시켰다.
4) speed up delivery : 서둘러서 인도하다.
5) have no alternative but to accept ** : **를 받아들이는 것 외에는 다른 대안이 없다.
6) delay was in no way caused by any negligence : 지연은 나태에 기인된 것이 아니었다.

(4) Model 3-1-21 : 판매수량을 증가시키는 조건으로 주문을 수락하는 사례

Dear Sirs,

We are pleased to confirm your order No. 650 for 100 sets of our video-recorder Model VR-650.

All the goods are ready for shipment and we are only looking forward to your L/C and shipping instructions.

Regarding your request for a discount of 3%, we agree to this in this instance if you expand the quantity of your order to two hundred sets. This is offered to you to clear out the rest of your last order1).

We may, however, be unable to repeat this after this April since we will have to mark our prices up to somewhat large extent2).

Therefore, this will be the last opportunity for you to purchase the goods at this price.

We shall do our utmost to execute your order as requested and your prompt acceptance of our proposal3) will be appreciated.

Yours truly,

용어해설

1) to clear out the rest of your last order : 귀사의 지난번 주문품중 나머지를 모두 팔기 위하여
2) mark our prices up to somewhat large extent : 가격을 크게 올리다.

3) your prompt acceptance of our proposal : 폐사 제의를 귀사가 즉각적으로 수락하는 것.

(5) Model 3-1-22 : 주문서의 사례

Wilson Fabrics Co., Inc.
41W. New York, N.Y. September 21, 2011

Below is an order for export to be executed in strict conformity with the prices and instructions given[1], any deviation from which[2] must be referred to and approved by us.

Net and gross weights of each class of goods and measurements of each package are to be stated on invoices, of which Two Copies besides the original[3] must be supplied.

Original Nos. and Marks[4] are to be put on[5] all Invoices and Communications referring to this Indent.

10 Cases 36 in. Chiffon Voiles, each case containing 12 Pcs.

Quality and Finish---	Same as Patterns 10A-14 36, and 10A-20 48.
Assortment[6]------------	Patterns 10A-14 36, and 10A-20 48.
Parcelling[7]--------------	Each piece to be rolled on a board, and wrapped in white cloth.
Samples------------------	As usual.
Insurance----------------	ICC(B) for 110% of the invoice value insured with the Pan-Korea Marine Insurance Co., Ltd.
Price----------------------	$1.85 per yard CIF New York.
Terms--------------------	Irrevocable Letter of Credit to be opened 75 days prior to shipment.

용어해설

1) the prices and instructions given : 제시한 가격과 지시
2) any deviation from which : 제시한 가격과 지시사항 이외의 모든 것
3) besides the original : 원본 이외에

4) Original Nos. and Marks : 최초의 번호와 화인
5) are to be put on ** : ** 위에 기재되어 있다(삽입되다).
6) Assortment : 분류
7) Parcelling : 포장

제2절 무역계약서

1. 무역계약의 체결

무역계약(Trade Contract)이란 국제간에 이루어지는 매매계약으로서 Seller가 Buyer에게 거래상품의 소유권을 양도하여 상품의 인도를 약속하고, Buyer는 이를 수령한 후 그 대금을 지급할 것을 약정하는 것이다.

따라서 무역계약은 합의적이고 쌍무적이며 유상적인 계약이어야 한다. 이를 보다 구체적으로 설명하면 다음과 같다.

첫째, 합의적인 계약이라는 의미는 Seller가 일정한 조건에 따라 상품을 매도하겠다는 의사표시를 하면 Buyer는 이 조건에 따라 구매하겠다는 의사표시를 하여야만 계약이 성립된다는 뜻이다.

둘째, 쌍무적인 계약이라는 의미는 Seller와 Buyer가 계약에 따라서 서로의 의무를 수행하여야 한다는 것으로 Seller는 무역조건에 따라 Buyer에게 상품을 인도하여야 할 의무를 수행하여야 하고, Buyer는 Seller에게 인도상품에 대한 대가로 대금을 지불해야 할 의무를 수행하여야 함을 의미한다.

셋째, 유상적인 계약이라는 의미는 거래상품에 대한 정당한 대가가 지불되어야 함을 의미한다. 즉, 공급되는 상품의 급부에 대하여 화폐로서 반대급부가 이루어짐으로써 계약의무가 유상으로 이행되어야 함을 의미한다.

2. 무역계약서의 작성시 유의사항

1) 무역계약의 문서화

일반적으로 계약은 구두에 의한 방법과 서면에 의한 방법이 있다. 그러나 무역계약은 상기의 두 가지 방법 중에서 서면에 의한 방법을 원칙으로 하고 있다. 왜냐하면 국제무역의 당사자는 서로 다른 나라에 거주하고 있기 때문에 구두로 계약을 하는 경우에는 계약이행에 혼란을 야기시킬 수 있기 때문이다. 일반적으로 무역계약을 서면으로 하는 경우에는 다음과 같은 방법을 택하고 있다.

첫째, 구두나 전신으로 성립된 계약의 내용을 거래 당사자 중의 한 측이 정리하여 작성한 계약서 2통(원본과 부본)에 계약서를 작성한 측에서 서명을 한 후 상대편에게 송부한다. 그러면 이를 접수한 측에서는 구두나 전신으로 약속한 내용과 접수한 계약서의 내용이 일치하는지의 여부를 확인한 후 틀림이 없으면 2통에 서명을 하여 1통은 자신이 보관하고, 나 머지 한통은 작성자 측에게 송부하게 된다. 그리고 이러한 계약서는 양 당사자 중 어느 측에서 작성하느냐에 따라 계약서의 호칭이 달라지는데 Seller측에서 계약서를 작성하면 Sales Contract, Sales Note, Confirmation of Order라 칭하고, Buyer측에서 계약서를 작성하면 Purchase Contract, Purchase Note, Order Note라 호칭한다.

둘째, 계약의 당사자 중에서 어느 한 측이 발행한 Offer Sheet나 Order Sheet에 상대측에서 수락의 서명을 하게 하는 방법이 있는데, 이때에도 계약서는 원본과 부본 2통이 작성되어 당사자들은 각기 1통씩 보관하여야 한다.

셋째, Seller가 확정오퍼의 서신이나 전신을 Buyer에게 발송하면 Buyer는 Seller에게 수락하는 서신이나 전신을 회신함으로써 서면계약서의 효력을 가지는 방법이 있다.

2) 무역계약의 효력과 불이행에 따른 적용규칙

(1) 무역계약의 효력 발생

무역계약의 효력이란 계약조건을 이행하는데 필요로 하는 유효성을 의미하는 것으로 이를 충족시키기 위한 최소한의 조건은 다음과 같다.

첫째, 계약조건 당사자가 조건이행 능력이 있어야 한다. 무역계약의 양 당사자는 계약조건을 이행할 수 있는 능력이 있어야 한다. 즉, 계약체결 당시에 양 당사자 중 어느 한 측이 계약조건을 이행할 능력이 없다면(예를 들면 파산과 같은) 그 계약은 무효가 되며, 이로 인하여 제3자에게 책임을 전가시킬 수 없다.

둘째, 허위작성이 아니어야 한다. 계약서의 작성은 진실되게 하여야 한다. 계약의 양 당사자가 제3자를 기만할 목적으로 계약서를 작성하면 이때의 계약은 무효가 된다. 따라서 허위로 작성된 계약서를 이해하지 못한 상태에서 개입된 선의의 제3자에게는 책임을 전가시킬 수 없다.

셋째, 계약의 내용이 확정적이어야 한다. 계약에 포함되는 내용은 확정적이어야 한다. 왜냐하면 계약은 매매 당사자간의 완전한 합의사항이기 때문에 불확정된 내용이 포함되었다면 당연히 무효가 된다.

넷째, 계약은 합법적이어야 한다. 계약은 합법적인 절차에 의하여야 하고, 거래상품으로 합법적인 상품이어야 한다. 즉, 계약에 의한 상품이 위법한 것(예: 밀수품)이라면 계약은 무효가 된다.

(2) 계약당사자의 의무

무역계약의 양 당사자는 계약 성립과 동시에 각각 계약된 내용의 이행을 위한 의무를 수행하여야 하는데 그 내용은 다음과 같다.

① 매도인의 의무

매도인은 계약된 내용과 그 계약에 적용되는 법률의 규정, 관습 및 매매 양 당사자간에 확립된 관례에 따라 목적상품을 매수인에게 인도하여야 하며, 그 물품에 대한 소유권을 이전시켜야 할 의무가 있다.

② **매수인의 의무**

매수인도 매도인과 마찬가지로 계약된 내용과 그 계약에 적용되는 법률의 규정, 관습 및 양 당사자간에 확립된 관례에 따라 매도인에게 목적상품을 인수받은 후 인수상품에 대한 대금을 지급하여야 할 의무가 있다.

(3) 계약 불이행에 따른 책임관계

계약의 불이행은 계약의 내용이나 법률의 규정, 관습, 양 당사자간에 확립된 관례 및 신의성실의 원칙 등에 비추어 보아 정당한 거래가 이루어지지 않는 경우를 의미하는데, 이러한 불이행의 형태는 일반적으로 다음과 같다.

① **이행지체(Delay in Performance)**

이행지체는 선적지연 등으로 무역계약의 내용대로 거래가 이루어지지 않고 지연되는 경우를 의미한다. 이러한 경우 매수인은 계약의 내용을 이행하도록 매도인에게 요구하거나 계약을 해제할 수 있으며, 계약 불이행에 따른 손해배상을 청구할 수 있다. 다만 손해배상을 청구할 때는 매도인의 고의적으로 불이행을 저질렀거나 과실로 불이행 행위를 저지른 경우 등이 원인이 되어 계약이행이 지연되는 경우에 한하며, 계약이행의 지체가 불가항력(force majeure)에 기인한, 즉 매도인의 귀책사유로 인한 경우가 아닌 때에는 면책이 된다.

② **이행불능**

이행불능이란 매도인이 고의나 과실로 상품선적이 불가능한 상태에 처해진 경우를 의미한다. 이러한 경우 매수인은 계약을 취소하거나 또는 손해배상을 청구할 수 있다. 그러나 이 경우에도 이행불능의 원인이 매도인의 고의나 과실에 기인되지 않는, 즉 천재지변과 같은 불가항력에 기인한 경우에는 무역계약에 불가항력조항이 있을 경우 면책사항이 되므로 손해배상에 관한 문제는 발생되지 않는다.

③ **불완전 이행**

불완전 이행이란 매도인이 매매계약의 내용으로 상품선적을 하였으나 품질이나 수량 면에서 계약된 내용대로 이행을 하지 않아 부적합하게 이행된 경우를 의미한다. 이러한 경우 매수인은 불완전하게 이행된 거래상품의 인수를 거절하거나 또는 완전한 거래의 이행을 요구할 수 있으며 손해배상을 청구할 수도 있다. 그리고 이 같은 원인으로 매수인이 매도인에게 손해배상을 청구하는 경우 손해배상의 청구범위는 매수인이 입은 실제의 손해(Actual Loss)와 매수인이 목적상품을 인수하여 전매 후에 얻을 수 있는 이익, 즉 희망이익의 손실(Loss of Profit)까지도 포함된다.

(4) 계약의 해제

계약의 해제란 무역계약의 당사자가 계약의 성립 후에 얻게 되는 해제권(Right of Cancellation)에 의해서 계약의 효력을 소급하여 소멸시킴으로써 계약이 처음부터 없었던 것과 동일한 법률효과를 발생하게 하는 경우를 의미한다. 그러나 계약의 당사자 중 어느 한 측이 잘못하여 계약이 해제되면 계약불이행에 대한 책임 있는 당사자는 손해배상의 청구를 받아야 할 의무가 있다. 일반적으로 무역계약의 해제에는 다음과 같은 두 가지 방법이 있다.

① 약정해제권에 의한 계약의 해제

무역계약의 조건 중 "----이 기간 내에 이루어지지 않는 경우에는 계약을 해제할 권리를 가진다"와 같은 조항이 약정되어 있으면 계약의 불이행에 따른 약정해제를 약정된 해제권(Contractual Right of Cancellation)에 의해서 해제할 수 있는 경우를 의미한다.

② 법적 해제권에 의한 계약의 해제

무역계약의 양 당사자가 합의하여 체결한 계약의 내용을 어느 한 측이 이행을 지체하거나, 이행불능인 상태에 있거나 또는 불완전 이행 등을 하는 경우 법률의 규정에 의하여 계약이 해제되는 경우의 해제권을 의미한다.

3. 무역계약서 작성요령

1) 무역계약서 작성시 고려사항

① 계약당사자의 의도 파악

② 발생가능한 문제점 유무 검토
③ 관련된 기존문서의 검토
④ 계약내용의 합법성과 구속력 확인
⑤ 계약당사자의 능력유무 점검
⑥ 복수채무자인 경우 채무형태의 확인 : 공동, 분할, 연대인가의 확인
⑦ 계약의 양도가능 여부
⑧ 채무이행시기, 이행지체에 대한 면책사항 확인
⑨ 계약기간, 계약변경 절차의 적합성 확인
⑩ 계약해제사유, 절차, 해제 후의 권리관계는 적절히 규정되었는가?
⑪ 준거법과 분쟁처리절차가 적절한가?
⑫ 계약의 이행에 관련된 세금, 기타 제비용의 부담관계는 명확한가?
⑬ 계약서내용이 논리적으로 일관성이 유지되고 있는가?
⑭ 사용하고 있는 용어들이 통일성이 있는가?
⑮ 문장이 평이하고 표현은 정확한가?
⑯ 계약서가 영미법상 적용을 받는다면 모든 관점에서 타당성이 있는가?
⑰ 계약서의 내용이 법령에 위반되지 않는가? 등이다.

2) 무역계약서의 일반적인 공통조항

(1) 표제(Title of Agreement)

(2) 전문(Non-Operative Part)

① 일자(Date)
② 당사자(Parties)
③ 설명조항(Recitals : Whereas Clause)

(3) 본문(Operative Part)

① 정의조항(Definition)
② 주된 계약내용에 관한 조항
③ 기타 계약상 일반조항

i) 계약기간(Period of Agreement, Duration, Term)

ii) 계약의 종료(Termination)

iii) 불가항력(Force Majeure)

iv) 중재조항(Arbitration)

v) 준거법(Applicable Law, Governing Law)

vi) 재판관할(Jurisdiction)

vii) 통지(Notice)

viii) 다른 계약과의 관계(Intergration)

ix) 계약의 수정, 변경(Amendment)

x) 조문(조항) 표제(Headings)

xi) 기타 조항

(4) 최종부문(Final Part)

① 말미문언(Testimonium Clauses)

② 서명(Signature)

③ 날인(Seal)

3) 무역계약서 작성시 유의해야 할 표현

계약조항은 문법적으로도 하자가 없어야 하고 논리적으로도 일관성이 있어야 한다. 그리고 표현하는 문체도 간결하고 명료하게 작성하여야 하며 읽는 사람이 쉽게 이해할 수 있도록 작성하여야 한다.

계약서 작성시 유의해야 할 내용은 다음과 같다.

(1) 문장의 시제사용은 현재형을 사용한다.

(2) 긴 문장을 피하고 가능한 짧은 문장으로 한다.

(3) 가능한 능동형을 사용한다.

(4) Shall, will, may를 사용할 경우

① shall은 계약서에서의 상대방에게 채무관계를 법적으로 강제시키려 하는 경우에 사용한다. 따라서, shall로 표시된 계약서에서 채무관계를 이행하

지 못한 경우에는 계약위반으로 강제이행이나 계약해제 및 손해배상 등의 책임을 져야 한다.

② will은 shall과 마찬가지로 법률상 의무를 표시할 때 사용되는 용어인데 shall에 비하여 강제력이 약하거나 법적 강제력이 없는 경우에 이용된다. 그러나 현실적으로는 이들 조동사가 엄격히 구분되어 사용되지 않고 있기 때문에 주의를 요한다. 따라서 법적 강제력을 부여하고자 할 경우에는 가급적이면 shall을 사용하는 것이 바람직하다.

③ may는 계약상의 권리, 특권, 권한을 표시하는 경우에 사용한다. 그 권리가 법적으로 강제할 수 있는 것이라면 may를, 그리고 법적으로 강제하지 않는 수준이라면 be entitled to를 사용하는 것이 바람직하다. 권리가 부정, 금지, 박탈되는 경우 또는 어떤 행위의 금지를 표시하고자 할 경우에도 ~ may not ~ 또는 no ~ may ~의 표현을 사용할 수도 있다.

(5) 계약서에서는 계약효력 발생시기나 종료시기를 비롯하여 시기와 기간에 관한 규정이 많이 포함되는데 이들의 표현은 다음과 같은 경우에 사용한다.

① on은 일정기일을 표현할 때 사용한다.

예 Exporter shall deliver the goods to Importer on Jan 31, 2002.

② by 또는 before는 기간표시에서 종료시기를 나타낼 때 사용하는데, by는 당해일을 포함하고 before는 당해일을 포함하지 않는다.

예 Exporter shall deliver the goods to Importer by (or before) Jan 31, 2002. 여기에서 by Jan. 31, 2002의 종료시기는 2002년 1월 31일이고, before Jan 31, 2002의 종료시기는 2002년 1월 30일 까지이다.

③ until(till)은 종료시기를 표시할 때 사용하며 지정된 당해일자를 포함한다.

④ from, connecting with, after는 from과 connecting with가 당해일자를 포함하는데 비하여 after는 당해일자를 포함하지 않는다.

⑤ from ~ to는 자체의 표현만으로는 종료시기의 날짜가 포함되는지가 불명확하므로 both days included라는 표현과 함께 사용하는 것이 바람직하다.

예 ~ from January 1 to March 31, both days included

(6) 단서의 표시를 한다.

단서의 표시는 본문 다음에 기입한다. 그리고 표현 중 다만 ~경우에 한한다는 표현은 provided that를, ~경우에는 그러하지 아니하다라는 표현은 except that 또는 unless and until과 같은 표현을 사용한다.

4) 무역계약서의 일반적인 구성내용

(1) 계약서의 형식

1) 표제(Title of Agreement)
2) 전문(Non-Operative Part)
   ① 일자(Date)
   ② 당사자(Parties)
   ③ 설명조항(Recitals : Whereas Clause)
3) 본문(Operative Part)
   ① 정의조항(Definition)
   ② 주된 계약내용에 관한 조항
   ③ 기타 계약상 일반조항
      ㉠ 계약기간(Period of Agreement, Duration, Term)
      ㉡ 계약의 종료(Termination)
      ㉢ 불가항력(Force Majeure)
      ㉣ 계약의 양도(Assignment)
      ㉤ 중재(Arbitration)
      ㉥ 재판관할(Jurisdiction)
      ㉦ 준거법(Governing Law)
      ㉧ 완전합의(Intergration)
      ㉨ 계약의 수정, 변경(Modification : Amendment)
      ㉩ 통지(Notice)
      ㉪ 기타조항(Miscellaneous)
4) 최종부문(Final Part)
   ① 말미문언(Restimonium Clauses)
   ② 서명(Signature)
   ③ 날인(Seal)

(2) 구성내용

① **표 제**

계약내용을 알아보기 쉽게 표시한 것으로 특별한 법적 효력은 없으며 표시 여하에 따라 계약내용이 영향을 받는 것도 아니다. 따라서 실제적으로는 생략되는 경우도 있다.

② **전 문**

(가) 일자 및 당사자(Date and Parties)

전문에는 일반적으로 계약체결지, 계약체결 일자, 당사자, 법인 설립 준거법, 주소, 당사자의 약칭 등이 표시된다. 그리고 계약당사자의 표시는 개인일 경우에는 그 주소와 full name을, 법인인 경우에는 주된 사무소의 소재지, 정확한 법인명 및 설립 준거법을 포함하여 기재하여야 한다.

특히, 미국과 같은 연방국가인 경우에는 주의 이름을 표시하여야 한다. 또한 법인인 경우 자국법상 유효한 법인으로 인정받고 있는지의 여부를 확인하여야 한다.

계약당사자인 법인이 특정회사의 자회사인 경우 그 모회사와의 관계를 확인하여야 하고 중요한 계약일 경우에는 모회사의 이행보증을 받아두는 것이 바람직하다.

(나) 설명조항(Recitals : Whereas Clause)

일반적으로 이 난에는 당사자들이 계약체결을 한 경위나 계약의 목적 등을 기재한다. 그리고 이 란에 기재된 내용은 특별한 법적 효력을 갖지 않고 계약내용에도 영향을 미치지 않는다. 그러나 계약내용이 조항만으로는 해석이 불분명한 경우 설명조항은 계약당사자의 진의를 파악하는 하나의 자료가 될 수 있다. 또 당사자는 표시에 의한 禁反言의 법칙에 따라서 설명조항의 내용에 반하는 사실을 주장할 수 없는 경우가 생길 수 있으므로 설명조항은 되도록 간단하게 표현하고 불요불급한 것은 언급하지 않도록 하여야 한다.

③ **본 문**

(가) 정의조항(Definition Clause)

계약조항에서 여러 번 반복적으로 사용되고 그 표시가 긴 표현을 요구하는 경우에는 긴 문언을 여러 번 사용하는 번잡함을 피하고 읽기 쉬운 계약서를 작성하기 위하여 정의 조항에서 그 용어에 대한 개념을 미리 정의한 후 그것을 인용하는 경우의 약호까지 미리 정하여 사용하면 편리하다.

예 "Territory" means the entire territory of Bangladesh.

unless the contract clearly requires otherwise, the following terms in this Agreement shall have the meanings attributed to them below ;

(나) 주된 계약 내용에 관한 조항

이 부분은 계약의 중심부분으로 계약당사자가 의도하는 바를 나타내고 상호 권리와 의무를 분명하게 표시하여야 하며 다음과 같은 점에 유의하여야 한다.

첫째, 당사자가 의도하는 바가 빠짐없이 기록되어 있는지의 여부

둘째, 당사자의 의도가 법률적으로 정확히 표현되어 있는지의 여부

셋째, 계약서의 내용이 법적으로 하자사항이 있는지의 여부

넷째, 계약서의 내용이 세법상 불리하게 처리될 여지가 있는지의 여부

(다) 기타 계약상 일반조항

㉠ **계약기간**(Term : Duration) : 계약의 효력 발생시기를 특별히 표시하지 않은 경우에는 계약전체의 해석보다 당사자의 의사를 추측하여 결정하는 것이 관례인데 예를 들면 계약서를 작성하여 양 당사자의 서명이 이루어진 날 또는 그날이 명확치 않으면 前文중에 기재되어 있는 계약서 작성의 날이 그 시기로 인정된다. 그리고 계약만료로 계약기간을 갱신하려고 하는 경우에는 그 절차와 이에 따른 연장기간을 정하여 둘 필요가 있다.

예 The term of this Agreement shall be two(2) years from the effective date of this agreement and shall be automatically extended for further two(2) years provided that PRINCIPAL shall give, at least three months prior to termination, a written notice to AGENT.

㉡ **계약의 종료**(Termination) : 계약종료는 통상적으로 다음과 같은 사유에 의한다.

(i) 계약기간의 만료

(ii) 해제조건의 충족

(iii) 약정된 해제권의 행사

(iv) 법적으로 인정된 해제권의 행사

상기 원인 중 계약기간의 만료나 법적으로 인정된 해제권의 행사로 인한 계약의 종료는 특별히 기재하지 않아도 문제가 없으나, 해제조건과 약정된 해제권의 행사는 계약종료의 조항에 그 내용을 명시하여야 한다. 해제조건과 약정된 해제권의 발생원인은 당사자의 합의에 의하여 결정할 수 있는 것이므로 신중히 고려하여 장래 발생가능성이 있는 사태 하에서 계약의 종료가 행해질 수 있는 사유를 빠짐없이 기재하도록 유의하여야 한다.

㉢ **불가항력**(Force Majeure) : 불가항력 조항은 영미법의 Frustration(프러스트레이션)에서 유래하였는데 Frustration이란 어떤 사고가 당사자의 책임하에서 발생되지는 않았지만 상황자체가 악화되어 책임을 완수할 수 없는 경우 계약의 효력이 소멸됨을 의미한다. 그리고 Frustration의 성립여부는 구체적인 상황에 따라 결정된다. 따라서 계약당사자들은 미리 일정한 사유가 발생하는 경우 계약상의 책임을 면한다는 취지를 규정함으로써, Frustration의 성립여부에 대한 판정을 용이하게 하려는 것이 불가항력 조항이다.

예 If the performance of this Agreement or of any obligation hereunder, except the making of payments under or in connection with this Agreement, is prevented, restricted or interfered with by reason of fire, storm, explosion, flood, earthquake, war, rebellion or other casualty or accident ; labor dispute, epidemics, quarantine restriction, transportation embargo, law, act, rule, regulation, order, decision, or directive of any government of competent jurisdiction in matters relation to this Agreement or any agency thereof ; or any other act or condition whatsoever beyond the reasonable control of the parties hereto, the party so affected, upon giving prompt notice to the other parties, shall be excused from such performance to the extent of such prevention, restriction or interference.

㉣ **계약의 양도**(Assignment) : 영・미계약법은 계약상의 권리 또는 의무를 계약당사자의 의사나 법률의 규정에 따라서 일정한 조건하에서 제3자에게 양도가 가능하다. 따라서 계약당사자가 계약의 양도에 관한 특별한 규정을 하지 않는 경우 계약의 양도가 가능하므로 계약양도를 금지할려고 하는 경우에는 그 뜻을 계약상에 명기하여야 한다. 또한 계약양도에 따른 조건을 규정하거나 일정한 절차를 요하는 경우에는 그 조건이나 절차에 대하여 명확한 규정을 하여야 한다.

예 This Agreement and any rights or obligation arising hereunder may not be assigned by either parties without obtaining the prior written consent of the other party.

㉤ **중재**(Arbitration) : 중재는 당사자간에 발생한 계약상의 분쟁을 국가재판소의 재판으로 해결하지 않고 私人에 의해 행해지는 중재판정으로 해결코자 계약 당사자가 합의하는 것이다.

중재조항이 계약서에 삽입되어 있는 경우 대부분 국가에서는 소송제기가 되어도 피고가 중재조항의 존재를 주장하면 소송을 기각한 후 중재의 결론인 중재판정을 집행할 의무를 부담한다.

중재조항에 표시되어야 할 내용은 중재에 해당되는 사항, 중재장소, 중재기관, 중재절차 등을 명기한다.

중재기관의 선정은 권위있는 중재기관의 중재규칙 내용을 검토한 후 중재기관을 결정하되, 그 기관이 권장하는 중재조항을 계약서에 명기하는 것이 안전하다.

예 "All dispute, controversies or differences which may arise between the parties out of or in relation to or in connection with this contract or for the breach thereof shall be finally settled by arbitration in seoul, Korea in accordance with the Commercial Arbitration Rules of The Korean Commercial Arbitration Board and under the Law of Korea. the award rendered by the arbitrator(s) shall be final and binding upon both parties concerned."

ⓑ **재판관할**(Jurisdiction) : 계약조항 중 중재조항에서 중재에 관한 규정을 하지 않거나 또는 중재조항이 있더라도 중재범위를 넘어서는 경우에는 계약과 관련된 분쟁은 국가가 행하는 재판으로 해결하게 된다. 이 경우 소송을 제기할 재판소를 당사자간에 미리 약정한 것이 재판관할권이다.

재판관할권을 합의할 경우 향후의 문제발생을 예방하기 위하여 이러한 합의가 유효한지, 선정된 재판소가 외국인(또는 외국법인)의 출소권(出訴權)을 인정하는지 그리고 선정된 재판소는 판결의 집행을 처리하기에 적당한지 등을 검토하여야 한다.

이 조항에서 특별히 유의해야 할 사항은 법원의 지정을 막연히 한국법원 또는 미국법원이라 할 경우 한국과 미국의 지방법원이 포함되므로 어느 법원으로 할 것인가에 대한 명확한 표시를 하여야 한다.

예 Any Arbitration award rendered shall be final and binding upon the parties and may be enforced any Competent Jurisdiction.

ⓢ **준거법**(Applicable Law ; Governing Law ; Proper Law) : 계약서의 내용을 구체적으로 작성한다 하더라도 해석상 문제가 없도록 완벽하게 작성하기는 어렵다. 따라서 계약당사자는 계약의 성립, 이행, 해석에 관한 문제가 발생하였을 때 어느 나라의 법률에 따를 것이냐는 지정을 하여야 하는데 이를 준거법 조항이라 한다.

준거법을 지정한 경우라도 그 지정된 법률이 적용되는 것은 계약의 성립, 이행 등의 실정법 측면이며 소송이 발생한 경우에도 준거법과 관계없이 재판관할에서 밝힌 법을 적용한다. 이같은 사실은 소멸시효에 관하여 대륙법계에서는 실정법상 효과를 인정하나 영미법은 소송법상의 효과에 그치기 때문이다.

예 The formation, validity, construction and the performance of this Agreement are governed by the laws of Republic of Korea.

ⓞ **완전 합의**(Integration : Entire Agreement) : 계약서를 작성함에 있어 기존 계약과의 관계를 검토한 후 본 계약이 성립되었다면 기존의 서면 또는 구두에 의한 합의나 교섭, 언질 등은 모두 본 계약에 흡수되고 기존의 계약은 효력이 소멸된다는 내용을 명시하여 놓은 것이 완전 합의조항이다.

이는 새로운 계약과 기존계약과를 명확히 구분함으로써 후일의 분쟁예방과 해결에 큰 도움이 된다.

ⓩ **계약의 수정, 변경**(Modification : Amendment) : 계약서의 수정 또는 변경은 구두로나 서면에 의한 합의로서 행할 수 있다. 그러나 계약서의 내용은 당사자 사이의 권리와 의무에 관한 매우 중요한 사항이므로 그 내용의 일부 수정, 변경에 관하여 그 방법과 절차를 미리 약정하여 두는 것은 장래의 분쟁에 대비하기 위하여 필요하다.

예 This Agreement is not changed, modifided or amended by the parties of this Agreement except as such change, modification or amendment is in writing and signed by both parties.

ⓩ **통지**(Notice) : 계약에 따라서는 일정한 경우 당사자 중 일방이 상대방에게 통지해야 할 의무를 부과하여 일정행위에 대한 통지를 하도록 미리 규정하여야 한다. 그리고 이 규정에는 통지해야 할 상대방 주소, 성명, 통지방법, 통지의 효력발생시기 등을 상세히 검토할 필요가 있다. 통지의 효력발생시기에 관하여 우리나라는 원칙적으로 도달주의를 취하고 있으나, 영·미법에서는 발신주의를 취하고 있음을 유의하여야 한다.

예 Any notice, request consent, offer or demand required or permitted to be given in this Agreement, must be in writing and must be sufficiently given if delivered in person or sent by registered airmail or by cable confirmed by registered airmailed letter addressed as follow ;

TO : (address)
Telex ;
Answerback ;

TO : (address)
Telex ;
Answerback ;

Notice must be deemed to have been given on the date of mailing except the notice of change of address which must be deemed to have given when received.

㉪ **기타조항**(Miscellaneous)

(ⅰ) **권리 포기**(Waiver) : 일시적으로 어떤 계약조건의 이행을 요구하지 않는다 하여 향후 동 조항이나 또는 조건의 이행 청구권을 포기한 것으로 간주하여 이를 박탈할 수 없다는 조항이다.

(ⅱ) **가분성**(Severability) : 계약서의 조건들 중 일부조항이 중재나 법원판결로 효력을 상실한 경우 기타 조항의 효력은 침해받지 않는다는 조항이다. 그러나 계약조항 중 중요한 부분의 효력이 상실된 경우에는 계약전체가 효력을 상실할 수도 있다.

(ⅲ) **보상**(Indemnification) : 어느 일방이 계약을 불이행하거나 제3자에 대한 의무 불이행으로 손해를 끼친 경우 그에 대하여 배상할 것을 규정하는 조항이다. 경우에 따라서는 계약 불이행에 따른 직접적인 피해뿐만 아니라 그 불이행에 따른 기대이익의 상실 등 간접피해까지 배상하도록 규정하는 경우도 있다.

④ **최종부**(Final Part)

(가) **말미문언**(Testimonium Clause)

계약서의 본문작성이 끝나면 다음과 같은 말미문언을 기재하고, 날인증서에 의한 계약서의 경우에는 당사자가 날인함으로써 또는 날인증서가 없는 경우에는 당사자의 서명만으로 계약서는 완성된다.

(ⅰ) **날인증서가 없는 계약서의 예** : In witness whereof, the parties have executed this Agreement in duplicate by their duly authorized represent actives as of the date first above written.

(ⅱ) **날인증서가 있는 계약서의 예** : In witness whereof, the parties have executed this Agreement by causing their corporate seals to be hereunto affixed and duly attested and these presents to be signed by their duly authorized representatives, this-day of-1998.

(나) **서명**(Signature)

(i) **계약당사자가 개인인 경우** : 계약당사자들은 각자 자기의 이름 및 자신을 나타내는 특정의 표시를 한다.

(ii) **대리인이 계약당사자를 대신하여 서명할 경우**

예 Signed for and on behalf of Kim(본인) by Lee(대리인) his duly authorized attorney in the presence of : (증인)(증인을 세우지 않을 경우 in the presence of를 삭제)

(iii) **계약당사자가 법인인 경우** : 법인이 체결한 계약이 유효하게 성립하기 위해서는 당해 계약을 체결한 법인이 권리능력을 갖고 있을 뿐만 아니라 법인을 대표할 권한이 있는 자가 서명하여야 한다.

M & W CO., LTD

(signed)

W.B Kim

President

(다) **날인**(Seal)

(i) **개인일 경우** : 인명을 압날할 필요가 없다. 영국의 경우에는 서명 뒤에 검붉은색의 작은 원형지편을 붙이기도 하고 미국의 경우에는 서명 뒤에 "seal" 혹은 "L.S"(Locus Sigilli = place of the seal)라고 기입하기도 한다.

예 Signed Sealed and Delivered for one on behalf of xxx,

by (sign)

---

x x x

his duly authorized attorney in the presence of x x x

(sign)

---

x x x

(ii) **회사인 경우** : 사인(common seal)을 압날하고, 이사 1명과 비서역으로 하여금 그 면전에서 압날하였음을 보증하고 서명토록 하는 것이 필요하다.

예 The common seal of M&W CO., Ltd.
was hereunto affixed in the presence of x x x

(sign)
____
x x x
Director

common seal

(sign)
____
x x x
Secretary

⑤ 정 정

계약서를 작성한 후 오기·탈자 등이 발견된 경우에는 삭제·삽입 등의 가제 정정은 다음 방법으로 한다. 그러나 단순한 오기가 아닌 내용변경이 따를 경우나 또는 정정자수가 많을 경우에는 다시 작성하여야 한다.

삭제의 경우에는 우리나라 계약서의 경우와 같이 삭제할 개소를 두줄의 평행선으로 말소하여야 하되 말소전의 문언이 무엇이였는가를 알 수 있도록 하여야 한다. 말소한 개소의 난 이외에는 양 당사자가 Initial을 기입하는 것이 통례로 되어있다. 정정가필의 경우에는 말소한 위에 상행선과 행 사이에 부가할 문언을 가필하되 정정한 개소의 난 이외에 양 당사자가 Initial을 기입하는 것이 관례이다. 그리고 계약서중 일부(또는 몇장)을 바꿔치기 하는 것을 막기 위하여 각 페이지마다 양 당사자가 Initial을 서명하기도 한다.

4. 계약서 작성사례

1) 개별계약서의 작성사례

개별계약서는 일정기간을 중심으로 하는 매매계약서와는 달리 건별로 당사자간에 협정서를 작성하는 것이다. 따라서 여기에 해당되는 계약의 내용은 부문별로 향후 거래에서 문제가 제기될 수 있는 내용이 포함된다. 일정기간을 중심으로 하는 계약의 내용은 일률적인 내용이 포함되는데 비하여 여기에는 특정한 내용을 특수시기에만 적용시키는 내용이 포함된다. 건별로 작성하는 계약서는 여러 가지의 명칭을 가지는데 이 계약서를 수출업자가 작성하면 Sales Note, 수입업자가 작성하면 Order Note 또는 Purchase Note라 칭한다.

(1) Model 3-2-1 : 주문서를 동봉하면서 수출업자의 동의를 요구하는 사례

Lenry Trading CO.,
P. O. Box 1000
Chicago, IL, USA

31st March, 2011

Dear Sirs,

<u>Order No. MW 101</u>

We are pleased to enclose Order No. MW101 in duplicate[1) for the 100 bales which was accepted in your cable of 30th Feb. : "ACCEPT YOURS 25TH SHIPPING DONGHE 31ST CABLE CREDIT."[2)

We trust that you will find the particulars of the Order satisfactory and shall appreciate your returning the duplicate[3) with your signature for our file.

Would you please send us a shipping advice by cable as soon as the shipment is effected on board the Donghe? You will received the L/C No. 1234 through The Busy Bank, Ltd., Chicago[4), any day now.

It is our hope that the first shipment will prove satisfactory and result in a large order to follow.

Yours faithfully,
MOKWON TRADING CO., LTD.

Encl. Order Sheet

본문해설

본 Model Letter는 서울에 있는 Seoul 무역주식회사가 일본 동경에 있는 ABC 무역주식회사에게 주문서를 작성하여 발송하면서 주문서의 발생배경을 설명해 주는 예문이다. 그리고 주문서를 2부 작성하여 보내면서 주문서 중 1부에 서명하여 반송시켜 줄 것을 요구하고 있다.

왜냐하면 계약서는 2부 작성되어 수・출입업자가 한부씩 보관하고 있어야 향후 문제발생시 해결이 가능할 것이기 때문이다.

용어해설

1) in duplicate : 정・부 서류 2통, 원본과 사본을 합친 서류 2통
2) CABLE 문언으로 정상적인 문장으로 구성되어 있지 않고 거래당사자들이 이해할 수 있는 범위 내에서 축소시켜 문장을 만들고 있다. 이는 시간적으로나 경비면에서 절약하기 위하여 많은 무역업자들이 사용하고 있다. 이를 정상적인 문장으로 정리해 보면 We accept your order contains in your letter of 25th May. We shall ship the goods by the Dong He scheduled to leave here on 31st May. please open your letter of credit by cable.
3) the duplicate : 사본
4) The Busy Bank, Ltd., Chicago : 시카고에 있는 부시은행

(2) Model 3-2-2 : Model 3-2-1에서 언급된 Order Sheet

DATE 31st March, 2011

ORDER NO. MW101

MESSRS. Henry Trading CO.,
Chicago, USA

We confirm having bought from you the following goods on the terms and conditions as stated below and on the back hereof.[1)]

QUANTITY	DESCRIPTION	PRICE per bale	SHIPMENT
100 bales	Grey Cotton Yarn2) 20'S in hank[3)]"Camel" Brand	US $20.00 F.O.B., Net,	By the Donghe scheduled to

Weight : 3.2 ounces per hank Tokyo | leave
Length : 3,360 yards per hank | Chicago
10 lbs. to be wrapped with | 31st May
paper and stringed
Each bale to contain 400 lbs.
net
The quality of the shipment
must be equal to that of your
sample we hold in this office.[4)]

Total Amount : US $20,000.00

TERMS : Irrevocable L/C at sight | REFERENCE : your cable of 30th, Feb
INSURANCE : to be covered by us
PACKING : in seaworthy bales[5)] | SHIPPING MARK : HTC
DESTINATION : Pusan, Korea.

PUSAN
BALE No. 1-100
MADE IN USA
USE NO HOOK[6)]

PLEASE SIGN AND RETURN THE DUPLICAE

SELLER　　　　BUYER

MOKWON TRADING CO., LTD.

본문해설

이 주문서는 Model Letter 1에서 언급한 서신의 내용중 Order No, AB 1에 해당되는 주문서이다.

용어해설

1) on the back hereof : 이 주문서의 뒷면상에. 일반적으로 주문서나 Sale Note의 뒷면에는 일정기간 통용되는 거래조건인 일반무역조건이 인쇄되어 있다.
2) Grey Cotton Yarn : 가공이나 염색을 하지 않은 면(원면)으로 만든 원사. Yarn 뒤에 나오는 20's는 실의 굵기를 나타내며 20번수의 실이라는 의미임.
3) hank : 실의 타레를 나타냄. 실을 콘에 감지 않고 타래대로 둔 상태. 실 한 타래는 무명일 경우에는 860야드. 털실은 560야드이다. hank의 반대 개념은

cone이다. cone은 hank의 실을 실쿠리에 감았을 경우를 나타낸다.

4) The quality of the shipment must be equal to that of your sample we hold in this office : 선적되는 상품은 당사가 당사에 보관중인 귀사의 견본과 일치되어야 한다. 이는 상품의 품질조건이 견본에 의한 품질조건으로 계약이 체결되고 있음을 이해하여야 한다.
5) in seaworthy bales : 항해를 이겨낼 수 있도록 견고하게 한 포장
6) USE NO HOOKS : 갈고리로 찍는 것을 금하고 있다. 즉, 갈고리 사용금지.

(3) Model 3-2-3 : 판매계약서를 동봉하면서 수입업자의 동의를 요구하는 사례

Park & Kim Co., Inc. 10th Jan, 2011
26 Lincorn Street
New York
U.S.A.

Dear Sirs,

Sales Contract No. A10

We are pleased to enclose the above Contract in duplicate which has been concluded[1)] through the cable and telex messages exchanged between us. The copies are enclosed for confirmation. An extra copy[2)] of the Contract is also enclosed for your record.

Please have the duplicate of the Contract signed by Messrs. Henry and send it back to us as usual. Your commission of 3% is included in the price.[3)]

We now await an L/C.

Yours faithfully,

KOREA TRADING CO., LTD.

Encl. Sales Contract
TY/HS

본문해설

KOREA TRADING이 서신과 계약서를 작성하여 소개업자(중개업자)인 Park & Kim CO에 발송하면서 부본에 최종사용자인 Henry의 서명을 받아 반송시켜 달라는 요구를 하는 내용의 모델이다.

그리고 본 내용에는 중개업자에게 주는 중개수수료가 수출가격에 포함되어 있으며 신용장의 도착을 기다리고 있다는 내용을 포함하고 있다.

용어해설

1) concluded : (계약) 체결하다, 결정하다, 결론을 내리다.
   to conclude : 끝으로
2) an extra copy : 별도의 사본, 여분의 사본
   extra news : 호외
   an extra train : 임시열차
   an extra pay : 임시수당

(4) Model 3-2-4 : 판매계약서

DATE 10th Jan, 2011

SALES CONTRACT NO. A10

MESSRS. Henry Lee Co, Inc.
New York, U.S.A.

We as Seller confirm having sold you as Buyer the following goods on the terms and conditions as stated below and on the back hereof.

QUANTITY	DESCRIPTION	PRICE per 1b	SHIPMENT
250,000 1bs	Call No. AK220 Machine Knitting Yarn[1)] 2/20 natural Turbo Bulky, Worsted System : made of 100%	C & F New York 81c	See below.

Acrylic Staple Fibre[2]
6 denier, [3] dull, [4] in about
80-82 inch skeins[5]

Shrinkage about 23%

SHIPMENT	
50,000 lbs.	Mid-July[7]
60,000 lbs.	Mid-August
60,000 lbs.	Mid-September
50,000 lbs.	Mid-October
30,000 lbs.	Mid-November

Total : 250,000 1bs.

Total Amount : US $202,500-

TERMS : L/C at 90 days after sight
INSURANCE : To be covered by Buyer
PACKING : In seaworthy bales
DESTINATION : New York, U.S.A.

REFERENCE :
SHIPPING MARK :
To be instructed

PLEASE SIGN AND
RETURN THE DUPLICATE

BUYER

SELLER
SEOUL TRADING CO., LTD.

본문해설

Model Letter 2에서 언급하고 있는 Sales contract No.A10이다. 이는 서울에 있는 SEOUL TRADING CO.가 미국에 있는 Henry Lee 1nc.에 보낸 편물사에 대한 계약서이다.

용어해설

1) Machine Knitting Yarn : 편물사
Knitting Cotton(thread) : 뜨게실
Knitting needle : 뜨게질 바늘

2) Acrylic Staple Fibre : 아크릴 인조섬유
   staple fiber : 인조섬유
   staple food : 주식(主食)
3) denier[déniei, diniə]: 생사나 인조견사 등의 굵기 450m의 실이 무게 0.05g이면 1데니어트라고 계산함.
4) dull : 색이나 빛이 선명하지 못함.
5) skein : 실의 타래
6) shrinkage : 축소, 수축, 감소
7) Mid July : 7月 중순
   in mid air : 허공에, 공중에
   in mid Course : 중도에(서)

(5) Model 3-2-5 : 구매주문서를 동봉하면서 수출업자의 동의를 구하는 사례

10st June, 2011

Mokwon Trading Co,. Ltd.
Daejon, Korea

Dear Sirs,

We thank you for your telex message of 10st June accepting our initial order[1)] yesterday, and enclose our Purchase Order No. 303 for confirmation.

This initial order is very important, because the Rug[2)] trade is seasonal, and our customers must make the trade samples[3)] ready before the end of October at the latest. So, It is essential that you make shipment without delay.

Should this trial sale[4)] prove successful, we have no doubt that the business can be built up to our mutual satisfaction. Our customers have their own outlets[5)] with their own brand, but here again we must stress the importance of advertising. They will spend a large amount of money to introduce a new Rug made up with your materials. Therefore, we should like to know how much you are prepared to offer to share the advertising expenses.

In response to your request, we have sent you a sample of the Rug by air parcel.

Yours faithfully,
JACKSON FIBRES, LTD.
_________(signed)________
Director

Encl. Purchase Order
AAJ/MD

본문해설

이 Model은 JACKSON FIBERS가 한국에 있는 목원무역에게 자신의 주문을 수락해 준데 대한 감사의 뜻이 담긴 서신을 전하는 것이다. 그리고 목원무역이 수락해 준 내용에 대하여 구매 주문서를 작성하여 발송하고 있다. 또한 본 Model에서는 현지 판매를 위한 광고의 중요성을 강조하고 있으며 광고비를 공동부담할 용의가 있는지에 대한 여부를 묻고 있다.

용어해설

1) initial order : 첫 주문
   trial order : 시험주문
2) Rug : 양탄자
3) trade sample : 상업용 견본, 거래용 견본
4) trial trade : 시험판매
5) outlet : 출구, 배출구

(6) Model 3-2-6 : 구매주문서

10st June, 2011

PURCHASE ORDER NO. 303

Mokwon Trading Co., Ltd.
Daejon, Korea

We confirm our PURCHASE from you as follows :

Weight	Description	Price per lb.	Delivery
4,000 lbs	10 denier × 102 mm X-lon Staple	28p1)	Shipment : Pohang 15th July

Terms C.I.F London
D/A 60 days after arrival2)

Yours faithfully,

JACKSON FIBERS, LTD.
(signed)

Director

본문해설

이는 JACKSON FIBERS가 목원무역에 보낸 주문서이다.

용어해설

1) 28p : 영국의 화폐단위, 1파운드 = 12실링, 1실링 = 20Pence.
2) D/A 60 days after arrival
Document Against Acceptance 60 days : Draft를 인수한 날로부터 60일 이내 (D/A, D/P는 수입업자가 서류를 제출받은 날로부터 기간을 환산하는 것으로 D/A는 서류인수 후 일정기간 경과, D/P는 서류인수즉시 대금을 결제하는 제도이다).

(7) Model 3-2-7 : 주문확인서

CONFIRMATION OF ORDER

To________________ No.________________

Date________________

Dear Sirs :

We confirm your order of the following goods on the terms and conditions as below:

1. Commodity :
2. Quantity :
3. Quality :
4. Unit Price :
5. Amount :
6. Mark & No. :
7. Shipment :
8. Destination :
9. Payment :
10. Insurance :
11. Packing :
12. Remarks :
13. Conditions :

① We hold no responsibility for delay[1] or failure to deliver[2] the goods contracted or any part thereof[3], arising from *force majeure* or from any extraordinary causes which were impossible for us to have foreseen or averted[4].

② An Irrevocable Letter of Credit shall be opened by you without delay after the order is booked[5]. In case of your failing to open the same, we reserve the option to cancel[6] any part or the whole of this contract, reserving ourselves the full right of recovering from you any loss resulting from disposition of the goods elsewhere.

③ We have the option of delivering the goods contracted in parts and of shipping 10% more or less than the contracted quantity and/or amount unless otherwise arranged[7].

④ Any action of the Government in respect of the Tariff, Quota, Import Restriction, Government Imposition, etc., is all at your risk.

⑤ The date of shipment shall be final as per[8] the date of Bills of Lading.

⑥ Claim, if any, shall be reported to us by cable directly or through our agents within fourteen days after arrival of the goods at the destination. Otherwise no claim shall be entertained. In case of failing to settle it amicably[9], it shall be referred to the arbitration in Korea.

Accepted by : Your very truly.

본문해설

수입업자가 수출업자에게 주문한 내용을 수출업자가 확인하면서 수출업자가 판매에 필요한 조건을 제시하여 수입업자의 동의를 구하는 예문이다. 이 경우 수입업자는 자신이 제시한 내용을 다시 한 번 확인하고 수출업자의 제시내용을 수락할 수 있으면 서명란에 서명하면 된다.

용어해설

1) no responsibility for delay : 지연에 대하여 책임지지 않는다.
2) failure to deliver : 인도하지 못하다.
3) goods contracted or any part thereof : 계약된 상품이나 혹은 계약된 상품 중 일부
4) have foreseen or averted : 예상하였거나 피하였다.
5) after the order is booked : 주문이 기록된 후, 주문 확정 후
6) reserve the option to cancel : 취소하기 위한 선택권을 유보하다.
7) unless otherwise arrange : 다른 약정이 없다면
8) as per = same as ~에 따라서, ~과 같은
9) settle it amicably : 우호적으로 해결하다.

(8) Model 3-2-8 : 구매확인서

CONTRACT

No. ____________________

Date ____________________

To ____________________

____

Dear Sirs,

We hereby confirm our order for the purchase of the goods under the terms and conditions as stated below.

Sincerely yours,

(Singed)

Product : 100% Cotton Yarn [1].

Type : 80's/3[2]
70's/2
60's/3

Quantity : One hundred (100) bales each,(Total 300)

Packing : To be packed in bales of 400 Lbs[3].

Marks & Nos. : Each bale should bear the mark and distinguishing numbers as attached.

Shipment : During January by State Marine Line.

Prices : 0.50, 0.40, 0.30 respectively (US$) per lb., F.O.B. Sydney.

Insurance : As usual

Payment : By 90d/s draft against confirmed letter of credit to be cabled by us.

Remarks : If you cannot secure space on s/s "Big Bear", voy[4]. No. 145,
please cable immediately

본문해설

상기 구매확인서는 수입업자가 수출업자와 교환한 지금까지의 구매에 관한 내용을 최종적으로 확인하면서 구매에 관한 최종 확인을 한 예문이다.

용어해설

1) 100% Cotton Yarn : 100% 면으로된 원사
2) 80's/3 : 80번수의 실 3합
3) bales of 400 Lbs : 1배일을 400파운드로 하다
4) voy = voyage : 항해, 선박의 항해 번호.

(9) Model 3-2-9 : 수출계약서

SALES NOTE

No.__________________ MESSRS__________________

Date______________

______________ Reference________________

We confirm our sale as specified hereunder[1]. If you find therein anything not in order, please let us know immediately, if necessary, by telegram. Kindly sign and return the duplicate after confirming the undermentioned.

____

Commodity :
Quantity :
Unit Price & Amount :
Packing :
Shipment :
Destination :
Payment :
Insurance :
Remarks :

Other terms and conditions as per on the back hereof.

Yours truly.

Accepted by
Buyer :

Seller :
KIM'S TRADING CO., LTD.

(SALES NOTE의 뒷면)

GENERAL TERMS AND CONDITIONS OF BUSINESS

All sales and other business shall be transacted between Buyer and Seller as Principals[2].

1. **Quantity** : Quantities quoted are subject to a variation of plus or minus ten(10) percent[3] unless otherwise specially advised.
2. **Payment** : The irrevocable letter of credit shall be established within fifteen(15) days after conclusion of any contract and be maintained at least fifteen(15) days after the month of shipment for negotiation of the relative draft.

   If Buyer fails to provide such a letter of credit for Sellers as prescribed above, Seller shall have the option of reselling[4] the contracted goods for account of Buyer or holding the goods on Buyer's account and risk or cancelling any part or the whole of this contract.
3. **Shipment** : The Date of Bill of Lading shall be taken as the conclusive proof of the date of shipment. Ten(10) days' grace[5] shall be allowed for shipment earlier or later than the time agreed upon by the parties. In the event of the goods for one order being shipped in more than one lot, each lot shall be deemed to be a separate sale or contract.

   Seller shall not be responsible for non-shipment or late shipment of the contracted goods or any part thereof due to Force Majeure or any other causes beyond Seller's control and causes due to failure of Buyer to provide in time a letter of credit or other instructions requested by Seller.

4. **Insurance** : Insurance shall be effected by Seller ten(10)% over the invoice amount in case of CIF base business.
Seller shall bear a war risk premium[6] (water-borne only[7]) to the extent of half(1/2)% only. Should the premium be, at the time of shipment, more than half(1/2)% the excess premium to be for Buyer's account
5. **Claims** : No claim shall be entertained[8] before the payment is made or the draft is duly honored. Each claim shall be advised by telegram or cable to Seller within fourteen(14) days after the arrival of the goods at destination, and shall be confirmed by airmail within fifteen(15) days after telegraphing or cabling. No claim shall be entertained after the expiration of such fourteen(14) days.
6. **Arbitration** : A claim shall be settled amicably as far as possible, but in case of failing, it shall be submitted to the arbitration in korea in accordance with the rules of The Korea Commercial Arbitration Association. The arbitral award shall be final and binding both the parties and loser shall bear its cost.
7. **patents, Trade Marks, etc.** : Seller shall be free from liabilities or responsibilities for[11]any trade mark, design or stamp used by seller pursuant to instructions of Buyer. Buyer hereby agrees to assume liabilities for any disputes resulting from such use.
8. **Second Quality** : Buyer shall accept second quality up to··· percent of the total quantity with an allowance of[12] ··· percents.

본문해설

매도인이 작성하여 매수인에게 보내는 계약서형태이다. 상기 계약서는 전면에 계약건별로 당사자간에 약정해야 하는 내용을 기록하고 있고, 이면에는 일정기간 당사자가 이행해야 하는 내용이 인쇄되어 있는 전형적인 계약서(Sales Note)의 형태이다.

용어해설

1) as specified hereunder : 아래의 명세내용과 같이
2) as principals : 본인으로, 본점으로
3) a variation of plus or minus ten percent : ± 10%의 변동
4) option of reselling : 재판매 선택권
5) ten days' grace : 10 일간의 유예기간
6) war risk premium : 전쟁위험 보험료
7) water borne only : 항해중인 것에 한하여
8) be entertained : 허용되다.
9) arbitral award : 중재결정
10) final and binding : 최종적으로 구속력이 있는
11) free from liabilities or responsibilities for : ~에 대하여 책임을 지지 않고, ~대하여 면책됨
12) with an allowance of ~% : ~% 할인으로

(10) Model 3-2-10 : 수입계약서

PURCHASE NOTE

Messrs.________________ No.________________

Date________________

We hereby wish to confirm having purchased from you as follows :

Commodity :
Specification :
Quantity :
Unit price :
Price Scale[1] :
Sampling, Analysis & Size Test :
Shipment :
Information of Cargo's Readiness :
Destination :
Weight :
Payment :

Insurance :

Remarks :

Other terms and conditions as per on the back hereof.

Confirmed by :	Yours very truly, ACME TRADING CO., LTD. sign

〈PURCHASE NOTE의 뒷면〉

1. **Arbitration** : All claims and disputes which can not be amicably settled between Sellers and Buyers shall be submitted to arbitration in Korea. Arbitrators shall consist of two members, one to be named by the Sellers and one by the Buyers. Should the arbitrators be unable to agree, they shall select an umpire, whose decision shall be final and binding.
   All the expenses to be borne by the loser.
2. **Delayed Shipment** : In case Sellers fail in effecting shipment by the vessel to be arranged by Buyers (except due to Force Majeure such as war, blockade, revolution, insurrection, civil commotions, riots, mobilization, government control, strikes, lockouts, Acts of Gods, plague or other epidemic, destruction of goods by fire or flood), Sellers shall be responsible for any claim filed by the consumers, and have to ship the goods as early as possible. In such case Sellers are responsible for the arrangement of vessel and freight difference, if any, which over the Buyers' original rate shall be for Sellers' account.
3. **Export Duty** : Any export duty, if any, shall be borne by Sellers in the price and whatever variation in this duty shall be for Seller's account.
4. **Exchange Rate** : Whether the exchange rate may change or not after the contract is effective, this contract in relation to all terms herein contained shall be binding to both parties.
5. **Effective Date of Contract** : The date of agreement mutually reached

by(tele./mail) communication or other method shall be the effective date of this contract.

6. **Rejection of Material**: Buyers shall be entitled at their option either to reject the cargo or accept it at reduced price, if, on the sampling analysis and size test at the discharging port, the chemical and physical compositions do not conform to the specification guaranteed.
7. **Dispatch & Demurrage**[2] **at the loading port** : Dispatch money/ Demurrage to be for account of Sellers and laytime to be calculated according to Charter Party arranged by Buyers.
8. **Remarks** : This contract is subject to the relative import quota and government regulations in Korea.

본문해설

매수인이 작성하여 매도인에게 제시하는 계약서 형태(Purchase Note)이다. Purchase Note도 Sales Note에서와 마찬가지로 전면은 계약당시 작성하는 난이고, 이면은 인쇄되어 있다.

용어해설

1) price scale : 가격선정기준
2) demurrage : 체선료

(11) Model 3-2-11 : 구매확인서

Wilson Packers, Inc.
Long Beach, California
U.S.A

October 15, 20xx

MOK DONG Products Company, Ltd.
24 Mok Dong, Chung-Gu

Tae Jon, Korea

Gentlemen :

This will confirm the Purchase Agreement entered into between our com-panies on this date. The conditions of the Agreement are :

1. We, the Wilson Packers, Inc., of Long Beach, California, U.S.A., agree to buy and the Mok Dong Products Company of Tae Jon, Korea agree to sell 450 short tons of Frozen Yellow-fin Tuna, prime quality, averaging 60 to 65 pounds, with the spread in weight[1)] not to exceed a minimum of 10 pounds and a maximum of 90 pounds, at $330 per ton of 2,000 1bs., CIF Long Beach, California.
2. The purchase is made subject to inspection by the Food and Drug Administration[2)] and clearing customs, with the further understanding that in the event any fish are rejected at the time of packing due to spoilage[3)] the seller will reimburse the buyer for the total value of fish rejected.
3. Shipment of the whole 450 tons shall be effected form Korea in January and February, 200x. If possible, the first shipment should be on M/S "Washington Bear" which is scheduled to leave Pusan on December 30, 200x.
4. After the seller notifies the buyer of the exact tonnage of tuna that will be available, the buyer will prior to November 10, establish an irrevocable letter of credit with the Bank of California, Los Angeles in favor of the seller in the amount of $270 per ton as part of the agreement price of $330 per ton. Credit thus established will be released[4)] to the seller upon presentation to the bank of the followings.
   (a) Full set of negotiable clean on board ocean Bills of Lading made out to the order of the shippers and endorsed in blank marked Notify Wilson Packers, Inc., Long Beach.
   (b) Commercial Invoice in triplicate, bearing notation : "Subject to provision that no payment is to be made for any portion

rejected in the course of inspection and processing."

(c) Special Customs Invoice············original and two copies.

(d) Inspection Certificate issued by an authorized inspection agency in Korea.

(e) Weight Certificate issued by a member of the Korean Marine Surveyors and Sworn Measurers Association.

(f) Packing List

(g) Marine Insurance Policy, covering the invoice value plus 15%, "With Average" and "Refrigeration Clause[5)]" attached, and all claims to be payable at Long Beach, California. When necessary, War Risks to be covered by the seller for the buyer's account.

5. The buyer will hold in favor of the seller an additional credit to the amount of $60 per ton on the total quantity of frozen tuna purchased, only to be released to the seller after completion of the final inspection of the entire quantity of tuna purchased. Any rejections that develop in the course of inspection and processing will be charged against this credit. Should the value of the rejections exceed the total amount of the credit, the seller will reimburse the buyer for the excess amount.

6. Shipment of the entire quantity(450 tons) to be made in three consignments, approximately 150 tons each, and relevant shipping documents and export declarations[6)] to be prepared accordingly to cover each consignment.

Yours truly,
WILSON PACKERS, INC.
Robert Schroeder
President

Accepted by :
MOKDONG PRODUCTS COMPANY, LTD.
WUEN KIM, President
October 15, 200×

본문해설

WILSON PACKERS, INC.가 MOKDONG PRODUCTS COMPANY, LTD.로부터 구매하기로 약속한 내용들을 서면으로 정리하여 매도인에게 발송한 약정서이다. 이 약정서에는 향후 거래에서 매도인과 매수인이 행하여야 할 내용들을 정리하고 있다.

용어해설

1) spread in weight : 중량상의 넓이, 폭
2) Food and Drug Administration : 식품 및 의약품 관리청(FDA)
3) spoilage : 손상
4) release : 방출하다.
5) Refrigeration Clause : 냉동에 관한 보험조항
6) export declarations : 수출신고서

2) 일정기간을 중심으로 하는 계약서

(1) Model 3-2-12 : 일반무역조건 협정서

AGREEMENT
ON
GENERAL TERMS AND CONDITIONS

It is hereby agreed between the Sellers, Choong Nam Trading Co., Ltd., TaeJon Korea (hereinafter called "A") and the Buyers, New York & Co., Inc. New York, U.S.A.(hereinafter referred to as "B"), that all business shall be conducted on the following terms and conditions:

1. **Business** : Business shall be conducted as Principal to Principal[1] i.e both Sellers and Buyers shall act on their own account and responsibility.
2. **Goods** : Goods in business, their unit to be quoted, and their mode of packing[2] shall be stated in the attached list.

3. **Prices** : Unless otherwise specified in cables or letters, all prices submitted by "A" or "B" shall be understood C.I.F New York in U.S. Dollars.
4. **Offers** : All cable offers are to be considered "firm" subject to reply within the period stated in respective cables. When "immediate reply" is used, it shall mean that a reply is to be received within three days from and including the day of the despatch of a firm offer. In either case, however, Sundays and official bank holidays are excepted.
5. **Orders** : Except in cases where firm offers are accepted by "B" no orders are binding until acknowleged by "B".
6. **Letter of Credit** : Banker's Confirmed Letter of Credit shall be opened in favor of "A" immediately upon confirmation of sale ; credit shall be made available twenty one(21) days beyond the contracted time of shipment in order to provide against unavoidable delay in shipment
7. **Payment** : Drafts shall be drawn under credits at thirty(30) days after sight documents attached, for the full invoice amount.
8. **Shipment** : All goods sold in accordance with this Agreement shall be shipped within the stipulated time. The date of Bill of Lading shall be taken as conclusive proof of the day of shipment. Unless otherwise agreed upon, the port of shipment shall be at "A"'s option[3].
9. **Force Majeure**[4] : "A" shall not be responsible for the delay in shipment due directly or indirectly to force majeure including mobilization, war, riots, civil commotion, hostilities, blockade, requisition of vessels, prohibition of export, fires, floods, earthquakes, tempests, strikes, lockouts, and any other contingencies, which prevent shipment within the period stipulated. In the event of any of the aforesaid causes arising, documents proving its occurrence or existence shall be submitted by "A" to "B" without delay.
10. **Delayed Shipment** : In all cases of force majeure provided in Article 9, the period of shipment stipulated shall be extended for a

period of twenty-one(21) days. In case shipment within the extended for a period should still be prevented by a continuance of the causes mentioned in Article 9 or the consequences of any of them, it shall be at "B"'s option either to allow the shipment of late goods or to cancel the order by giving "A" a notice of cancellation by cable.

11. **Marine Insurance** : "A" shall effect insurance on all shipments on W.A[5)] and for a sum equal to the amount of the invoice plus ten(10) per cent, if no other conditions are particularly agreed on. War Risk or any other additional insurances, if required, shall be covered for account of "B". All policies shall be made out in U.S Dollars and claims payable at New York.

12. **Claims** : Claims, if any, shall be filed by cable within fourteen(14) days from the date of final discharge of the goods at destination. Claims after the elapse of fourteen days shall be considered as null and void[6)]. Claims and disputes which can not be amicably settled between "A" and "B" shall be settled by arbitration in Korea by the Korea Commercial Arbitration Association according to the arbitration rules of the said association.

In witness whereof, Choong Nam Co., Ltd. have hereunto set their hands in duplicate on the first Day of …, Twenty Hundred …in TaeJon Korea``, and New York Inc. have hereunto set their hands in duplicate on the… Day of …, Twenty Hundred… in New York, U.S.A.

This Agreement shall be valid on and from the first Day of, Twenty Hundred … and any of the Articles in this Agreement shall not be changed or modified unless by mutual consent.

"A" (Seller) Choong Nam Trading Co., Ltd.
(signed)
(Typed) WEN BAE KIM
Representative Director

"B"	(Buyers)	New York & CO., INC.
	(signed)	Henry Lee
	(Typed)	Henry Dalton
		president

본문해설

수출업자인 Choong Nam Trading CO., Ltd.와 수입업자 New York Co., Inc 사이에 체결된 일반무역조건 협정서이다. 거래의 기본에 관한 조건, 거래상품에 관한 기본조건, 매매계약에 관한 기본조건, 무역분쟁에 관한 기본조건, 선적에 관한 기본조건 등을 일정한 기간동안 유효하도록 협약하고 있다.

용어해설

1) principal to principal : 本人 對 本人, 즉 회사의 실질적인 책임을 지고 있는 본사를 지칭한 것으로 반대개념으로는 Agent가 사용된다.
2) mode of packing : 포장의 형태
3) at one's option : ~의 마음대로
   make one's option : ~을 선택하다.
   option : 선택권, 선택의 자유
4) Force Majeure : 불가항력, 사람의 힘으로는 어떻게 할 수 없는 일
5) W.A : ICC "B"에 해당되는 보험으로 소손해 면책을 인정하는 보험조건이다.
6) null and void : 무효
   null : 無의 의미를 가지고 있으며 효력이 없는, 무효의, 무익한
   void : 空의 의미를 가지고 있으며 빈, 공허한, 무익한

(2) Model 3-2-13 : 일반무역조건 협정서

AGREEMENT ON GENERAL TERMS AND CONDITIONS OF BUSINESS

This Agreement made between Tae Jon Corporation, TaeJon Korea (hereinafter called "Seller"), and Illinois Trading Corporation, Chicago

City, IL., U.S.A.(hereinafter called "Buyer") witnesses as follows ;

1. **Business** : Both Seller and Buyer shall act as Principals, and not as Agents.
2. **Price** : Unless otherwise specified in cables, Telex messages or letters, all prices submitted by Seller or Buyer shall be quoted in U.S Dollars on CIF Chicago basis
3. **Offers** : Unless otherwise expressly stated in each cable or Telex message, all offers by cable or Telex are to be considered "firm" and shall be subject to acceptance being received by the date specified in the respective cables[1) or Telex messages.
4. **Order & Acceptance** : All transactions closed by cable[2) or Telex shall be further confirmed in writing without undue delay ; transactions thus concluded shall not be cancelled unless by mutual consent.
5. **Letter of Credit** : Buyer shall arrange an Irrevocable Letter of Credit with a prime bank, to be established in favor of seller for the full amount of the contract immediately upon the conclusion of each contract ; all credits shall be made available fifteen(15) days beyond the time of shipment specified in each contract.
6. **Payment** : Drafts shall be drawn under credits at sight, documents attached ,for the full invoice amount.
7. **Shipment** : The goods shall be shipped within the time of shipment stipulated in each contract ; the Bill of Lading date shall be taken as conclusive evidence of the date of shipment.
8. **Marine Insurance** : All shipments shall be insured against All Risks under within the period thus extended should still be prevented by a continuance of the cause or causes in question or the consequences thereof, Buyer shall have the option of either allowing the shipment of the delayed goods or the "Institute Cargo Clauses"(All Risks) for a sum equal to the invoice amount plus ten(10) percent ; War Risks or any other special insurance, if required, shall be covered for the account of Buyer. Insurance

policies or Certificates shall be made out in U.S Dollars, and claims payable in Chicago.

9. **Quality** : With regard to quality and condition Seller shall guarantee all shipments to confirm to samples, types, descriptions or specification, as the case may be.

10. **Force Majeure** : Seller shall not be liable for any delay in shipment or non shipment due directly or indirectly to Governmental interference or embargo, war or war-like operations, hostilities, blockade, requestion of vessels, strikes, riots, civil commotions, Acts of God, plague or other epidemics, fires, earthquakes, typhoons, tidal waves or floods, or other contingencies or accidents beyond the control of seller, which may prevent shipment of the goods within the stipulated time of shipment. In the event any of the aforementioned causes arising, documents proving its occurrence or existence shall be submitted to Buyer without undue delay.

11. **Delayed Shipment** : In each and every case of Force Majeure provided for in the proceeding Article No. 10, the time of shipment originally stipulated shall be extended for a period of twenty-one(21) days. In case shipment cancelling the order by giving Seller a notice of cancellation by cable or telex.

12. **Claims & Arbitration** : Buyer's claims, if any, shall be made by cable or telex within thirty(30) days after arrival of the goods at destination. Any claim or dispute that cannot be settled amicably[4] between Seller and Buyer shall be settled by arbitration in Korea under the rules of the Korean Commercial Arbitration Association; whose award shall be final and binding upon both Seller and Buyer.

In witness whereof, Tae Jon Corporation have hereunto set their hands in duplicate on the Fifth day of April, 200-, at Tae Jon, and Illinois Trading Corporation have hereto set their hands on the Fifteenth of April, 200-, at Chicago, and any of the clauses in this Agreement shall not be changed or modified unless by mutual consent.

(seller)	TAE JON CORPORATION	(buyer)	ILLINOIS TRADING CORPORATION
	(Signature)		
(Signature)			
	WUEN BAE KIM		James Miller
	President		Executive Vice-president

본문해설

이 협정서는 한국 대전에 있는 수출업자인 Tae Jon Corporation과 미국의 시카고에 있는 Illinois Trading Corporation 사이에 협정된 무역에 관한 일반 약정서이다.

용어해설

1) in the respective cables : 각각의 전문에서
   A and B contributed the respective sums of U$10 and U$20 : A와 B는 각각 10달러와 20달러를 기부하였다.
2) All transactions closed by cable : 모든 계약은 전문으로 체결한다.
   Close : 닫다. 끝내다. 마치다.
   (계약 등을) 체결하다. 맺다.
   Close with : 동의하다. 타협하다.
3) Insurance policy : 보험증권
   Insurance certificate : 보험증명서
4) amicably =friendly : 우호적으로

(3) Model 3-2-14 : 독점계약서

Sole Agency Agreement

This Agreement entered into between Tae Jon Trading Co., Ltd., Tae Jon Korea (hereinafter called "Principal") and J. Smith & Co., Inc., New York, U.S.A. (hereinafter called "Agent") witnesses as follows ;

1. **Appointment** : Principal appoints Agent as his sole agent to solicit orders for the merchandise stipulated in Article 3 from customers in the territory stipulated in Article 2 and Agent accepts such appointment.
2. **Territory** : The territory covered under this Agreement is confined to the United States of America(hereinafter called Territory).
3. **Merchandise** : The merchandise covered under this Agreement is confined to staple, top and yarn of Korean synthetic fibre[1)] (hereinafter called Merchandise).
4. **Exclusivity** : Principal may not, directly or indirectly, sell Merchandise to Territory through any channel other than agent, and Agent maynot sell, distribute or promote the sale of any other line similar to Merchandise produced or manufactured in Korea. Further, Agent may not solicit or accept orders for the purpose of selling or delivering Merchandise outside of Territory principal shall refer to Agent any inquiry or order for Merchandise which principal may receive from others within Territory.
5. **End-User and End-Use** : Agent shall inform Principal of the End-User's name and his End-Use in each case of transaction before Agent sells Merchandise in Territory.
6. **Expenses** : Agent shall bear all the expenses incurred in connection with the sale of Merchandise including travelling, cable, telex, postal and other incidental expenses. Principal shall, likewise, bear his own cable, telex and postal expenses.
7. **Commission** : Principal shall pay to Agent commission in U.S. currency at the rate of 3% of the net invoiced selling price of Merchandise on all orders obtained by Agent and received and accepted by Principal, provided, however, that no such commission may be payable until Principal receives the full amount of payment due. Commission is to be settled at the end of every three months, or otherwise mutually agreed upon.

8. **Offer** : All cable and or telex offers will be considered "firm" subject to reply being received within three days from and including the day of despatch, unless otherwise stated. Sundays and National Holidays at both ends are excepted.
9. **Information and Report** : Both Principal and Agent shall periodically and/or at the request of either party furnish information and market reports each other to promote the sale of Merchandise as much as possible.
10. **Trademarks** : Agent may not use, directly or indirectly, in part or in whole, Principal's signature or name or any other mark owned by Principal in any way in connection with Agent's business except in the manner and to the extent that Principal may specially and expressly consent in writing. Further nothing herein contained may be construed as transferring any patent, trademark or design in Merchandise. In case any dispute or claim arises in connection with the above right or rights, Principal reserves every and all rights to cancel this Agreement at his discretion and hold himself free from any liability arising therefrom.
11. **Duration** : This Agreement shall be vaild for a period of one year commencing from the 10th day of Jan, 2010 and shall be automatically renewed thereafter on a year to year basis unless either party gives the other party three month's prior written notice to terminate this Agreement. No change, modification and amendment of this Agreement are binding upon Principal and Agent unless made in writing and signed by both parties.
12. **Arbitration**[2)] : All disputes, controversies, or differences which may arise between Principal and Agent, out of or in relation to or in connection with this Agreement, or for the breach thereof, shall be finally settled by arbitration in Teajon, Korea in accordance with the Commercial Arbitration Rules of the Korea Commercial Arbitration Association. The award rendered by the

arbitrator(s) shall be final and binding upon both parties.

13. **Trade Terms and Governing Law** : The trade terms used between principal and Agent shall be governed and interpreted by the provisions of Incoterms 2000. This Agreement shall be governed in all respects by the laws of Korea.

Principal :	Agent :
Tae Jon Trading Co., Ltd.	J. Smith & Co., Inc.
(signed)	(signed)
________________	________________
president	president

본문해설

이는 독점판매 대리점 계약서로서 한국 대전의 TaeJon Trading Co., Ltd.(본점)와 미국 뉴욕의 J. Smith & Co., Inc.(대리점) 간에 체결된 협정이다.

용어해설

1) Synthetic fibre : 합섬섬유
   fibre = fiber : 섬유
2) arbitration : 중재. 무역거래 당사자중 한측이 계약대로 약속을 이행하지 않아 손해를 보았을 때 손해(피해) 금액에 대한 보상을 요구하게 되는데 이때의 보상에 대한 합의점을 양 당사자가 찾지 못한다면 합의점을 찾도록 하기 위하여 중재인이 중재를 하게된다. 중재인의 중재판정은 최종판정이 되기 때문에 당사자들중 한측이 판정에 불만이 있더라도 이를 재심의 하도록 요구할 수 없다.

(4) Model 3-2-15 : 위탁가공무역 계약서

CONSIGNMENT PROCESSING CONTRACT

This contract is made and enters into on . . 2010 by and between ________(hereinafter referred to as A) and ______(hereinafter referred to as B)

Article 1(Products and Processing Charge)

Items	Unit	Spec.	Quantity	Unit Charge	Total

B processes and delivers the finished product to A on the basis of the following Consignment Processing(CMT—Cutting, Making, Trimming)

Charge Article 2(Raw Materials and Subsidiary Materials[1)])

(1) A supplies B the following raw materials and subsidiary materials which are necessary for manufacturing the products under Article 1 at non commercial value.

Items	Unit	Spec.	Quantity	Unit Charge	Total

(2) B shall use the above materials only to manufacture and process the products described at Article 1, and shall not take out them outside factory without prior permission of A.

Article 3(Management of Raw and Subsidiary Materials)

(1) B shall admit that the materials under the previous Article are the property of A and shall not hand them over others, shall not exchange them for others and shall maintain them as a bona-fide manager.

(2) B shall take an insurance to the insurance company named by A, at B's expenses for the raw and subsidiary materials and products being preserved.

Article 4(Processing)

(1) B shall make the products in accordance with the samples & specifications presented by A and B shall obtain prior approval of A to any small changes.

(2) B shall not make any other sub-consignment processing contract with others without A's prior approval.

(3) A can give B technical instructions or working orders at any time, relating to processing, packing and transporting the products, and B shall follow them.

Article 5(Shipment)

(1) B, manufacturing the products under Article 1, shall make custom clearance and ship them after designated inspection by A's order in accordance with the shipping schedule in Letter of Credit.
(2) A shall bear all costs and charges arising from warehouse to shipment[2].

Article 6(Payment of Processing Charge)

A shall pay the processing charge without hesitation as B presents bill of lading and shipping documents required by Letter of Credit.

Article 7(Claims)

On receiving disputes or complaint by buyer arising from B's export of products. A shall notify it in writing to B and when such claims are to be certified as resulting from B's faults, B shall take all liabilities. In this case, A shall make an effort to reduce the claims as much as possible in consultation with B.

Article 8(Arbitration)

All disputes, controversies, or differences which arise between the parties out of or in relation to or in connection with this contract or for the breach thereof, shall be finally settled by arbitration in Seoul, Korea in accordance with Commercial Arbitration Rules of the Korean Commercial Arbitration Board and under the Laws of the Korea. The award rendered by arbitrator(s) shall be final and binding upon both parties concerned.

After both parties make and sign two copies of contract, A keeps original copy stamped on and B keeps the duplicate.

A ______________________ B ______________________

본문해설

가공무역은 제조업자가 자신이 원하는 물품의 생산을 직접하지 않고 국내나 해외에 있는 가공업자에게 생산을 의뢰하는 제도이다. 가공무역의 형태로는 물품생산 의뢰시 자금의 이동 유무에 따라 무환과 유환으로 구분되며 주체자의 관점에 따라 위탁과 수탁으로 구분된다. 즉, 상품생산을 의뢰하는 입장에서는 원료를 위탁인에게 무료로 제공하면 무환위탁가공무역이 되고 원료대금을 받고 수출한 후 생산지시를 하면 유환위탁가공무역이 된다. 이에 비해 원료를 수입하여 의뢰받은 제품을 생산하는 입장에서 보면 수탁가공이 된다. 즉, 원료를 무료로 수입하여 지시대로 생산한 후 지시인에게 완제품을 수출하면 무환수탁가공무역이 되고 원료대금을 지급한 후 수입하여 생산을 완료하여 지시인에게 수출하면 유환수탁가공무역이 된다.

상기 계약서는 A가 원료와 부원료 및 제조공정을 B에게 지시한 후 B로부터 완제품을 인도받기 위한 절차를 협정하고 있다.

용어해설

1) Subsidiary Materials : 부자재, 부원료
   Raw Materials : 원자재, 원료
   a subsidiary business : 부업 subsidiary company : 자회사
2) from warehouse to shipment : 창고에서 선적까지

(5) Model 3-2-16 : 수탁가공무역 계약서

BONDED[1] PROCESSING TRADE CONTRACT

This contract is made and agreed on this Nineteenth day of August, 201- by and between the following parties concerned:

American Trade Inc., hereinafter referred to as Party A,
having their head office at
San Francisco, U.S.A. and

Choong Nam Trading Co., Ltd., hereinafter referred to as Party B,
having their head office at
Tae Jon, Korea

Whereas it is the mutual intent and desire to bring a satisfactory conclusion of this contract, both parties concerned hereto acting as principals, with the care of good manager trusting in the sincerity and faith of parties concerned and whereas it is futher promise and convenience to promote mutually reliable and advantageous business transaction, the parties concerned hereto agree the terms and conditions of this contract mentioned hereunder :

Article 1 Party A exports to Party B Rayon Yarns as specified in the attached sheet, and Party B exports to party A a Rayon Fabrics after bonded processing as specified in the attached sheet.

Article 2 Party B guarantees the quality of the Rayon Fabrics to be strictly equivalent to the samples already confirmed by Party A.

Article 3 Party A establishes a letter of Credit in the amount of US $ 8,000- approx. in favor of Party B, and then Party B opens Credit in favor of Party A in the amount which is to be proper for processing the ordered quantity.

Article 4 Shipments are to be carried out partially as agreed upon by Parties A and B, and establishments of Credit after the first Credit are to be made partially as agreed upon in consideration of execution of the first Credit.

Article 5 The term of this contract is one year, and further extension and/or renewal may be possible after consultation by Parties A and B

Article 6 In performance of this contract, both Party A and B are always to cooperate to their best sincerity and care. In case any loss may be incurred by breach of this contract either party, the party breaching this contract is to compensate the other party for the loss.

Article 7 Unilateral cancellation of this contract is prohibited unless Parties A and B agree upon beforehand.

Article 8 This contract shall be put into effect promptly after signed by both parties concerned hereto.

In witness whereof, the parties concerned have hereunto set out hands and dealt[3)] in duplicate in the presence of the undersigned witness in San Francisco, on the day and year aforementioned.

본문해설

수탁가공무역은 가공무역을 해야하는 기업이나 국가의 입장에서는 위탁인이 지시한대로 생산하여 위탁인이 지시하는대로 수출하는 형태를 취한다. 따라서 수탁인은 원자재나 부자재를 사용하여 생산하는 제품을 국내에 임의대로 판매할 수 없는 제품이기 때문에 이는 일정기간 국내에서 보관되어 관세당국의 보호를 받는 제품생산과정이라 판단하여야 한다. 이같은 상황 때문에 이러한 거래를 보세 가공무역 거래라 한다.

용어해설

1) Bonded : 보세창고에 유치된
Bonded Processing Trade : 보세 가공무역
bonded goods : 보세물품, Bonded Factory : 보세공장
2) Rayon Fabric : Rayon사(糸)로 만든 직물
3) dealt : 나누다, 분배하다.

(6) Model 3-2-17 : 구상무역 계약서

KOREAN FOREIGN TRADE CO., LTD.
SEOUL KOREA
BARTER SALES CONTRACT

This agreement is to made and entered into this day by and between Nippon Industrial Co., Ltd. Tokyo/Japan, (hereafter called "NIPCO") and Korean Foreign Trade Co., Ltd. Seoul/Korea, (hereafter called "KOFTRA").

The both parties hereto agree to the covenant and conditions hereinafter contained for barter sales transaction :

1) Barter commodity :

a. To be supplied by NIPCO from Japan. Sodium Bicarbonate, 99% up, 115 M/T[1] @ $60 per M/T F.O.B. Japan, Total amount US $

6,900.00

b. To be supplied by KOFTRA from Korea, Powdered Agar Agar, 1st grade, manufactured by Agarpro Ind, Co., Ltd. 5,000 lbs. @ 1.38 dollars per lb. C.I.F. European port (B/L)[2] must be issued as optional, total amount US $6,900.00

2) Payment : By irrevocable and confirmed Letter of Credit.[3]

3) Shipment

a. First, NIPCO shall establish back to back L/C[4] covering the above mentioned Agar Agar in favour of KOFTRA.

b. KOFTRA shall ship the cargoes as instructed in the L/C, within one month.

c. KOFTRA shall establish L/C covering the above mentioned Sodium Bicarbonate in favour of NIPCO promptly after or within one week, the first shipment of Agar Agar is made.

d. NIPCO shall ship the cargoes as instructed in the L/C within one month.

e. Shipment will be made by Korean flag vessel if available and possible by the both parties.

4) Inspection : Inspection by the shipper's authorized agent and the National fisheries Inspection Office shall be final for Agar Agar. The maker's inspection shall be final for Sodium Bicarbonate.

5) Liability : Either of the parties shall not be responsible for any loss or damages or non-fulfillment of the covenant due to the accidents by the reason of Acts of God, or any other causes beyoned its control.

6) Dispute : Any dispute arising out of this contract shall be settled by arbitration in the usual manner.

7) Duration : This agreement takes effect from the day of, and subject to, the approval of the Ministry of Commerce & Industry of Korean Government for this barter contract, and KOFTRA shall advise NIPCO immediately after the aforesaid approval to the effect, however this contract may be cancelled by the notification of

NIPCO to the effect in case that KOFTRA fails to obtain the aforesaid approval within 20 days after the date of application received by the Mission of the Republic of Korean in Tokyo.

NIPPON INDUSTRIAL CO., LTD.	KOREAN FOREIGN TRADE CO., LTD.
Signed	Signed
--------------------	-------------------------
Director	Export Manager
Dated March 29, 20_	Dated March 21, 20_

본문해설

이 계약서는 구상무역 형태중 Back to Back L/C의 형태를 취한 것으로 한국과 일본간에 우무가사리와 중탄산나트륨을 상호 거래하기로 약정한 협정문이다.

용어해설

1) M/T : ton의 여러 형태중 metric ton을 지칭한 것으로 2.204 LBS.
2) B/L : 선하증권
3) Confirmed Letter of Credit : 확인 신용장
4) Back to Back L/C : 동시 개설 신용장

(7) Model 3-2-18 : 판매점계약서

DISTRIBUTION AGREEMENT

This agreement made and entered into this 10th day of January, 2011 by and between [X Inc.,] a corporation duly organized and existing under the laws of the Republic of Korea and having its principal office at 800, DoAn-Dong Se Ku, Tae Jon, Korea(hereinafter referred to as "Manufacturer") and [Y Co., Ltd.], a corporation duly organized and existing under the laws of [the state of New York,

N.Y., U.S.A.], having its principal office at [140 west, 51st, New York, N.Y., U.S.A.](hereinafter referred to as "Distributor").

WITNESSETH :

WHEREAS, Manufacturer wishes to appoint Distributor the exclusive distributor for the Products(as hereinafter defined) in the territory of [the United States of America], WHEREAS, Distributor wishes to accept such appointment as exclusive distributor INCONSIDERATION OF the mutual covenants contained herein, the parties hereto agree as follows:

Article 1. Definitions

In this agreement except where the context otherwise requires, the following terms and expressions shall have the meanings respectively defined as follows:

1.1 "Products" means [those products which are mentioned in the attached Annex "A"].

1.2 "Territory" means [the United States of America].

Article 2. Appointment and Acceptance

2.1 During the term and subject to the conditions hereinafter set forth. Manufacturer hereby appoints Distributor[1)] as an exclusive distributor for the Products in the Territory, and Distributor accepts such appointment. During the term of this Agreement,[2)] Manufacturer shall not, either directly or indirectly, sell the Products in the Territory without the prior consent of Distributor.

2.2 Distributor shall not purchase, import, export, sell, distribute, advertise or otherwise deal in products competitive with or similar[3)] to the Products in the Territory.

Article 3. Orders and Shipments

3.1 In Placing orders with Manufacturer, Distributor shall clearly describe the Products and quantity required, and shall include precise instructions for packaging, invoicing and shipping. The orders shall not be binding[4)] unless and until they are accepted by Manufacturer in its discreation. Manufacturer agrees to supply Distributor with Products to enable fulfillment of the minimum purchases as set forth in Article 5 hereof. Manufacturer agrees to extent its best efforts to accept all orders as submitted by Distributor in excess of said minimum purchases.

3.2 Manufacturer shall be responsible for packaging the Products in such manner to ensure except for perils of the sea[5)] safe and undamaged delivery.

Article 4. Price and Payment

4.1 The prices of the Products shall be determined in accordance with the price lists attached hereto and made a part hereof, which price list may be changed from time to time by the Manufacturer with [30 days] prior notice.

4.2 Within [30 days] after receipt of Manufacturer's confirmation of order, Distributor shall open an irrevocable Letter of Credit in favor of Manufacturer[6)], issued by a first class, international bank, satisfactory to Manufacturer.

4.3 Currency of Payment shall be in [United States Dollars].

Article 5. Minimum Purchase

5.1 Distributor guaranties minimum purchase of the Products from Manufacturer in the following amount, on a FOB [Korean] part basis :

(a) First year [US $100,000].

(b) Second year [US $200,000].

(c) Third year [US $500,000].

For the purpose of this Article, the Products shall be considered purchased whens hipped by Manufacturer.

5.2 When Distributor has fulfilled the minimum purchase guarantee as stipulated in Article 5.1. This Agreement shall automatically be renewed for a period of [three years]. The minimum purchase amount for any [three year] period shall not be less than [US $1,800,000] and not less than [US $400,000] for each year of said period and said purchase volume shall be subject to the same conditions as aforesaid. As long as this volume is reached[7], the Agreement shall be automatically extended by succesive [three years] period subject to Article 13, provided, however, that each successive period[8] shall require a [10%] increase of the minimum purchase volume.

5.3 If Distributor fails to purchase the minimum amount as stipulated in Article 5.1 and 5.2 Manufacturer may terminate this Agreement by a written notice as hereinafter provided for in Article 14(b) within one month after the expiration of the [three year] period of this Agreement, but Distributor shall have no other liability in connection therewith.

Article 6. Technical Assistance

6.1 Manufacturer engages themselves to supply Distributor with necessary Technical Assistance by means of informative and illustrated material and to send all advertising material suitable for promotion and advertising of the products.

6.2 Manufacturer shall train a reasonable number of technical personnel[9] either in Korea or on site in the Territory by concent of both parties if it becomes necessary due to introduction of any new Products or generally in order to achieve better installation and maintenance standards.[10] Cost for round trips, meals, lodging, and other expenses of the despatched personnel[11] of Distributor or Manufacturer for training shall be borne by Distributor.

6.3 The above Technical Assistance shall be implemented in the English Language.

Article 7. Spare Parts[12]

7.1 Distributor shall keep a sufficient level of spare parts in order to provide an efficient After Sales Services. Manufacturer shall also advise Distributor of the required spare parts and any stocking will be discussed and mutually agreed before orders are placed.[13)]

7.2 Manufacturer shall supply to Distributor spare parts for the products so long as Distributor continues to purchase the products pursuant to the terms and conditions of this Agreement and for [two years] after the last shipment the products to Distributor. The Price for the Spare Parts shall be consented by both parties. And at Manufacturer's option. Distributor may purchase standard spare parts from Manufacturer's supplier directly for [two years] after the last shipment.

Article 8. Inspection and Warranty

8.1 Promptly after the receipt of the Products, Distributor shall inspect or shall cause its qualified agent to insure that the quality standards, as agreed to by the parties in writing, have been met. If any of the Products or any part of a Products is found not to be in compliance with the quality standards, Manufacturer shall supply Distributor free of charge replacement for the product or the part of a Product not meeting the quality standards, and/or shall indemnify the Distributor against any loss and damage suffered by the Distributor.

8.2 Manufacturer warrants that the Products at the time of shipment shall be free from defects in material and workmanship.[14)] This warrants does not extend to any of the said Products which have been: (1) subject to misuse, neglect, accident or abuse, (2) improperly repaired, or altered or modified in any way, and (3) used in violation of instructions furnished by Manufacturer.

8.3 Claims by Distributor in regard to any defect in the Products must be in writing and be dispatched by distributor with full particulars[15)] within [one(1) year] after receipt of the Products.

Article 9. Distributor's Responsibility

9.1 Distributor shall maintain adequate stocks of the Products throughout the Territory to meet its customer's demand in time. Distributor shall maintain adequate stocks of replacement parts, facilities and qualified mechanics throughout the Territory and shall provide reasonable after sale-services to its customers.

9.2 Distributor shall undertake for its own account, advertisement, and sales promotions of the Products and devote its best efforts toward obtaining the largest sales volume of the products in the Territory.

9.3 Whenever Manufacturer shall render to Distributor any complaint as to Products from any dealer or customer in the Territory, Distributor shall immediately make investigation and take a proper action.

Article 10. Report

Distributor shall make [quarterly] reports to Manufacturer on the sales of the Products, the inventory of the Products[16)] and parts thereof, general market conditions and others as Manufacturer requires.

Article 11. Trademarks

11.1 Distributor recognizes that any of trademarks, tradenames, designs, copyrights and other proprietary rights[17)], used on or embodied in the Products[18)]("Proprietary Rights") shall remain the exclusive property of Manufacturer. Distributor shall not have or acquire any right, title or interest in Proprietary Rights: provided, however, that Distributor may with the consent of Manufacturer indicate that it is an authorized distributor of the Products. Upon termination of this Agreement for any cause, Distributor shall cease holding itself out, as a distributor of the Products and cease using in any way Manufacturer's name or its Proprietary Rights or any material similar thereto.

11.2 Distributor shall not alter, deface, remove, cover or mutilate in any manner the trademark, serial or model numbers, brand or Manufacturer's name attached or affixed to any of the Products, without the consent of Manufacturer.

Article 12. Status of Distributor

12.1 This Agreement does not in any way create the relationship of principal and agent between Manufacturer and Distributor : and under no circumstances shall Distributor be considered to be the agent of Manufacturer. Distributor shall not act or attempt to act, or represent itself, directly or by implication, as an agent of Manufacturer or in any manner assume or create, or attempt to assume or create, any obligation, liability, representation, warranty or guarantee on behalf of, or in the name of Manufacturer.

12.2 Distributor shall at all times comply with all applicable laws, regulations, and orders of any government of the Territory or political subdivisions[19)] thereof relating to or in any way affecting this Agreement and Distributor's performance hereunder, including the obtaining of any required licenses, permits or approvals.

12.3 Distributor shall not disclose[20)] to any third party, without the prior written consent of Manufacturer, or use for any purpose other than the performance of its obligations under this Agreement, any confidential information[21)] concerning the Products or business affairs of Manufacturer(including, but not limited to, prices, discounts, terms and conditions) which it receives directly or indirectly from Manufacturer, or which it acquires or develops in the course of its transactions with Manufacturer.

Article 13. Term

13.1 This Agreement shall become effective upon signing and shall continue in full force and effect[22)] for a period of [three years] from the date hereof, unless earlier terminated pursuant to Article 14, and shall thereafter be automatically extended for successive [three years] periods of time unless, [three months] prior to the expiration of the term or any extension thereof, a notice of intention to finally terminate is given in writing by one party to the other.

13.2 Upon the extension of this Agreement in accordance with Article 13.1, the minimum purchase amount for each period shall be reviewed and a new minimum purchase amount shall be mutually agreed upon in writing by the parties within [two(2) months] after commencement of each new period.

Article 14. Termination

14.1 This Agreement may be terminated at the option[23] of Manufacturer, effective upon [thirty(30) days] prior written notice of termination given to Distributor, in the event of the happening of the following events :

(a) Should Distributor become bankrupt or insolvent, or have its business placed in the hands of a receiver, assignee or trustee, whether by voluntary act or otherwise : or

(b) Should Distributor fail to meet the minimum annual purchase requirements or otherwise fail to meet promptly any of its obligations pursuant to this Agreement : or

(c) Should Distributor be acquired by, or should itself acquire in whole or in part a manufacturer of the products which in the reasonable Judgement of Manufacturer competes to a material extent with the Products : or

(d) Should Distributor attempt to assign this Agreement or any rights hereunder without Manufacturer's prior written consent : or

(e) If Distributor ceases to function as a going concern or to conduct its operations in the normal course of business.

14.2 All money owed to Manufacturer upon termination shall become immediately due and payable and no cancellation or termination of this Agreement shall serve to release Distributor or its successors or assignees from any obligations under this Agreement.

Article 15, Force Majeure

Neither party shall be liable to the other party for nonperformance or delay in performance of any of its obligations under the Agreement due to war, revolution, riot, strike or other labor dispute, fire, flood, acts of government or any other causes reasonably beyond its control. upon the occurence of such a force majeure condition the affected party shall immediately notify the other party of any further developments. Immediately after such conditions is removed, the affected party shall perform such obligation with all due speed.

Article 16. Governing Law

This Agreement shall be interpreted and governed by the laws of the Republic of Korea.

Article 17. Arbitration

All disputes, controversies or differences which may arise between the parties, out of or in relation to or in connection with this Agreement or for the breach thereof shall be finally settled by arbitration in Tae Jon, Korea in accordance with the Commercial Arbitration Rules of the Korean Commercial Arbitration Board and under the Law of Korea. The award rendered by the arbitrator(s) shall be final and binding upon both parties concerned.

Article 18. Miscellaneous Provisions

18.1 Notices

Any notice required or permitted[24)] to be given hereunder shall be in writing, and may be given by personal service[25)], registered airmail, or by cable facsimile or telex if confirmed on the same day in writing by registered airmail.

18.2 Entire Agreement Amendments

This Agreement constitutes the entire understanding of Manufacturer and Distributor with respect to the subject matter hereof. No amendment, modification or alteration of any term of this Agreement shall be binding on either party unless the same shall be made in writing and executed by or on behalf of the parties hereto.

18.3 No Assignment; Succession

This Agreement shall insure to the benefit of and be binding upon the parties hereto and their respective successors. No assignment of this Agreement shall be valid without the prior written consent of the other party hereto.

18.4 Waiver

All waivers hereunder must be in writing, and the failure of any party at any time to require the other party's performance of any obligations under this Agreement shall not affect the right subsequently to require performance of the obligation. Any waiver of any breach of any provision of this Agreement shall not be construed as a waiver of any continuing or succeeding breach of such provision or a waiver or modification of the provision.

18.5 Severability

If any one or more of the provisions contained in this Agreement shall be declared invalid, illegal or unenforceable in any respect under any applicable law, the validity, legality and enforceability of the remaining provisions contained herein shall not in any way be affected and in such case the parties hereto oblige themselves to reach the intended purpose of the invalid provision by a new valid and legal stipulation.

18.6 Headings.

The section headings herein are intended for purpose of

convenience only and any shall not affect the construction or interpretation of any of the provision of this Agreement.

IN WITNESS WHEREOF, the parties hereto have caused this Agreement to be executed by their respective duly authorized officers.

MANUFACTURER	DISTRIBUTOR
By :	By :
Its :	Its :

본문해설

이는 한국 대전에 있는 제조업자인 X사와 미국 뉴욕에 있는 판매회사인 Y 회사간에 체결된 판매에 관한 협정서이다.

용어해설

1) Distributor : 판매업자, 공급자, 수출업자
   exclusive distributor : 독점 판매업자
2) term of this agreement : 계약기간, 협정기간
   term은 다양한 의미를 가지고 있으나 여기에서는 time, period의 뜻을 가지고 있다.
3) Products competitive with or similar : 경쟁제품이나 유사제품
4) not be binding : 구속하지 않는다, 구속력이 없다
5) Perils of the sea : 해난, 해상고유의 위험
6) in favor of Manufacture : 제조업자를 수익자로 하여
   in favor of~ : ~을 수익자로 하여
7) as long as this volume is reached : 이러한 구매량이 달성되는 한
8) each successive period : 계속되는 계약기간
9) reasonable number of technical personnel : 적당한 수의 기술요원
10) in order to achieve better installation and maintenance standards : 보다 나은 설비의 설치, 설비의 작동유지를 위하여
11) despatched personnel : 연수관련 파견요원

12) Spare Parts : 부속품
13) any stocking will be discussed and mutually agreed before orders are placed : 주문에 앞서 재고에 관하여 협의 및 상호 합의해야 한다.
14) Free from defects in material and workmanship : 재료나 제조상 하자가 없다. workmanship : 작업, 공정
15) particulars : 명세, 작품, 내용
16) inventory of Products : 재고품
    inventory : 물품명세서, (재고)목록
17) proprietory rights : 지적소유권
18) used on or embodied in the Products : 계약제품과 관련된
    embody : 구체화하다, 포함하다.
19) Orders of any government of the Territory or political subdivisions : 정치적으로 분할된 지역의 정부명령(지시)
20) not disclose : 공개하지 않다, 폭로하지 않다.
    He disclosed the secret to his friend : 그는 친구에게 비밀을 밝혔다.
21) confidential information : 비밀정보, 은밀한 정보
    confidential papers(documents) : 기밀서류
    become confidential with strangers : 낯선 사람과 친한 사이가 되다.
22) continue in full force and effect : 계속해서 유효하다.
23) at the option : ~선택에 따라서
24) any notice required or permit : 모든 통지
25) personal service : 직접 수교

(8) Model 3-2-19 : OEM 협정서

OEM CONTRACT

THIS AGREEMENT, made and entered into this______ day of ______, 2011, by and between____________________("BUYER"), a California Corporation, and xxxx CORP. (ABC), a corporation of the Republic of Korea .

WITNESSETH :

Whereas BUYER has developed, manufactures and sells Disk Drives ; and Whereas BUYER desires to enter into a manufacturing arrangement with a party capable of providing[1)] with high quality Disk Drives and Whereas ABC wishes to acquire the technical expertise necessary to develop and manufacture Disk Drives and Whereas ABC wishes to manufacture Disk Drives developed by BUYER and to sell such Disk Drives for its own account only in the Republic of Korea ("Korea") market and to BUYER for sale and distribution worldwide (excluding Korea).

Now, Therefore, the parties hereto do hereby agree as follows ;

1. License to Manufacture

BUYER hereby licenses to ABC the right to manufacture the Buyer's products listed on Exhibit A hereto[2)] (hereinafter the "Products"), subject to final assembly and testing by BUYER as set forth in Section 8 hereof, solely for the following purposes :

(a) For sale to BUYER pursuant to the terms hereof[3)] for resale by BUYER worldwide(excluding KOREA), and

(b) For sale by ABC to customers located in KOREA solely for use by such customers in KOREA and not for export by ABC or any third party to any other country.

The product list set forth on exhibit A may be amended from time to time by mutual agreement of BUYER and ABC.

2. Transfer of Technology

(a) Technical Date.

Within__________(____________) days from the date of this Agreement, BUYER will furnish ABC with the written technical data necessary to commence production of the Products, including without limitation all designs, drawings, details, specifications, bills of materials, equipment requirements and other information necessary for production.

(b) Training

i) Within__________(____________) days from the date of this

Agreement, ABC will send no more than two(2) of its personnel to BUYER's facilities in__________, California for training by BUYER personnel in the production process.

ABC will pay all travel and lodging expenses for its personnel and, in addition, will reimburse BUYER for any reasonable expenses incurred by BUYER in the training of such personnel.

Such ABC personnel will have the skills and education necessary to effectively participate in the training program. The parties anticipate that the ABC personnel will be trained at the BUYER's facilities for a period of __________(____________) weeks, but in no event longer than __________ (____________) weeks without the specific approval of BUYER.

ii) BUYER shall, upon request of ABC, as soon as possible, furnish, on location at the plant of ABC to train ABC personnel in the methods of manufacture of the products, technically qualified personnel of BUYER upon one(1) month's notice by ABC for no more than an aggregate of man working days in any twelve(12) month period.

ABC shall also provide a round trip air ticket from and to the point of origin for each such personnel.

In addition, ABC shall pay pursuant, to mutual agreement, local transportation and reasonable living expenses in Korea, including room and meal charges, incurred by such personnel.

3. Commencement of Manufacturing.

During the month of December 2011, ABC shall be capable of delivering to BUYER not less than fifty(50) units of the Product. During the month of January 1998, ABC shall be capable of delivering to BUYER not less than one thousand(1,000) units of the Product. During the month of February 2011 and thereafter, ABC shall be capable of delivering to BUYER not less than five thousand(5,000) units of Product.

4. Ordering and Delivery

BUYER shall provide to ABC a three(3) month rolling forecast of its Product requirements. BUYER shall be entitled to cancel any and all orders more than sixty(60) days prior to the scheduled delivery date for such Products. However, in the event BUYER cancels its order for the Products manufactured or scheduled to deliver, ABC shall be entitled to sale of such Products to the customers in any other country notwithstanding Section 1(b) hereof.

5. Price.

BUYER shall pay to ABC prices for the Products in accordance with the pricing schedule set forth on Exhibit C hereto. ABC shall, unless otherwise agreed, not be entitled to raise such prices during the first two(2) year term of this Agreement. No later than sixty(60) days prior to the end of the initial two(2) year term of this agreement and each year thereafter, either party may request in writing price changes with respect to the Products (either increase or decrease) for the ensuing annual period. The parties shall negotiate with respect to such requested price changes in good faith. In the event that the total costs of materials used by ABC and labor and other costs directly related to the manufacture and delivery of the Products hereunder shall in the aggregate have increased or decreased by at least __________ percent(%) from the date hereof or of the last adjustment(whichever is later), the prices for the Products will be adjusted by the parties taking into account such increase or decrease.

In the event that the parties fail to reach aggrement with respect to new prices, the party requesting the price change will have the right to cancel this Agreement with respect to the Product or Products as to which pricing is not resolved. If neither party resquests a price change, and then prices for the Products will remain unchanged for the ensuing year.

6. Payment

BUYER shall pay for the Products to ABC by an irrevocable letter of credit payable at sight issued by bank in the United States covering the purchase price of the Products set forth on Exhibit C hereto, in United States Dollars.

7. Minimum Quantity

BUYER shall purchase any minimum quantity of the products from ABC not less than the units specified in section 3 hereof pursuant to the respective periods. In the event BUYER fails to meet such minimum purchase quantity, ABC shall be entitled to the sale of the Products to any other country notwithstanding Section 1(b) hereof.

8. Product Responsibilities.

BUYER shall be responsible for final assembly and testing of the Products manufactured by ABC as set forth in Exhibit D hereto. BUYER shall perform an incoming inspection test on each unit of the Products delivered by ABC hereunder within __________(____________) days of receipt thereof, and shall be entitled to reject any unit which fails to pass the incoming inspection test.

9. Warranty

ABC warrants the Products delivered to BUYER to be free from defects in materials and workmanship for a period of one(1) year from the date of delivery to BUYER. In the event that a defective Products is returned to BUYER during the warranty period, BUYER will, at its option, repair or replace such product for its customer. In the event that a product is repaired by BUYER, BUYER shall receive a credit from ABC, depending on the work performed, as set forth on the Product repair pricing schedule attached hereto as Exhibit E. In the event that a Product is replaced by BUYER during the warranty period, BUYER shall return such Product to ABC for full credit.

THE ABOVE STATED WARRANTY BY ABC IS IN LIEU OF ALL

OTHER WARRANTIES, EXPRESS OR IMPLIED, INCLUDING ANY IMPLIED WARRANTY OF FITNESS FOR A **PARTICULAR** PURPOSE. ABC SHALL IN NO EVENT BE LIABLE FOR CONSEQUENTIAL DAMAGES, EVEN IF NOTIFIED IN ADVANCE OF THE POSSIBILITY THEREOF. ABC'S WARRANTY SHALL NOT EXTEND TO PRODUCTS WHICH HAVE BEEN SUBJECT TO MISHANDING OR ABUSE.

10. Term and Termination

This Agreement shall have an initial term of two(2) years from the date first set forth above and shall continue force on a year-to-year basis thereafter unless notice of termination is provided by either party no later than sixty(60) days prior to the end of the initial term or of any subsequent annual period.

(a) Either party may terminate this Agreement upon the material default of the other party provided, however, that the nondefaulting party shall give the defaulting party thirty (30) days' written notice of its election to terminate pursuant to this Section and the defaulting party shall be entitled to cure its default to the reasonable satisfaction of the nondefaulting party within said thirty(30) day notice period.

(b) Should ABC fail to make timely delivery of the Products to BUYER in any two(2) consecutive months, BUYER shall be entitled to terminate this Agreement immediately and have no obligation to ABC whatso- ever based upon such termination except to make payment of amount then owing.

(c) In the event that BUYER fails to make payment for the Products within fifteen(15) days of the date when payment in due, ABC shall have the option of terminating this Agreement upon ten(10) days' written notice.

(d) Except as provided in Section 4 and 7 hereof, in the event that ABC sells the Products for delivery outside of or for export from Korea(other than to BUYER), or sells the Products to any third party(including any Systems Integrator) which, ABC has reason to know, intends to export the Products from Korea, than this Agreement shall terminate immediately upon such sale by ABC.

(e) In the event of termination of this Agreement, BUYER shall take delivery of any pay for all Products which it is committed to take pursuant to the terms of this Agreement, ABC shall return to BUYER all technical data regarding the Products furnished by BUYER pursuant to Section 2(a) hereof within thirty(30) days of termination, provide, however, that ABC shall be entitled to sell to BUYER or in the Korea market the Products previously produced by it.

11. Confidentiality of Information

ABC shall maintain in strict confidence all proprietary technical information furnished to it by BUYER during the term of this Agreement. BUYER shall place the word "confidential" or similar wording upon documentation it considers to be confidential. Oral disclosures by BUYER to ABC personnel shall be designated in writing by BUYER as confidential within thirty (30) days of such disclosure, ABC shall not be required to maintain in confidence the information which is publicly available, which BUYER has disclosed to others without restriction, or which is made available to ABC by a third party which is not under obligation to maintain the confidentiality of such information.

12. Developments and License Bank.

In the event that BUYER enhances or improves its manufacturing process with respect to a Product whose manufacture is licensed to ABC hereunder, BUYER shall promptly furnish the technical details of such enhancements or improvements to ABC without cost to ABC. ABC shall grant BUYER a worldwide(excluding Korea) exclusive royalty-free license with respect to all improvements or enhancements of the Products developed by ABC.

13. Patent Indemnity.

BUYER agrees to indemnify and hold harmless ABC from and against all costs, claims, liabilities based upon the alleged infringement by the Products on any United States patent, provided that BUYER should be notified promptly in writing of any claims or threatened claims. This indemnity shall not apply to any changes made to the Products by ABC and not approved in advance by BUYER, or to any use of the Products for which they are not intended. In the event that a patent infringement suit is threatened or commenced against ABC, BUYER shall procure for ABC the right to use the challenged technology or to change the design of the Products so that they are no longer infringing. The foregoing states the entire liability of BUYER with respect to patent infringement.

14. U.S. Export Laws.

The parties hereto agree that their performance pursuant to this Agreement shall be subject to the laws of the United States of America regarding the export and reexport of U.S. origin commodities and technical data.

※ BUYER가 미국국적이 아니거나, 당해 거래가 미국과 직접 관련이 없을 경우에는 삭제함.

15. Force Majeure

Neither party to this Agreement shall be deemed to be in default under this Agreement to the extent that such party's performance is hindered or made impossible by an act of God, war, revolution or insurrection, riot, strike or lockout, embargo, governmental intervention, or other event beyond the control of the party affected. A party affected by a force majeure shall notify the other party of such event and its reasonably anticipated consequences as soon as possible after learning of it.

16. Governing Law

This Agreement shall be governed by and construed in accordance with the Laws of(the State of California, United States of America.)

※ 한국법을 준거법으로 하는 경우 the Republic of Korea로 할 것.

17. Settlement of Disputes.

Disputes which cannot be amicably resolved by the parties shall be settled before the exclusive jurisdiction of the State or Federal courts located in the county of Santa, California, U.S.A. and the parties hereto do hereby irrevocably consent to the jurisdiction of such courts.

Decision rendered by such courts(or the appropriate courts of appeals) shall be vaild and enforceable in any court of competent jurisdiction worldwide.

> ※ 예문은 사법적 절차에 따라 분쟁을 해결토록 되어있으나, 중재에 의하고자 할 경우는 다음과 같은 중재조항을 규정하면 될 것임.한·미간 중재협정에 의할 경우는 다음과 같이 표현할 수 있을 것이나, 한·미간 중재협정에 의할 경우, 중재지 선정의 문제는 당사자간의 중재지 합의가 없을 경우는 극히 곤란하므로 중재장소를 미리 규정하여 두거나 혹은 다음과 같은 중재지 관련 합의를 추가할 필요가 있다.
>
> "Such arbitration shall be held in Seoul, Korea if BUYER files such demand for arbitration, and OOOO, U.S.A. if ABC files such demand for arbitration"

(All disputes, controversies or difference which may arise between the parties, out of or relation to or in connection with this Agreement, or for the breach thereof, shall be finally settled by arbitration pursuant to the U.S.-Korean Commercial Agreement dated December 1, 1974, by which each party hereto is bound.)

18. Assignment and Successors.

Neither party shall be entitled to assign or transfer this Agreement or its rights and obligations hereunder to any other party hereto, provided, however, that either party may assign its rights and obligations pursuant to this Agreement to one or more of its subsidiary companies, provided that the parent company shall remain liable for performance hereunder. This Agreement shall be binding upon and insure to benefit of the successors in interest of the parties hereto.

19. Notices.

All notices under this Agreement shall be in writing and sent to the parties at the addresses set forth below, by registered air mail(return receipt requested) or by telex(answerback confirmed). Air mail notices shall be deemed received three (3) days after mailing if sent within the United Sates and seven (7) days after mailing if sent internationally(answerback confirmed) Telex notices shall be deemed received upon transmission.

If to A B C :

If to BUYER :

※ 본 예문은 기본적으로 발신주의의 입장을 취하고 있으므로, 당사자들은 Notices의 수령 및 관리에 신경을 써야 할 필요성 있다. 따라서, 문서관리 체계가 완벽치 못한 당사자는 도달주의(수신기준)로 바꿀 필요성 있음

20. Entire Agreement.

This Agreement represents the entire understanding of the parties with respect to the subject matter thereof and supersedes all prior oral and written expressions relating hereto.

This Agreement may be amended only in writing signed by both parties. Failure of either party to enforce the terms of this Agreement shall not be deemed a waiver of the right to so enforce said terms.

21. Severability.

In the event that a court or courts holds a nonmaterial term of this Agreement to be unlawful or void, this Agreement shall continue in full force and effect as modified to exclude the void or unlawful term(s) in the jurisdiction(s) where such exclusion is required.

Executed by duly authorized representatives of the parties set forth below to be effective on the date first set forth above.

BUYER : ____________________

BY ____________________

Title ____________________

A B C : ____________________

By ____________________

Title ____________________

본문해설

OEM 방식의 수출이란 제조업자가 자기회사의 고유상표를 부착하여 수출하지 않고 수입업자가 원하는 상표를 부착하여 수출하는 경우를 의미한다. 따라서 이 방법을 사용하여 수출하는 경우에는 제조업자의 상표명이나 제조업자에 관한 아무런 내용이 표시되지 않기 때문에 소비자들은 제조업자에 관한 정보없이 상품을 소비하게 되어 제조업자에 관한 홍보가 전혀 되지 않는다. 본 계약서에는 수입업자가 원하는 상표나 제조공정에 관한 구체적인 언급을 하는 것이 향후 문제발생시 해결에 도움이 될 것이다.

용어해설

1) party capable of providing : 공급가능한 당사자
2) Listed on Exhibit A hereto : 이 증서(협정서) A상에 표시된.
   Exibit A : 증거물 A(제1호)
3) pursuant to the terms hereof : 이 협정서의 조건에 의하여.
   pursuant to Article 1 : 제1조에 의하여

(9) Model 3-2-20 : 특허 및 기술도입 계약서

LICENSE AND TECHNICAL ASSISTANCE AGREEMENT

LICENSE AND TECHNICAL ASSISTANCE AGREEMENT is made by and between [the American Widget Co.] a corporation organized and existing under [the laws of the State of New York, U.S.A.], having an office at [150, 51st West, New York, N.Y., U.S.A] (hereinafter referred to as "LICENSOR") ; and [Korean manufacturing Co., Ltd.], a corporation orgarnized and existing under the laws of the Republic of Korea, having an office at [159, Samsungdong, Kangnam-Ku, Seoul, Korea] (hereinafter referred to as "LICENSEE").

WITNESSETH :

WHEREAS, LICENSOR now manufactures and sells, in [the United States of America] and elsewhere, a proprietary line of [widget sets formed from glass], and a proprietary line of [grosbeaks from carbon fibers] ; and

WHEREAS, LICENSOR own certain trademarks, patent rights, and technological information including know-how, skill and experience relating to said products as hereinafter defined ; and

WHEREAS, LICENSEE desires to obtain from LICENSOR the right to use such trademarks, patent rights and technological information to manufacture, use and sell the Products ; and also desires to obtain technical assistance from LICENSOR in the use of such patent rights and technological information, and LICENSOR is willing to grant such rights and to provide such technical assistance to LICENSEE all-as hereinafter more fully provided,

NOW THEREFORE, in consideration of the covenants herein contained, the parties agree as follows ;

Section 1. Definitions

For the purpose of this Agreement :

(1) "Products"means the following LICENSOR products :

[(i) all widget sets formed from molten glass and glass fiber, including all series A frames and bottoms, and (ii) all grosbeak formed from carbon fibers, but not including grosbeak casings, bearing or seals.]

(2) "Territory" means [the Republic of Korea]

(3) "Trademarks" means those trademarks specifically identified in Schedule (B) attached hereto which is made a part of this Agreement and such other trademarks as may be inserted in Schedule (B) by mutual agreement from time to time during the life of this Agreement.

(4) "Patent Rights" means all patents and patent applications for inventions, designs processes, models, or anything patentable, for any country in the world, granted or made at any timeprior to the expiration or termination of this Agreement, and which can be used in the manufacture, use, or sale of the Products.

(5) "Proprietary Information" means the inventions, specifications, production data, engineering drawings, specialized know-how, skill and other secret and confidential technical information which are owned or controlled by LICENSOR and can be used in the manufacture, use, or sale of the products.

(6) "Effective Date" means the date on which (i) this Agreement is executed by LICENSOR and LICENSEE, or (ii) this Agreement is approved by [the Government of the Republic of Korea] as contemplated in Section 19 herein whichever is later.

Section 2. Technology License

(1) For the duration of this Agreement, and upon the terms and conditions more specifically set forth herein, LICENSOR hereby grants to LICENSEE a license with the exclusive right to use the

Patant Rights, Proprietary Information, and Trademarks to manufacture, use, and sell the Products in the Territory.

(2) LICENSEE may sublicense others to use Proprietary Information, Trademarks, and Patent Rights to manufacture, use, or sell the Products with prior written consent of LICENSOR, which consent shall not be unreasonably withheld. All sublicensees of LICENSEE hold their rights contingent on LICENSEE's rights under this Agreement. Any loss by LICENSEE of its rights under this Agreement due to termination for breach, or due to any other reason, automatically causes a loss of the same rights by all of LICENSEE's sublicensees.

Section 3. Technical Information

Upon receipt of payment of [one hundred thousand United States Dollars(US $100,000)], the initial disclosure fee referred to in Section 6 hereof, LICENSOR shall furnish to LICENSEE the following technical information and Proprietary Information regarding the Products in such amounts and at such times as shall be necessary for the expeditious production and sale of the Products.

(1) Advice and assistance with respect to the layout of plant and equipment, together with detailed description of equipment, flow charts, locations and other data to enable LICENSEE to design a suitable factory ;

(2) Relevant general manufacturing information including designs, specifications and drawings for the Products, specifications for raw materials, and detailed drawings and descriptions for the manufacturing process of the Products as well as parts, molds, jigs and fixtures.

(3) Relevant performance testing and operating data including information on test equipment, test procedures and other quality control methods ;

(4) All other information as may be required to understand and/or

interpret any of the aforementioned information which information shall be furnished upon request by letter or through personal contact between personnel of LICENSOR and LICENSEE during intercompany visits as hereinafter described.

Section 4. Technical Assistance

(1) LICENSOR shall grant access to its facilities in [the United States of America] to personnel of LICENSEE for the purpose of training such personnel in the methods of manufacture of the Products. It is understood by the parties that as many employees of LICENSEE as are agreed upon by LICENSOR and LICENSEE will be sent to LICENSOR. LICENSOR shall be solely responsible for the training of such personnel. The training shall be conducted in the English language and necessary interpreters may be furnished by LICENSEE at its own expense. In addition, LICENSEE shall bear all incidental costs and expenses of such personnel such as travel, hotel and meal expenses. LICENSOR shall assist such LICENSEE personnel in obtaining any visas required by [the U.S.A.] immigration authorities.

(2) LICENSOR shall, upon request of LICENSEE as soon as possible, furnish on location at the plant of LICENSEE to train LICENSEE personnel in the methods of manufacture of the Products, technically qualified personnel of LICENSOR upon notice for no more than an aggregate of [ten] man working days in 〔twelve (12) months〕 period. LICENSEE shall pay to LICENSOR a per diem for each of such personnel while in the Territory in accordance with Schedule A attached hereto and made a part of this Agreement. LICENSEE shall also provide a round trip air ticket from and to the point of origin for each such personnel. In addition, LICENSEE shall pay pursuant to mutual agreement local transportation and reasonable living expenses in Korea, including room and meal charges, incurred by such personnel in korea won if it so desires. LICENSOR shall notify LICENSEE within [fifteen

(15) days] of receipt of a request for such technical assistance of the date when such personnel will be sent to LICENSEE. The round trip air ticket to be provided for each LICENSOR personnel to be sent to LICENSEE upon request of LICENSEE shall be economy class. LICENSEE shall assist such LICENSOR personnel in obtaining any visas required by the Korea authorities.

Section 5. Protection of Proprietary Information

LICENSEE agrees to keep all Proprietary Information relating to the Products confidential. LICENSEE may communicate Proprietary Information to its officers, employees, agents, subcontractors, or sublicensees for the proper manufacture, use, and sale of the products. LICENSEE agrees to take reasonable precautions to keep said Proprietary Information secret.

Section 6. Disclosure Fee and Royalties

(1) LICENSEE shall pay to LICENSOR a disclosure fee of [one hundred thousand United States Dollars(US $100,000)], which shall be paid in cash within [thirty(30) days] after the Effective Date of this Agreement.

(2) LICENSEE shall also pay to LICENSOR [three percent (3%)] of the total net sales by LICENSEE of the products up to net sales of amount equal to [one million united states Dollars (US $1,000,000)] per year ; and [two percent (2%)] of the total net sales of the products over [one million U.S. Dollars (US $1,000,000)] up to net sales of [one million U.S. Dollars (US $1,000,000)] per year ; and [one percent(1%)] of the total net sales of the Products in excess of net sales of [two Million United States Dollars(US $2,000,000)] per year.

(3) For purposes of Subsection (2) hereof the term net sales shall mean gross sales less only (i) sales discounts pursuant to applicable trade discount terms, (ii) sales price of the defective Products returned, including the value added tax or similar

turnover tax, (iii) import prices of LICENSOR's parts components and semi-finished products purchased by LICENSEE from LICENSOR, (iv) indirect taxes relating to the sales of the products, (v) carriage charges and insurance premiums incurred in connection with the sale of the Products. For purposes of this Section 6(3), import prices shall mean the CIF prices of such parts, components, and semi-finished products imported by LICENSEE, plus expenses for customs clearance.

(4) Payment of the royalties to be made pursuant to Subsection (2) hereof shall be made within [sixty(60) days] after [June 30 and December 31] of each year for the full amount of royalties in respect of the previous [six months] or part thereof.

(5) LICENSEE shall take all necessary steps and pay all necessary fees and expenses to satisfy the laws and requirements of the Republic of Korea in respect of (i) the payment of fees and royalties or remittance of money hereunder and (ii) registering, declaring, reporting and rendering valid this Agreement and any license granted hereunder.

(6) All payments due hereunder shall be made in United States currency at [a bank in the United States] to be designated by LICENSOR.

(7) All payments due to LICENSOR hereunder shall be converted from Korean currency into United States currency at [the telegraphic transfer selling rate] of [the (XX) bank for the purchase of United States dollars] on the date of remittance.

(8) All income tax and other taxes required by the laws of the Republic of Korea to be with held from any payment to be made to LICENSOR pursuant to this Agreement shall be for the account of LICENSOR.

Section 7. Accounting Records

At the time it pays the royalties under Section 6 hereof, LICENSEE will render to LICENSOR a written statement of account regarding

LICENSEE's sales of the Products with respect to which royalties shall have accrued during the preceding six months, including the type of products and amount sold. In addition, LICENSEE will keep records and books of account showing the amount of royalties due to LICENSOR hereunder.

Section 8. Purchase of Semi-Finished Products from LICENSOR

LICENSOR hereby grants LICENSEE an exclusive right to purchase and import for resale in the Territory any and all types of LICENSOR's widget sets and grosbeaks except those which shall have been actually manufactured by LICENSEE under this Agreement, and LICENSEE will use its best efforts to promote their sale. LICENSOR will supply the same in such quantity as required by LICENSEE at a price to be agreed upon by the parties.

Section 9. Purchase of Tools and Equipment from LICENSOR

LICENSOR will sell to LICENSEE upon LICENSEE's request parts, molds, jigs, fixtures and other tools and equipment used in the manufacture of the Products. In such event, LICENSOR will sell such tools and equipment to LICENSEE at a price equal to manufacturing cost to LICENSOR.

Section 10. Export of LICENSEE's Products

(1) LICENSEE may export to other countries, with the exception of [United States], the Products manufactured by LICENSEE under this Agreement.

(2) It is understood that parties hereto will enter into a longterm distributorship agreement under which LICENSOR will purchase from LICENSEE Products manufactured by LICENSEE under this Agreement in order to supply the Products to the [United States] markets.

Section 11. Suits for Infringement

In the event that any suit, action or other proceeding shall be brought against LICENSEE envolving any claim of patent and other industrial property right infringement based upon LICENSEE's permitted use hereunder of the Trademarks, Patent Rights, or Proprietary Information, LICENSOR shall, at its own expense, take charge of the defense of any such claim and of the settlement thereof through counsel of its own choice, but if LICENSOR fails to defend any such claim, LICENSEE may do so at LICENSOR's expense. LICENSEE will notify LICENSOR promptly in the event that any such suit, action or other preceeding shall be threatened or instituted against LICENSEE and shall send to LICENSOR all the documents or the copies thereof related to such suit, action or other preceeding. LICENSEE is hereby permitted to sue any third party who infringes the Trademarks, Patent Rights, or Proprietary Information within the Territory.

Section 12. Developments and Improvements

(1) LICENSOR shall communicate to LICENSEE full details and particulars of all of commercially utilized developments and improvements relating to the Products and the tools and equipment used to manufacture the Products which, during the life of this Agreement, it owns or controls, or may discover, or may come under its control, or it may receive from other licensees, whether patented or not, and LICENSEE shall be entitled to the non-exclusive use and benefit thereof without any further payments during and after the life of this Agreement.

(2) If at any time subsequent to the Effective Date of this Agreement, any invention, development of improvement, relating to the Products licensed hereunder and the tools and equipments used to manufacture the Products, shall become available to LICENSEE or any of its employees, LICENSEE shall promptly disclose the same to LICENSOR, whether patentable or not, and shall furnish to LICENSOR all relevant information pertaining thereto. LICENSEE shall have the right to obtain patent protection therefor throughout the world in its own name and at its own expense ; provided,

however, that LICENSOR may use such patents throughout the world, except in the Territory, free of charge and non-exclusively, during and after the life of this Agreement.

Section 13. Quality Control

(1) LICENSEE shall maintain such standards of Quality and workmanship as used by LICENSOR in its manufacture of Products.

(2) LICENSEE shall report promptly to LICENSOR any changes in the design, specifications, material or similar characteristics of the Products.

(3) LICENSEE shall (i) permit the duly authorized representatives of LICENSOR to inspect during normal working hours the plant(s) of LICENSEE, the process of manufacture of the Products, and any Products manufactured by LICENSEE and (ii) cause to be inspected by the duly authorized representatives of LICENSOR the plant(s) of any contract manufacturer producing the Products or any part thereof.

Section 14. Warranty on Proprietary Information

(1) LICENSOR warrants that the Proprietary Information furnished to LICENSEE pursuant to this Agreement is at least equal to that used by LICENSOR to produce products in [the United States].

(2) During the terms of this Agreement, LICENSOR shall be responsible for damages resulting from defective proprietary information and parts furnished to LICENSEE by LICENSOR.

(3) LICENSOR shall not be responsible for consequential damages resulting from the faulty application of proprietary information by LICENSEE.

Section 15. Exclusive Use of Trademark in Territory

LICENSOR shall not premit or license others in the Territory to use the Trademarks with respect to the products whether manufactured by LICENSEE or not.

Section 16. Effective Date and Term

(1) This Agreement shall take effect as of the Effective Date hereof.

(2) Unless sooner terminated as hereinafter provided, this Agreement shall enter into full force and effect on the Effective Date hereof and shall remain in full force and effect for a period of [five] years from the Effective Date, after which it shall terminate. This Agreement may, however, be renewed, subject to any necessary government approval, by mutualagreement of the parties hereto for an additional period of [three years].

Section 17. Termination

(1) At any time if either party to this Agreement shall have defaulted in the performance of its obligations hereunder, the other party may give written notice of such default and such default shall continue, without remedy, for a period of [ninety(90) days] after such notice, the party who has so given notice of default may thereupon terminate this Agreement forthwith by giving to the other party hereto written notice of termination.

(2) This Agreement shall terminate forthwith without notice when any of following events occurs to either party : (i) bankruptcy or insolvency ; (ii) the filing of a petition therefor ; (iii) the making of an assignment for the benefit of creditors ; (iv) the appointment of a receiver over any of its assets which appointment shall not be vacated in [sixty (60) days] thereafter, or (v) the filing of any other petition based upon the alleged bankruptcy or insolvency which shall not be dismissed within [ninety(90) days] thereafter.

Section 18. Effect of Termination

(1) Upon termination of this Agreement for any reason, LICENSEE shall not make any use of any trade name or trademarks owned by or associated with LICENSOR.

(2) Upon termination of this Agreement for breach by LICENSEE of

this Agreement, LICENSEE shall also make no further use of any of the Proprietary Information or Patent Rights licensed hereunder.

(3) Upon termination of this Agreement by expiration as provided in Section 17 or, for breach by LICENSOR of this Agreement, LICENSEE shall have a permanent, non-exclusive, free license to all of the Proprietary Information or Patent Rights licensed hereunder.

Section 19. Government Approval

(1) It shall be the responsibility of LICENSEE to obtain promptly from the proper authorities in the Republic of Korea any required governmental approval of this Agreement and this Agreement shall not take effect until such approval is obtained on terms and conditions acceptable to LICENSOR. LICENSEE shall advise LICENSOR immediately of the date of approval of the Goverment of the Republic of Korea.

(2) Either party may terminate this Agreement forthwith by written notice if the Goverment of the Republic of Korea dose not approve it as contemplated in Subsection (1) within [six(6) months] from the date of its execution by both parties.

Section 20. Arbitration

All disputes, controversies, or differences which may arise between the parties, out of or in relation to or in connection with this Agreement, or for the breach thereof, shall be finally settled by arbitration in Seoul, Korea in accordance with the Commercial Arbitration Rules of the Korean Commercial Arbitration Board and under the Law of Korea. The award rendered by the arbitrator(s) shall be final and binding upon both parties concerned.

Section 21. Governing Law

This Agreement shall be construed in accordance with, and all the rights, powers and liabilities of the parties hereunder shall be governed by the laws of the Republic of Korea.

Section 22. Notice

Any notice given by either party hereto to the other party shall be deemed to have been sufficiently given by mailing thereof be registered airmail or by the sending thereof by cable, telex or facsimile confirmed by registered airmail to the last known address of such other party. If a party changes its address, notice thereof must be given to the other party.

Section 23. Assignment and Succession

(1) This Agreement shall not, without the prior written consent of the other party, be assigned by either party, whether in whole or in party

(2) This Agreement shall be binding upon and insure to the benefit of either party and its successors and assignees.

Section 24. Entire Agreement

This Agreement constitutes the entire agreement between the parties, all prior representations having been merged herein, and may not be modified except by a writing signed by a duly authorized representatives of both parties.

Section 25. Miscellaneous

(1) In the event any terms or provisions of this Agreement shall for any reason be invalid, illegal or unenforceable in any respect, such invalidity, illegality or unenforceability shall not affect any other terms or provisions hereof ; in such event, this Agreement shall be interpreted and construed as if such term or provision, to the extent same shall have been held invalid, illegal or unenforceable, had never been contained herein.

(2) The failure of either party hereto to insist upon a strict performance of any of the terms and provisions herein shall not

operate as a waiver of any subsequent or future breach of such terms and provisions.

(3) LICENSOR or LICENSEE shall not be liable for nonobservance or non-performance of any of the covenants or agreements herein entered into resulting from or caused by labor disputes, riots or civil commotion, fire, war, the elements, embargoes, failure of carriers, inability to obtain material, inability to obtain transportation facilities, Acts of God or Acts of Enemies of the State, compliance with any law, regulation or other governmental command, whether or not valid, or other cause beyond the control of either party whether or not similar to the foregoing.

(4) The parties hereto shall act in all matters pertaining to this Agreement as independent contractors and nothing contained herein shall constitute either party as the agent of the other.

(5) LICENSOR agrees that no other licensee of the Trademarks, Patent Rights, or Proprietary Information for the manufacture of the Products has been or will be offered more favorable terms.

In the event LICENSOR has offered, during the time this Agreement is in force, more favorable terms than the terms in this Agreement to any licensee anywhere in the world, this Agreement will be deemed to have been amended to the extent necessary to incorporate such more favorable terms in substitution for said terms of this agreement. LICENSEE shall be the sole judge of whether terms offered to another licensee are more favorable than the terms of this Agreement.

IN WITNESS WHEREOF, the parties have cause this Agreement to be executed in their corporate names by their duly authorized representatives.

Signed at   AMERICAN WIDGET CO.
This lst day of June   By :

2006	As its:
Signed at	KOREAN MANUFACTURING
This 5th day of June	CO., LTD.
2006	By :
	As its :

SCHEDULE A

PER DIEM RATES FOR LICENSOR PERSONNEL WHO VISIT LICENSEE PURSUANT TO SECTION 4(2)

Senior Supervisor	US. $
Technician	US. $
Skilled Labor	US. $

These rates are subject to change by LICENSOR upon sixty (60) days notice to LICENSEE and by consent of LICENSEE to it. Any such change shall be subject to any necessary approval of the Government of the Republic of Korea.

SCHEDULE B

DESCRIPTION OF TRADEMARKS

번역

특허 및 기술도입계약서

[미국, 뉴욕주법]에 의해 설립, 존속하며 그 본점 소재지가 [미국 뉴욕주 뉴욕시 웨스트 51가 140]인 [American Widget Co.] (이하 '기술제공자'라 한다)와 [한국 서울특별시 강남구 삼성동 159]에 본점을 두고 한국법에 의해 설립, 존속하는 [한국 제조주식회사] (이하 '기술도입자'라 한다)간에 본 기술도입계약이 체결되었다.

기술제공자는 현재 [미국 및 기타 지역]에서 [유리]로 만든 [Widget Sets와 탄소섬유로 만든 Grosbeaks]의 독점판매권을 가지고 동 제품들의 제조 및 판매를 하고 있고 동제품들에 관련된 상표, 특허권, Know-How, 기술 및 경험을 포함한 기술정보를 소유하고 있으며, 기술도입자는 위 제품을 제조, 판매하기 위하여 기술제공자로부터 위 제품에 관련된 상표, 특허권 및 기술 정보를 사용할 권리 및 그러한 특허 및 정보를 사용하는데 필요한 기술지원을 받기를 희망하고 있는바, 기술제공자는 다음에서 규정하는 바와 같이 기술도입자에게 위 권리와 기술지원을 제공하려고 한다. 따라서 양 당사자는 다음과 같이 약정한다.

제1조(정의)

이 계약의 적용을 위한 용어의 정의는 다음과 같다.

1. "계약제품"이란 다음에 열거하는 바와 같이 기술제공자의 생산제품을 말한다.
   가. [모든 Series A Frames 및 Bottoms를 포함하여 녹은 유리 및 Glass Fiber로 주조된 모든 Widget Sets.]
   나. [탄소섬유로 제조된 모든 Grosbeak, 그러나 Grosbeaks의 케이스, 축받이 및 봉인은 제외된다.]
2. "계약지역"이란 [한국]을 의미한다.
3. "계약상표"란 이 계약의 일부분으로서 첨부된 Schedule B에 특별히 정의된 상표 및 이 계약의 존속기간 중 상호 약정에 따라 Schedule B에 삽입된 다른 상표를 뜻한다.
4. "계약특허권"이란 이 계약의 종료시점 이전에 세계 어느 나라를 막론하고, 계약제품의 제조, 사용, 판매에 이용될 수 있는 모든 특허권과 발명, 의장, 실용신안 및 기타 특허 대상이 될 수 있는 모든 것을 위한 특허신청권을 의미한다.
5. "계약정보"란 기술제공자에 의해 소요되거나, 통제되고, 계약제품의 제조, 사용 또는 판매에 이용될 수 있는 발명, 시방서, 제조정보, 기술도면, 전문화된 Know-How, 기술 및 기타 모든 비밀기술정보를 뜻한다.
6. "계약발효일"이란 이 계약이 기술제공자와 기술도입자에 의하여 이행되는 날과 이 계약 제19조에 규정된 바에 따라 [대한민국 정부]가 이 계약을 인가한 날 중 나중에 도래한 날을 뜻한다.

제2조(기술실시권의 부여)

1. 기술제공자는 이 계약의 존속기간중, 이 계약에 규정된 조건에 따라서 계약지역 내에서의 계약제품의 제조, 사용, 판매와 관련된 계약특허권, 계약정보, 상표를 사용할 수 있는 독점적 실시권을 기술도입자에게 부여한다.
2. 기술도입자는 기술제공자의 사전 서면승인을 얻으면 계약제품의 제조, 사용 및 판매와 관련된 계약정보, 상표, 특허권의 실시권을 제3자에게 재부여할 수 있으며, 기술제공자는 정당한 이유없이 위 승인을 보류할 수 없다.

   기술도입자로부터 실시권을 부여받은 재실시권자의 권리는 이 계약에 규정된 기술도입자의 권리에 종속된다. 기술도입자의 위약 기타 어떠한 이유로 인해서든지 기술도입자의 이 계약에 따른 권리가 상실되면 자동적으로 기술도입자의 재실시권자의 권리도 같은 범위 내에서 상실된다.

제3조(기술정보)

이 계약 제6조에 정해진 바에 따른 선수금[미화 일십만불 (US $100,000)]의 수령과 동시에, 기술제공자는 기술도입자의 계약물품의 신속한 제조 및 판매에 필요한 범위 및 시간에 맞추어 다음에 열거하는 기술정보 및 계약정보를 기술도입자에게 제공하여야 한다.

1. 기술도입자가 적절한 공장 및 설비를 설치하는 데 필요한 설계상의 조언 및 기타 협조, 특히 적절한 공장을 설치할 수 있도록 하기 위한 설비기구, 설비의 명세서, 공정도면, 위치 및 기타 자료
2. 계약제품의 형태, 시방서, 설계도를 포함한 계약제품제조와 관련된 일반적인 제작정보 및 원료의 명세서, 계약제품의 부분품, 주조, 비품을 포함한 계약제품 제조과정의 명세서
3. 시험기구, 시험절차와 기타 품질관리방법에 관련된 정보를 포함한 가동시험 및 작동자료
4. 기술제공자와 기술도입자의 임・직원들의 상호 방문을 통한 개인 접촉 또는 서면을 통해 요청되어 제공되어질 위 정보들의 해석과 이해에 필요한 기타 정보.

제4조(기술원조)

1. 기술제공자는 기술도입자의 임 · 직원들의 계약제품 제조훈련을 위해 그들로 하여금 [미국]의 기술제공자 공장에서 연수하도록 하여야 한다. 기술도입자가 기술제공자에게 파견할 임 · 직원의 수는 양 당사자의 합의에 의하여 정하기로 한다.
   기술 제공자는 그들 임 · 직원의 연수에 대해서만 책임을 진다. 연수과정에서는 영어가 사용되며, 기술도입자는 자기의 비용으로 필요한 통역인을 제공할 수 있다. 또한 기술도입자는 그러한 임 · 직원의 여행, 숙박 및 식사비용을 포함한 모든 체재비용을 부담하여야 한다. 기술제공자는 기술도입자 임 · 직원이 [미국] 이민당국에 의해서 요구되는 모든 비자를 발급받을 수 있도록 도와주어야 한다.
2. 기술도입자의 요청이 있을 경우 조속한 시일내에 기술제공자는 계약제품의 제조방법에 관하여 기술도입자의 임 · 직원을 지도, 자문하기 위하여 [10]명을 넘지 않는 범위내에서 기술제공자의 기술적인 면에서 자격을 갖춘 임 · 직원을 파견하여 공휴일을 제외한 [12개월] 동안 기술도입자 임 · 직원의 지도에 종사하도록 하여야 한다. 기술도입자는 이 계약의 일부로 첨부된 Schedule A에 정해진 바에 따라 위 임 · 직원의 계약지역내 체재기간동안 일당을 지급하여야 한다. 기술도입자는 위 파견 임 · 직원의 왕복항공비, 국내교통비 및 합리적인 범위 내에서의 숙식비 등 국내생활비를 지급하여야 한다.
   기술도입자는 교통수단 및 원하는 바에 따라 그 임 · 직원의 생활비를 [한국]통화로 제공하여야 한다.
   기술제공자는, 그들의 임 · 직원이 기술도입자로 파견될 경우에는, 파견요청을 받고 [15일] 이내에 기술도입자에게 그 사실을 알려 주어야 한다. 기술도입자의 요청에 의하여 기술도입자로 파견되는 임· 직원의 왕복항공권은 상급임원의 경우를 제외하고는 보통석의 것이어야 한다.
   기술도입자는 위 기술제공자 임 · 직원의 한국 방문에 필요한 모든 비자의 발급을 협조하여야 한다.

제5조(계약정보의 보호)

기술도입자는 계약내용에 관련된 계약정보의 비밀을 유지하여야 한다. 기술도입자는 계약제품의 제조, 사용 및 판매를 위하여 기술도입자의 임원, 피고용인, 대리인, 재계약자, 재실시권자에게 계약정보를 제공할 수 있다. 이 경우 기술도입자는 계약정보의 비밀보장을 위해 필요한 합리적인 예방조치를 취하여야 한다.

제6조(선수금 및 실시료)

1. 기술도입자는 선수금으로서 이 계약의 발효일로부터 [30일] 이내에 [미화 일십만불]을 현금으로 기술제공자에게 지급하여야 한다.
2. 기술도입자는 기술도입자에 의해 판매된 계약물품의 연간 순판매액이 [미화 일백만불] 이하인 경우에는 그 순판매액의 [3%]를 매년 기술제공자에게 지급하여야 하며, 연간 순판매액이 [미화 일백만불]을 초과하여 [미화 이백만불] 이하인 때에는 순판매액의 초과부분의 [2%]를 추가 지급하되, 순판매액이 [미화 이백만불]을 초과시, 다시 그 초과된 순판매액 부분의 [1%]를 추가지급한다.
3. 제2항의 순판매액이란 총판매액에서 다음의 금액을 공제한 금액을 뜻한다.
   가. 통상의 거래할인 규정에 따라 행해진 할인액
   나. 제품의 하자로 인해 반환된 물품가격(부가가치세 및 기타 전가세 포함)
   다. 기술제공자의 부품, 반제품, 부속 등을 기술도입자가 구매한 경우 그 수입가액
   라. 계약제품의 판매와 관련된 간접세
   마. 계약제품의 판매와 관련하여 야기된 보험료 및 수송비

   이 조항에서 수입가액이라 함은 위와 같이 기술도입자가 수입한 부품, 반제품, 부속들의 통관비용을 포함한 CIF가격을 뜻한다.
4. 실시료는 위 제2항에 규정된 바에 따라 매년 [6월 30일]과 [12월 31일]을 기준으로 그때까지의 [반기]마다 실적을 토대로 하여 그로부터 [60일] 이내에 지급되어야 한다.
5. 기술도입자는 이 계약에서 규정된 선수금 및 실시료의 지급과 송금, 이 계약 및 이 계약과 관련된 모든 기술, 특허의 등록, 공시, 보고, 발효 등에 대하여 한국법에서 요구하는 요건들을 충족시키기 위하여 필요한 모든 비용의 지급 및 필요한 조치를 취하여야 한다.
6. 이 계약에 의한 모든 지급은 기술제공자에 의해 지명된 [미국] 내의 [xx 은행] 에서 [미국통화]로 이루어져야 한다.
7. 기술제공자에 지급될 모든 금액은 송금일 현재의 [xx 은행]의 미화구매

를 위한 [전신환매도율]에 따라 한국통화를 미국통화로 환전하여야 한다.

8. 이 계약에 의하여 기술제공자에게 지급된 금액에 대하여 한국법에 의하여 원천과세될 모든 소득세 및 기타 세금은 기술제공자가 부담하기로 한다.

제7조(합계자료)

제6조에 따라 기술도입자가 기술제공자에게 실시료를 지급할 때에는 기술도입자는 [6개월]간의 단위기간에 발생한 실시료의 근거자료로서 판매제품의 유형, 판매액이 기재된 회계서류를 기술제공자에게 제시하여야 한다. 또한 기술도입자는 기술제공자에게 지급될 실시료의 총액에 관한 회계장부 및 기록을 보관하여야 한다.

제8조(기술제공자로부터의 반제품 구매)

기술도입자는 이 계약에 의해 스스로 제작한 것을 제외하고 계약지역 내에 재판매하기 위해 기술제공자의 [Widget Sets와 Grosbeaks]를 기술제공자로부터 구매・수입할 독점적 권리를 가지며, 기술도입자는 그것의 판매를 촉진하기 위하여 최대의 노력을 경주하여야 한다. 기술제공자는 기술도입자가 요구하는 만큼의 위 제품들을 약정된 가격으로 기술도입자에게 제공한다.

제9조(기술제공자로부터의 기구 및 설비구매)

기술제공자는 기술도입자가 요청하는 경우, 계약제품 제조에 필요한 부품, 주형, 설비 및 기구 등을 기술도입자에게 판매하되 그 가격은 기술제공자의 생산계약과 동일하여야 한다.

제10조(기술도입자의 계약제품 수출)

1. 기술도입자는 이 계약에 의해 제조된 계약제품을 [미국]을 제외한 모든 국가에 수출할 수 있다.
2. 기술도입자와 기술제공자는 기술도입자가 이 계약에 의해 제조된 계약물품을 기술제공자가 수입하여 [미국] 시장에 판매할 수 있도록 하는 장기 판매점계약을 체결하기로 한다.

제11조(침해소송)

기술제공자는 기술도입자의 상표권, 특허권 또는 계약정보의 사용에 있어서 특허권, 기타 공업소유권 침해에 기인한 클레임을 포함하여 기술도입자에게 제기된 모든 소송이나 청구를 스스로 선택한 변호사를 통하여 자신의 비용과 책임으로 방어해야 하며, 만일 기술제공자가 그러한 클레임에 대한 방어를 하지 아니하는 경우에는 기술도입자는 기술제공자의 계산으로 이를 방어할 수 있다.

기술도입자에게 위와 같은 소송 등이 제기되었을 때에는 기술도입자는 즉시 기술제공자에게 이 사실을 알리고 그 소송 등의 과정에서 제출된 모든 자료의 사본을 송부하여야 한다.

계약지역 내에서 제3자가 계약상표, 특허권, 계약정보를 침해했을 때에는 기술도입자는 그 제3자를 상대로 소송을 제기할 권리가 있다.

제12조(기술개발)

1. 본 계약기간 중 계약제품 및 도구, 시설 등 계약제품과 관련된 기술개발이 이루어졌을 경우에는 기술제공자가 개량기술의 명세를 기술도입자에게 통보하여야 하는데, 그 기술개량이 스스로에 의해 이루어진 것이든, 발견한 것이든, 제3의 기술도입자로부터 얻은 것이든, 특허된 것인지의 여부는 불문한다. 기술도입자는 위 통보된 개량기술을 계약의 존속 중과 그 종료 이후에도 추가적인 지급이 없어도 사용할 수 있는 비독점적 권리를 갖는다.
2. 이 계약발효일 이후 계약제품 제조와 관련하여 기술도입자 및 그 고용인에 의해 계약기간 중 이루어진 모든 기술개량은 기술제공자에게 제공된다. 기술도입자는 세계 각국에서 그의 명의와 비용으로 위 개량기술의 특허권을 등록할 권리를 가진다. 다만, 기술제공자가 계약의 존속 중 또는 그 종료 이후에도 계약지역을 제외한 모든 지역에서 위 특허권을 무료로 사용할 수 있는 비독점적 권리를 가진다는 것을 조건으로 한다.

제13조(품질관리)

1. 기술도입자는 기술제공자의 계약제품 제조수준에 상당하는 품질수준을 유지하여야 한다.

2. 기술도입자는 계약제품의 의장, 시방서, 자재 또는 이와 유사한 특징 등에 변동이 있을 때에는 이것을 신속히 기술제공자에게 알려야 한다.
3. 기술도입자는 그들의 근무시간 중 기술제공자의 정당한 대표권자에게 그들의 공장 및 공정, 계약제품 그 자체를 검사할 것을 허용하여야 하며, 부품 또는 계약제품을 제조하는 하도급자가 있을 때에는 그들의 공장도 검사할 수 있도록 조치하여야 한다.

제14조(계약정보의 보증)

1. 기술제공자는 이 계약에 따라 기술도입자에게 제공되는 계약기술정보가 기술제공자가 [미국] 내에서 사용하는 기술정보와 동일한 것임을 보증한다.
2. 이 계약기간동안 기술제공자는 기술도입자에게 제공한 결함있는 기술정보 및 부품으로 인하여 발생한 손해에 대하여 책임을 진다.
3. 기술제공자는 기술도입자가 기술정보를 잘못 사용함으로써 발생하는 파생적 손해에 대하여는 책임을 지지 않는다.

제15조(계약지역 내에서의 상표의 독점적 사용권)

기술제공자는 기술도입자에 의해 제조된 것인가의 여부를 막론하고 계약제품과 관련하여 제3자에게 계약지역 내에서 상표를 사용할 것을 허락해서는 안 된다.

제16조(발효일 및 존속기간)

1. 이 계약은 이 계약이 정한 발효일로부터 그 효력을 발생한다.
2. 이 계약은 다음에 규정한 바에 따라 종료되지 않는 한 발효일로부터 [5년]간 존속하며 필요한 정부의 인가와 당사자간의 합의에 따라 갱신되어 [3년]간 존속될 수 있다.

제17조(계약의 종료)

1. 만약 어느 일방당사자가 본 계약의 의무를 이행하지 아니한 것을 이유로 타방 당사자로부터 이행최고를 받은 때부터 [90일] 이내에 이행하지 아니하면 타방 당사자는 그를 이유로 서면상의 계약해제 통고를 할 수 있고 계약은 그로써 종료된다.

2. 이 계약은 다음 각 호의 사유가 어느 일방 당사자에게 발생했을 때에는 아무런 통고없이 종료된다.
   1) 파산 또는 무자력(無資力)
   2) 그로 인한 파산 등 청구
   3) 일부 채권자들만의 이익을 확보해 주기 위한 사해행위
   4) 파산관재인이 임명되고 그로부터 [60일] 이내에 임명이 취소되지 않을 때
   5) 파산 또는 무자력을 이유로 제3자로부터 제기된 청구가 그로부터 [90일] 이내에 기각되지 않았을 때

제18조(계약종료의 효과)

1. 어떤 이유로든지 이 계약이 종료된 이후에는 기술도입자는 기술제공자에 의해 소유되거나 기술제공자와 연관되는 상호나 상표를 사용할 수 없다.
2. 기술도입자의 계약위반으로 인해 계약이 종료된 때로부터 기술도입자는 계약 특허권과 기술 정보를 실시, 사용할 수 없다.
3. 제17조에 따라 혹은 기술제공자의 계약위반으로 인하여 이 계약이 종료되면, 그때로부터 기술도입자는 계약특허권과 기술정보를 아무런 대가 없이 영구적으로 사용할 수 있는 비독점적인 권리를 취득한다.

제19조(정부의 인가)

1. 기술도입자는 한국 내에서 이 계약에 관하여 필요한 정부인가를 신속히 받아야 할 책임이 있으며, 또 이 계약은 기술제공자가 받아들일 수 있는 조건하에 정부인가가 날 때까지는 그 효력이 발생되지 않는다. 정부인가가 나면 즉시 기술도입자는 기술제공자에게 한국정부의 계약인가일을 통지하여야 한다.
2. 만약 양 당사자에 의한 계약서 작성일로부터 (6개월) 이내에 정부인가가 나지 않으면 일방 당사자는 서면통지로써 계약을 종료시킬 수 있다.

제20조(중재)

이 계약으로부터, 또는 이 계약과 관련하여 또는 이 계약의 불이행으로 말미암아 당사자간에 발생하는 모든 분쟁, 논쟁, 또는 의견차이는 대한민국 서

울특별시에서 대한상사중재원의 상사중재규칙 및 대한민국법에 따라 중재에 의하여 최종적으로 해결한다. 중재인(들)에 의하여 내려지는 판정은 최종적인 것으로 당사자 쌍방에 대하여 구속력을 가진다.

제21조(준거법)

이 계약 및 이 계약으로부터 발생하는 당사자간의 권리, 의무관계는 대한민국 법률에 의하여 해석되어 진다.

제22조(통지)

양 당사자간의 통지는 항공등기우편 또는 항공등기로 확인된 전신, 텔렉스, 모사전보에 의해 상대방 주소 중 가장 최근의 주소로 보내져야 하며, 어느 당사자가 그들의 주소나 연락장소를 변경했을 때에는 상대방에게 그 사실을 알려야 한다.

제23조(양도 및 승계)

1. 상대방의 사전 서면승인이 없는 한 어느 일방이 자의로 계약의 일부 또는 전부를 양도할 수 없다.
2. 이 계약은 양 당사자 및 그 양수인과 승계인을 구속하며 그들에게 효력을 미친다.

제24조(완전합의 조항)

이 계약은 당사자가 합의한 모든 내용을 포함하는 완전합의를 구성하며, 종전의 모든 표시는 이 계약에 통합되어 있다. 또 이 계약은 양 당사자간의 정당한 권한을 가진 대리인의 서명이 있는 서면에 의하지 않고는 변경될 수 없다.

제25조(기타)

(1) 이 계약의 어느 조건 또는 조항이 어떠한 이유로든지 간에 무효, 부적법, 집행불능일 경우에는 그 무효, 부적법, 집행불능은 이 계약의 다른 조건 또는 조항에는 아무런 영향을 미치지 아니한다. 이 경우에는 그 조건 또는 조항이 무효, 부적법, 집행불능으로 인정되는 한도 안에서 그 조건 또는 조항이 이 계약에 포함되지 아니한 것으로 해석되어야

한다.

(2) 일방 당사자가 상대방에게 이 계약의 어느 조건 및 조항의 엄격한 이행을 요구하지 않는 것은 그 이후 또는 장래에 있어서의 다른 조건 및 조항위반의 경우에 행사할 수 있는 권리를 포기한 것으로 간주되지 아니한다.

(3) 노동쟁의, 폭풍, 민란, 화재, 전쟁, 폭풍우, 수출금지, 운송인의 불이행, 운송수단, 혹은 원료의 수급불능 기타 불가항력적 사유, 적대행위 및 법령, 정부가 행한 조치(유효여부 불문) 및 당사자의 능력범위 밖의 기타 사유로 기술도입자나 기술제공자가 계약을 이행하지 않았을 때에는 그로 인한 책임을 부담하지 않는다.

(4) 이 계약의 당사자는 이 계약상의 모든 문제에 대하여 독립된 당사자로서 행동하며 이 계약의 어느 조항도 어느 한 당사자가 다른 당사자의 대리인이 되는 것으로 해석하는 근거가 될 수 없다.

(5) 기술제공자는 기술도입자 이외의 다른 기술도입자에게 계약상표, 특허권, 정보에 대하여 기술도입자보다 유리한 조건을 제시해서는 안 되며, 만약 이 계약의 존속기간 중 기술제공자가 새로운 기술도입자와 더 유리한 조건으로 기술을 제공하기로 약정한 경우에는 이 계약도 자동적으로 그러한 조건으로 수정된 것으로 간주된다. 다른 기술도입자와의 계약이 이 계약보다 유리한 조건으로 체결되었는가의 여부는, 기술도입자가 단독으로 판정한다.

이상의 증거로서, 양 당사자는 그들을 적법하게 대표하는 자로 하여금 양 회사의 이름으로 이 계약을 발효시키고자 한다.

서명일	AMERICAN WIDGET CO.
2006. 6. 1.	대표자명 :
	직　　책 :
서명일	한국제조주식회사
2006. 6. 5	대표자명 :
	직　　책 :

SCHEDULE A

본 계약 제4조 제2항에 의하여 한국을 방문할 AMERICAN 회사의 임·직원에 대한 일당 지급은 다음과 같다.

상 급 감 독 자	미화	불
기 술 자	미화	불
숙 련 된 기 술 자	미화	불

이상의 비율은, AMERICAN이 60일 전에 통지하여 한국제조(주)로부터 승인받으면 변경가능하다. 그러한 변경은 대한민국 정부의 필요한 인가를 받아야 한다.

SCHEDULE B

상품의 명세

〈본문해설〉 이 협정서는 기술제공자와 기술수혜자 간에 체결된 합의문으로 기술제공자는 기술을 제공하는 내용 및 방법을 구체적으로 명시하여야 하며 기술수혜자는 자신이 수혜받는 기술에 대한 반대급부의 지급방법을 구체적으로 명시하여 이에 대한 협정을 체결하는 내용으로 정리되어 있다. 그리고 기술수혜자는 자신이 제공받는 기술을 어느 정도 습득할 때까지 기술제공자의 도움을 받아야 하는데 이 협정문에는 이와 같은 기술제공자의 도움을 받을 때 필요한 경비도 언급하고 있다.

제 4 장
대금결제와 운송서류

제1절 대금결제의 형태

매매계약의 내용에 따라서 매도인과 매수인은 각자의 책임을 완수하여야 하는데, 이때의 책임은 매도인의 입장에서는 특정 상품을 인도하는 것이고 매수인의 입장에서는 대금을 지급하는 것이다.

매도인의 입장에서는 대금결제가 가능하다면 상품을 매수인에게 인도하기 전에 받으려 할 것이고, 매수인의 입장에서는 매도인으로부터 상품을 인수한 후 대금지급을 하는 것이 거래위험을 감소시켜 주기 때문에 상품인수 후에 대금지급을 이행하려 할 것이다.

따라서 상기의 상품인도 전의 대금결제(선불 ; Cash in Advance)나 상품인도 후의 대금결제(후불 ; Deferred Payment)는 매매당사자 중의 한 측에게는 유리한 여건을 제공하나, 다른 측에게는 불리한 여건을 제공하기 때문에 일반적인 무역거래에는 잘 사용되지 않고 있다. 그래서 무역거래에서는 매도인이나 매수인의 이해관계를 균형화 시키는 결제방법으로서 신용장부 화환어음에 의한 방법이 일반적으로 널리 이용되고 있다.

1. 대금결제방법

무역거래의 대금결제 방법으로 이용되는 경우를 분류하면 다음과 같다.

첫째, 상품선적과 대금결제의 시차에 따른 분류이다. 이에는 선불, 동시불, 누진불, 후불 등이 있다.

둘째, 결제의 개별성 여부에 따른 분류방법으로서 개별결제와 상호계산이 여기에 속한다.

셋째, 지급인의 주도성에 따른 분류로서 송금결제와 추심결제 방법이 있다.

넷째, 신용장부 화환어음방식 등이다.

이들 방법을 구체적으로 정리하면 다음과 같다.

1) 선불

선불(Cash in Advance)이란 상품인도 전에 매수인이 매도인에게 대금을 먼저 지급하는 방법이다. 이 방법의 대표적인 경우는 일반적으로 주문과 동시에 송금환을 매수인이 매도인에게 우송하는 Cash with Order(CWO)형태이다. 따라서 선불에 의한 결제는 매수인에게 아주 불리한 조건으로서 소량거래나 매매 당사자간의 완전한 신뢰가 없으면 별로 이용되지 않는다.

2) 후불

후불(Deferred Payment)이란 선불 결제방법과는 반대로 상품인도 후 약정된 기간이 지난 후에 대금을 결제하는 방법이다. 따라서 이 방법은 매수인에게는 부담이 가벼운 결제방법이지만 매도인에게는 매우 부담이 큰 결제방법이다.

이 결제방법이 주로 이용되는 경우는 거래규모가 큰 특수한 Plant 거래나 본・지점간의 거래형태이다.

3) 동시 불

동시 불(Cash on Delivery ; COD)이란 현품과 상환으로 대금을 지급하는 방법으로 일반적인 무역거래에서는 잘 이용되지 않는다.

4) 누진 불

누진 불(Progressive Payment)이란 거래금액이 큰 무역거래에 이용되는 결제방법으로 거래금액을 일시에 결제하지 않고 여러 차례 나누어 결제하는 방법이다. 예를 들면 대금의 20%는 주문과 동시에 선불하고, 30%는 선적시에, 나머지 50%는 현품이 도착한 후에 지불하는 것과 같은 결제방법이다. 이 방법은 Plant수출과 같은 대형거래에 주로 이용된다.

이 방법을 미국에서는 Rate Payment라고 한다.

5) 상호계산

동일한 거래처와 계속해서 무역거래를 하는 경우 거래대금을 매 거래시에 결제하려면 결제에 따르는 비용이 발생하고 또한 번잡함이 따른다. 따라서 결제에 따른 번잡함을 피하고 비용을 절약하기 위하여 매 거래마다 대금을 결제하지 않고 일정기간 동안의 거래에서 발생되는 채권과 채무를 상호 상쇄한 후 그 잔액만을 결제하는 방법을 사용하는데 이를 상호계산(Current Account)법이라 한다.

이 방법은 우리나라에서는 주로 대형상사의 본·지점간 거래에 사용되며 그 외의 거래에는 별로 사용되지 않는다.

6) 추심환어음

이 방법은 매도인이 상품을 선적 완료시킨 후 선박회사로부터 선하증권을 발부 받아 자신이 매수인 앞으로 발행한 환어음에 선하증권과 필요한 다른 선적서류를 첨부시켜 지급은행에 제시하여 지급은행으로부터 환어음에 대한 할인을 받아 대금을 회수하는 방법이다. 따라서 이는 매매당사자의 비용부담을 경감시켜 주는 대금결제의 방법이 된다.

7) 신용장부 화환어음

신용장은 매수인의 거래은행이 매수인을 지급보증하는 보증장이다. 따라서 일단 매도인이 신용장을 접수하면 신용장 개설은행이 파산하지 않는 한 매도인은 매수인의 신용에 관계없이 안심하고 수출대금을 회수할 수 있다.

신용장부 화환어음에 의한 대금결제는 매도인이 화환어음을 발행하여 발행한 환어음에 신용장에서 요구하는 선적서류를 첨부시켜 신용장이 지시하는 은행에 매입시키면 매입은행으로부터 수출대금을 지급받게 된다.

따라서 이 방법은 매도인에게는 대금회수에 관한 위험을 감소시켜 주기 때문에 오늘날 무역거래에서 많이 이용되고 있는 대금결제의 방법이다.

2. 어음의 기한

계약서에 의한 무역거래에서 발생되는 D/P어음이나 D/A어음 또는 신용장거래에서 발생되는 일람출급어음이나 기한부어음 등 어느 경우의 어음이라도 어음기한은 매매당사자의 이익에 영향을 미치게 된다. 따라서 매매당사자는 자신들의 이익에 영향을 미치는 어음형태에 관한 협의를 필요로 한다.

무역거래에 이용되는 어음기한은 일반적으로 다음과 같이 분류된다.

1) 일람출급 어음

일람출급 어음(Sight Bill)이란 어음이 어음 지급인에게 제시되면 즉시 결제되는 조건의 어음이다. 따라서 이 어음을 요구불 어음(Demand Bill)이라고도 칭하는데, 이는 지불완료와 동시에 선적서류가 인도되는 어음의 형태이다.

D/P(Document against Payment)조건의 어음도 이와 유사한 형태의 어음이다.

2) 기한부 어음

어음지급인이 어음을 인수한 후 어음에 기록된 지급기일이 되어야 대금을 결제하는 방법이다. 기한부 어음(Usance Bill)에는 기일(결산일)의 기산일을 어떻게 정하느냐에 따라 일람후 정기출급과 일부 후 정기출급으로 분류한다.

(1) 일람 후 정기출급(After Sight Bill)

이것은 어음이 어음지급인에게 제시된 일자, 즉 어음지급인이 어음을 인수한 일자부터 기산하여 어음에 기재된 기간 내에 대금을 결제하는 방법이다. 예를 들면 "60 days after sight"라 하면 어음지급인은 어음을 인수한 날로부터 60일 이내에 대금을 결제하면 된다. 따라서 after date 어음과 after sight 어음은 어음의 기산일이 화환어음이 전달되는 데 소요되는 우편배달 일수만큼 차이가 발생한다. 즉, 60일 기간의 어음이라도 60d/s가 60d/d보다 우편배달 일수만큼 결제기한이 연장된다. 왜냐하면 60d/d 어음은 어음발행시에 이미 결제일이 확정되지만, 60d/s어음은 당해 어음이 어음지급인에게 제시되는 일자로부터 결제일이 확정되기 때문에 수출업자가 발행한 환어음이 Nego 은행을 경유하여 항공편으로 개설은행에 도착되어 개설은행이 당해 환어음을 수출업자에게 제시하기까지의 기간만큼 어음지급일이 늦어지기 때문이다.

(2) 일부 후 정기출급(After Date Bill)

이것은 어음발행일로부터 결제일을 기산하여 어음에 기입된 기간 내에 대금을 결제하는 방법이다. 예를 들면 "60days after date"라 하면 어음지급인은 어음발행일로부터 60일 이내에 대금을 결제하면 된다.

제2절 대금결제의 사례

무역거래의 대금결제는 대부분 신용장에 의한 대금결제이기 때문에 본절에서는 신용장에 의한 대금결제가 이루어지는 과정을 사례별로 소개하고자 한다.

1. 신용장에 의한 대금결제

1) 신용장개설과 관련된 사례

(1) Model 4-2-1 : 신용장개설 촉구사례

Henry Lee Trading Co., Inc. July 10, 2011
50 Liberty St., New York. N. Y. 10005
U.S.A.

Gentlemen :

We thank you very much for your order dated March 15, 2011 on our underwares. But we must call your attention[1] to the fact that we make it our business rule to[2] carry out only those orders which are accompanied an irrevocable letter of credit.

As we have not received your L/C yet, we will be compelled to[3] cancel your order. However, we would like you to open it so that we can continue our usual friendly business relations by executing your order.

Your prompt attention to this matter would be highly appreciated.

Faithfully yours,

본문해설

목원무역이 Henry Lee 무역에게 계약된 상품의 선적을 위해서는 귀사의 신용장이 필요하니 신용장 개설을 하도록 요구하는 서신이다.

용어해설

1) call your attention : 촉구하다, 요구하다.
2) make it a business rule to ~ = it is our usual business practice that ~
= it is our usual business custom that ~ :
= it is our usual business rule that ~ :
~데로 행하는 것이 당사의 거래관습이다.
3) be compelled to = be obliged to
= have no choice but to : ~하지 않을 수 없다.

(2) **Model 4-2-2 : 신용장개설 촉구사례**

Tae Jon February 13, 2011

Osaka Trade Corporation

Osaka, Japan

Gentlemen :

This will refer to your Contract No. 123 covering 1,000 Bales[1] of Cotton Fabric[2]. We acknowledged the booking by our letter of January 24, 2011.

In big-February[3] we cabled you inquiring as to[4] when your buyer would establish a letter of credit for this contract, and in your letter of Jan 24, you advised us that the buyer would attend to[5] this in a week or so.

Unfortunately, we have not had any further report on this matter by now. Will you please check into[6] this immediately.

Thank you

Sincerely yours,

Tae Jon Trading Co., Inc.

본문해설

위 모델은 대전무역주식회사가 오사카무역에게 약속된 기일 내에 신용장 개설이 되지 않았으니 신용장 개설을 서둘러 달라는 내용의 신용장 개설독촉 서한이다.

용어해설

1) Bales : 꾸러미를 의미하나 중량을 기준으로 할 때는 1 Bales은 400Lbs를 의미한다. 따라서 Carton Box를 1Bales로 포장하려 할 때는 400Lbs=161.44KG를 운반하기에 편리하도록 포장한다.
2) Cotton Fabric : Cotton 면. Fabric 직물
3) big-February : 분할선적에서 선적할 때 구체적인 선적기일을 밝히는 것이 바람직하다. 즉, 10월, 11월, 12월 각각 100,000개씩 선적하라는 표현보다는 매월 초나 중순 혹은 하순에 100,000개씩 선적하라는 표현을 하게 되면 혼란을 피할 수 있다.
   big = begin 초순 1일부터 10일
   mid = middle 중순 11일부터 20일
   end = end 하순 21일부터 31일
4) as to = as for : ~에 관해서는, ~에 대해서는
5) attend to = look after, take care of : 추진하다. 이행하다.
   attend to (one's work) : (일)에 힘쓰다.
   attend to (one's health) : (건강)에 주의하다.
   attend on (upon) : ~에 시중들다. ~의 심부름을 하다.
6) check into : = make investigation into : 점검하다. 조사하다.

(3) Model 4-2-3 : 신용장개설 촉구사례

February 10, 2011

Hong Kee Industry Ltd.
24 Kowloon, Hong Kong.

Gentlemen :

We thank you very much for your order dated January 24, 2006 on our spun polyester Yarn. But we must call your attention[1) to the fact that we make it our business rule to[2] carry out only those orders which are received an confirmed irrevocable letter of Credit.

But we have not received your L/C yet, and then, we will be compelled to[3] cancel your order. However, we would like you to open it so that we can continue our usual friendly business relations by executing your order.

Your prompt attention to this matter would be highly appreciated.

Sincerely yours,

본문해설

본 서한은 목동무역주식회사가 홍콩의 Hong Kee무역에게 Spun Polyester Yarn을 수출하기로 약속한 후 홍콩으로부터 신용장이 도착되지 않아 신용장 개설을 독촉하는 서한이다. 이 편지에서 Mok Dong무역은 만약 Hong Kee가 신용장을 바로 개설하지 않는다면 부득불 주문을 취소할 수밖에 없다는 내용으로 수입업자에게 부담을 주고 있다.

용어해설

1) call one's attention : ~에게 주의를 환기시키다(촉구하다).
2) make it a business rule to ~ = it is our usual business practice that ~
= it is our usual business custom that ~
= ~하는 것이 우리 회사의 관례로 되어 있다(관행이다).
3) be compelled to : = be forced to = be obliged to = ~할 수밖에 없다.
~하지 않을 수 없다.
= have no choice but to
= can not help ~ing

(4) Model 4-2-4 : 신용장개설 확인 서한

July 17, 2011

Mokwon Trading Co.
800 Do-An Dong, Se-Ku
Tae Jon, KOREA

Gentlemen :

We have received your letter of July 10, 2011, informing us that you have not yet received the letter of credit covering our order dated March 15, 2011 and requesting us to open it at once.

The credit in question was already airmailed to you on June 30, 2011, by our bankers and it is expected to[1] reach you in time for the shipment of this order.

We are very sorry for not sending cable upon issuing the L/C[2], but have today sent you the following cable :

L/C AIRMAILED 30TH EXPECTED REACHING YOU BEFORE SHIPMENT

Please accept our apologies[3] for the inconveniences we have been caused you.[4]

Very truly yours,

본문해설

Model 4-2-1의 서신을 받은 Henry Lee Trading이 신용장 개설을 이미 하였다는 회신을 하면서 Cable L/C의 발송이 없어 오해가 초래되었다는 사실을 언급하고 금일자로 Cable L/C를 개설하여 발송하였다는 내용의 회신을 하면서 신용장 개설을 확인하고 있다.

용어해설

1) be expected to : ~로 기대된다.
2) upon issuing the L/C = upon opening the L/C : 신용장을 개설한 후, 신용장 개설과 동시에.
3) accept our apologies : 이해하기 바라다, 용서하기 바라다.
4) the inconviences we have been caused : 당사로 인한 피해(불편)

2) 신용장개설 통보사례

Buyer는 계약이 확정된 후 계약된 내용에 따라 신용장 개설을 자신의 거래은행에 의뢰한다. 그 후 개설은행은 신용장이 개설되면 그 사실을 수출업자에게 알려주는데 이때의 통지방법은 Cable이나 Mail 중 어떤 방법을 사용하여도 무방하다 하겠다. 본 장의 예문에서는 Mail에 의한 신용장 개설 통지 예문을 사례로 제시하고 있다.

(1) Model 4-2-5 : 신용장 개설 통보사례

Jan. 31, 2011

Nakaya Shoji Co., Ltd.
Izumisano - City, Osaka,
Japan

Gentlemen :

We are very pleased to confirm our order for 100 Bales 100% Cotton Woven Fabric. We enclose our order Note No. 123[1] for this item.

In order to cover the contracted amount, we have opened by cable today an Irrevocable Documentary Credit in your favor for the amount of US $15,000 through the Bank of Tokyo here. We expect you will be notified by their correspondent in Tae Jon prior to[2] receipt of this letter. For your information, our L/C expires a week after the latest shipping date.

We have extensive outlets[3)] in the southern territories[4)], and will certainly be in a position to place larger orders with you if this first order is executed in a satisfactory manner.

We believe you will do everything possible[5)] to expedite the shipment.

Sincerely yours.
Mok Dong Trading Co.

본문해설

목동무역이 Nakaya Shoji무역에게 신용장을 Cable로 개설하였다는 내용을 서면으로 통보하고 있다. Cable L/C인 경우는 Mail L/C나 letter보다 수출업자에게 빨리 도착될 것이므로 이 편지보다 Cable L/C를 미리 받았을 것이라는 내용을 전달하고 있다.

용어해설

1) order Note No.123 : 주문서(계약서)번호 123
2) prior to = before : 이전에
3) have extensive outlets : 광범위한 자료를 가지고 있다.
4) southern territories : 남부지방에
5) do everything possible : 가능한 최선을 다하다.

(2) Model 4-2-6 : 신용장개설 통보사례

February 10, 2011

Mok Dong Trading Co.,
24 Mok Dong, Chung-Ku
Tae Jon, Korea

Gentlemen :

Thank you for your letter of February 5, 2011, informing us that you have not yet received the letter of Credit covering our order dated January 5, 2006 and requesting us to open it at once.

The credit in question[1] was already airmailed to you on February 5, 2011 by our bank and it is expected to[2] reach you in time for the shipment of this order.

We are very sorry for not sending cable upon opening the L/C[3], but have today sent you the following cable :

LC AIRMAILED 30TH EXPECTED REACHING YOU BEFORE SHIPMENT.

Please accept our apologies[4] for the inconveniences we have been caused you[5].

Sincerely yours.

ABC Trading Co., Ltd.

____

Director

본문해설

ABC 무역이 목동무역으로부터 신용장 개설에 관한 독촉장을 받은 후 자기 회사는 이미 신용장을 개설하였다는 회신을 하고 있다. 그리고 신용장 개설 후 바로 Cable을 회신하지 못했음을 사과하고 있다.

용어해설

1) credit in question : 문제의 신용장
2) be expected to ～ : ～하게 된다.
3) upon opening the L/C = on opening the L/C 신용장 개설과 동시에, 신용장을 개설한 후 바로
   = upon issuing the L/C
4) accept one's apologies : 용서해 주다.
5) the inconveniences we have been caused : 우리가 끼친 피해

3) 신용장개설신청서 사례

(1) Model 4-2-7 : 전자문서에 의한 신용장개설 신청서

[APP700]

취소불능화환신용장개설신청서

(Irrevocable Documentary Credit Application)

Except so far as otherwise expressly stated, this documentary credit is subject to the "Uniform Customs and practice for Documentary Credits" (2007 Revision) International Chamber of Commerce (Publication No. 600)

문서/전자문서번호 : 01
전자문서 기능표시 : ORIGINAL
전자문서 응답유형 : ACK

-------------------------------------〈 일반정보 〉-------------------------------------

개설신청일자 : 2011/05/25
개설방법 : FULL CABLE
개설(의뢰)은행 : 1801
00은행 외환업무부
(C) TEL : 042-777-7777
(희망)통지은행 : OSAKA BANK, OSAKA JAPAN
기한부신용장 신용공여주체 : Banker's

수입승인	(수입승인번호)	(통화)	(금액)
관련정보 :	I-1801-402-NS-00001	YEN	500,000.00

기타정보 : 위와 같이 수입신용장 발행을 신청함에 있어서 위 기재사항이 수입허가(승인)사항과 틀림없음을 확인하고 따로 제출한 수입거래약정서의 각 조항에 따를 것을 확약하며, 아울러 위 수입화물에 대한 모든 권리를 귀행에 양도하겠습니다.

------------------------------------〈 스위프트 〉------------------------------------

40A Form of Documentary Credit : IRREVOCABLE
31D Date and Place of Expiry : (date) 2011/10/31
(place) BENEFICIARY IN YOUR COUNTRY
50 Applicant : MOKWON TRADING CO., LTD
SE-GU, DOAN-DONG
800, DAEJON, KOREA
(C) TEL : 042-829-7742
59 Beneficiary : JAPAN TRADING CO., LTD.
P.O. BOX 159
OSAKA, JAPAN
(C) ACCOUNT NO. : 424-08-040115
32B Currency Code, Amount : JPY 500,000.00
39A Percentage Credit Amount Tolerance : (±) 20.20 (%)
39C Additional Amounts Covered : COMMISSION : 2,000 YEN
42C Drafts at… : AT SIGHT
43P Partial Shipments : ALLOWED
43T Transhipment : PROHIBITED
44A Loading on Board/Dispatch/Taking in Charge at/from.... :
OSAKA, JAPAN
44B For Transportation to..... : PUSAN, KOREA :
44C Latest Date of Shipment : 2011/10/25
45A Description of Goods and/or Services :
1,150 SETS. AJ-3000 MOTORIZED AUTO JACK AND WRENCH SET.
AT YEN105 PER SET C. I. F. PUSAN
(AS PER PROFORMA INVOICE NO.930116-1 DATED FEB.16, 2011)
(M) TERMS OF PRICE : CIF COST, INSURANCE AND FREIGHT
(C) PLACE OF TERMS OF PRICE : PUSAN, KOREA
(C) COUNTRY OF ORIGIN : JP JAPAN

46A Documents Required

+SIGNED COMMERCIAL INVOICE IN 3 COPIES

+FULL SET OF CLEAN ON BOARD OCEAN BILLS OF LADING MADE OUT TO THE ORDER OF KOREA FIRST BANK LTD. HEAD-OFFICE SEOUL, KOREA MARKED FREIGHT PREPAID AND NOTIFY ACCOUNTEE

+FULL SET OF INSURANCE POLICIES OR CERTIFICATES, ENDORSED IN BLANK FOR 110% OF THE INVOICE VALUE, EXPRESSLY STIPULATING THAT CLAIMS ARE PAYABLE IN KOREA AND IT MUST INCLUDE ; INSTITUTE CARGO CLAUSE ALL RISKS

+PACKING LIST IN 3 COPIES

+OTHER DOCUMENT(S) (if any)

47A Additional Conditions

+SHIPMENT BY HANJIN LINE

+LATE PRESENTATION B/L ACCEPTABLE

+A DISCREPANCY FEE OF YEN 50 WILL BE IMPOSED ON EACH SET

71B Charges : ALL BANKING COMMISSIONS AND CHARGES INCLUDING REIMBURSEMENT CHARGES OUTSIDE KOREA ARE FOR ACCOUNT OF BENEFICIARY

48 Period for Presentation : DOCUMENTS TO BE PRESENTED WITHIN 21 DAYS AFTER THE DATE OF SHIPMENT BUT WITHIN THE VALIDITY OF THE CREDIT

------------------------------------〈 전자서명 〉------------------------------------

신청업체 : (주)목원무역

명 의 인 : 대표 이사 김 ○ ○

식별부호 : 1234567890

(C) 주소 : 대전시 서구 도안동 800

이 전자문서는 무역업무 자동화 촉진에 관한 법률 제2조 제7호, 제10조 제1항 및 동법 시행령 제12조에 의거 발행된 전자문서입니다.

본문해설

전자문서는 컴퓨터에 의한 서류 전송방법을 사용하므로 시간과 비용을 절약할 수 있는 제도이다. 이는 우리나라의 모든 무역절차에서 사용되는데 상기의 Model은 신용장 개설 의뢰서의 작성양식이다. 이 방법을 이용하기 위해서는 먼저 KTNET에서 사용하는 CD를 구매하여 KTNET로부터 사용자 No.를 부여받아야 한다. KTNET로부터 사용자 No.를 부여받은 이후에는 소정의 절차에 따라 신용장 개설 의뢰서를 PC로 입력하여 개설은행에 전송하면 된다.

(2) Model 4-2-8 : 전자문서에 의한 신용장개설 통지서 사례

[ADV700]

수 출 신 용 장 통 지 서

(Export Documentary Credit Advice)

Except so far as otherwise expressly stated, this documentary credit is subject to the "Uniform Customs and practice for Documentary Credits" (2007 Revision) International Chamber of Commerce (Publication No. 600)

문서/전자문서번호 : 01

--------------------------------------〈 일반정보 〉--

통지일자 : 2011/05/30

통지번호 : A180140200011

개설(전문발신)은행 : OSAKAJPXXX
OSAKA BANK LTD. OSAKA, JAPAN

통지(전문수신)은행 : FBKOKRSEXXX
KOREA BANK OF KOREA LTD.

기타정보 :

THIS ADVICE CONSTITUTES A DOCUMENTARY CREDIT ISSUED BY

THE ABOVE MENTIONED BANK AND MUST BE PRESENTED WITH THE DOCUMENTS/DRAFTS FOR NEGOTIATION/PAYMENT/ ACCEPTANCE, PLEASE NOTE THAT WE ASSUME NO RESPONSIBILITY FOR ANY ERRORS AND/OR OMMISSIONS IN THE TELETRANSMISSION AND/OR TRANSLATOR OF THE MESSAGE

---------------------------------------〈 스위프트 〉---------------------------------------

40A Form of Documentary Credit : IRREVOCABLE
20 Documentary Credit Number : M1398736356
23 Reference to Pre-Advice :
31C Date of Issue : 2011/05/29
31D Date and Place of Expiry : (date)2011.10.31
(place)BENEFICIARY IN YOUR COUNTRY
51a Applicant Bank :
50 Applicant : JAPAN TRADING CO., LTD.
P. O. BOX 159
OSAKA, JAPAN

59 Beneficiary : MOKWON TRADING CO., LTD.
SE-GU. TDOAN-DONG 800
TAEJON, KOREA
32B Currency Code, Amount : JPY 500,000.00
39A Percentage Credit Amount Tolerance : (±) 20.20 (%)
39B Maximum Credit Amount :
39C Additional Amounts Covered :
41a Available With … By… : ANY BANK IN KOREA BY NEGOTIATION
42C Drafts at … : AT SIGHT
42a Drawee : DRAWN ON APPLICANT
43P Partial Shipments : ALLOWED
43T Transhipment : PROHIBITED

44A Loading on Board/Dispatch/Taking in Charge at/from … :
OSAKA, JAPAN

44B For Transportation to … :
PUSAN, KOREA

44C Latest Date of Shipment : 2011/10/31

45A Description of Goods and/or Services :
1,150 SETS. AJ-3000 MOTORIZED AUTO JACK AND WRENCH SET.
AT YEN 105 PER SET C. I. F OSAKA
(AS PER PROFORMA INVOICE NO. 930116-1 DATED FEB. 20, 2011)

46A Documents Required :
+SIGNED COMMERCIAL INVOICE IN 3 COPIES
+FULL SET OF CLEAN ON BOARD OCEAN BILLS OF LADING MADE OUT TO THE ORDER OF OSAKA BANK LTD. OSAKA, JAPAN MARKED FREIGHT PREPAID AND NOTIFY ACCOUNTEE

47A Additional Conditions :
+SHIPMENT BY HANJIN LINE
+LATE PRESENTATION B/L ACCEPTABLE
+A DISCREPANCY FEE OF YEN 50 WILL BE IMPOSED ON EACH SET

71B Charges : ALL BANKING COMMISSIONS AND CHARGES INCLUDING CHARGES OUTSIDE KOREA ARE FOR ACCOUNT OF BENEFICIARY

48 Period for Presentation : DOCUMENTS TO BE PRESENTED WITHIN 21 DAYS AFTER THE DATE OF SHIPMENT BUT WITHIN THE VALIDITY OF THE CREDIT

49 Confirmation Instructions : WITHOUT

53a Reimbursement Bank : OSAKA BANK LTD., SEOUL BRANCH
78 Instructions to the Paying/Accepting/Negotiating Bank :
57a "Advise Through" Bank : YOUR SAMSUNG-DONG BRANCH

72 Sender to Receiver Information : DOCUMENTS TO BE DESPATCHED IN TWO SETS BY SEPARATE AIRMAIL

---〈 전자서명 〉---

통지은행 : ○ ○ 은행
명 의 인 : 김 ○ ○
식별부호 : 1234567890
(C) 주소 :

이 전자문서는 무역업무 자동화 촉진에 관한 법률 제2조 제7호, 제10조 제1항 및 동법 시행령 제12조에 의거 발행된 전자문서입니다.

본문해설

전자문서에 의해 신용장 개설 의뢰를 받은 은행은 전자문서의 발행절차에 따라 은행의 SWIFT망을 통해 통지은행에 발행내용을 통보하게 된다.

(2)-1 Model 4-2-8(1) : **취소불능신용장의 사례**

IRREVOCABLE
COMMERCIAL LETTER OF CREDIT
Manufacturers Hanover Trust Company
International Division
44 Wall Street New York 15, N.Y.

Mail To
Via Airmail thru :
Uri Bank
Seoul, Korea
December ___ 20 ________

No.12345
A.B.C. Co., Ltd.
Seoul, Korea
Gentleman :

We hereby authorize you to value on Manufacturers Hanover Trust Company, New york N.Y. For Account of X.Y.Z. Co., Ltd. New York N.Y. 100 up to an aggregate amount of US $6,000.00 available by your drafts at sight for 100% invoice value of merchandise to be described in the invoice as Tape Recorder F.O.B. korea.

accompanied by

Commercial invoice in triplicate
Customs invoice in duplicate
Packing list in duplicate
Inspection Certificate

Full set of on board bills of lading to order of Manufacturers Hanover Trust Company, New York, N.Y. marked notify America Company, New York. evidencing shipment from Korea to New York during the month of January, 20_______

Insurance to be effected by X.Y.Z. Co., Ltd. Partial shipment permitted

Negotiating Bank is authorized to forward all documents to us it one airmail.

The amount of any draft drawn under this credit must be endorsed on the reverse hereof. "All drafts must be marked drawn under letter of credit of Manufacturers Hanover Trust Company No. 12345, dated December … 20 …"

We hereby agree with the drawers, endorsers and bona fide holders of drafts drawn under and in compliance with the terms of this credit, that such drafts will be duly honored on the presentation to the drawees if negotiated on or before February 15th, 20 … or presented at this office together with this letter of credit on or before that date.

This Credit is subject to the Uniform Customs and Practice for Documentary Credits(1993 revision), International Chamber of Commerce Publication No. 500

Authorized Signature

4) 신용장 정정사례

수출업자는 자신의 고객이 주선하여 발행해 준 신용장을 접수한 후 당초의 계약서 내용과 일치하지 않는다거나 또는 계약서의 내용과는 일치하지만 신용장의 내용대로 선적준비를 하기가 어려운 경우가 발생될 수 있다. 따라서 신용장의 수익자는 이와 같은 상황이 발생되면 자신이 소지하고 있는 신용장을 정정받기 위하여 개설의뢰인에게 신용장 정정의뢰 서한을 발송하게 된다. 일반적으로 흔히 발생되는 신용장 정정 사항은 기간연장과 선적방법에 관한 내용들이다.

(1) Model 4-2-9 : 신용장 기간연장 요청사례

Your L/C No. M321 Covering
Your Order No.111

Gentlemen :

We must inform you of our inability to ship the above order as previously arranged.[1)]

On examining the goods delivered to us form the parcel, we found that their finish was unsatisfactory.

Without delay, we instructed the mill to try the finishing again. This process requires two weeks and compels us to delay shipment. There is no possibility of the goods being shipped before the 20th this month, the date your credit expires. Under these circumstances we have to ask you to extend the date on the L/C to the end of November.

We are sorry to put you to much inconvenience[2)] by this delay.

yours Truly

본문해설

상품을 선적하기 전에 품질검사를 한 결과 하자사항이 발생되어 선적지연이 불가피하니 신용장의 기간연장을 요청하고 있는 예문이다.

용어해설

1) as previously arranged : 종전에 협정한대로
2) put you to much inconvenience : 귀사에 많은 불편을 끼치다.

(2) Model 4-2-10 : 신용장 기간연장 요청사례

February 10, 2011

Messrs. C. Itoh
Tokyo, Japan.

Re Your Order No.123

We are sorry to inform you that it has become impossible to complete shipment during June of the captioned Order.[1]

Unfortunatory, a terrible typhoon[2] struck this part of the country on the mid-January and our factory suffered serious damages,[3] making it impossible to ship within the validity of the letter of credit which expires on the 10th March.

Under the circumstances, we hope you will agree to extend the credit till 10th April as we asked you by cable.

Though the delay is beyond our responsibility,[4] we are very sorry for it, and will do everything in our power to expedite[5] manufacture. The expected time of shipment will be around the 1st April.

Trusting that you will understand the situation and hoping that you will comply with[6] our request, We remain.

Your very truly,
Mok Dong Co., Ltd.

본문해설

목동주식회사가 일본의 C. Itoh에게 신용장의 기간연장을 요청하는 예문이다. 목동주식회사는 천재지변으로 인한 생산지연으로 선적기간의 연장이 불가피하다는 사실을 설명하면서 이는 자신의 책임사항이 아니지만 결과적으로는 C. Itoh에 피해를 끼치게 되어 미안하다는 뜻을 전하고 있다. 천재지변으로 인한 후유증이 해결되어 선적이 완료되기 위해서는 일정기간이 소요되기 때문에 그러한 기간을 감안한다면 4월 1일경에는 선적이 가능하다는 내용을 전달하고 있다.

용어해설

1) captioned Order : 표제의 주문
   편지의 내용을 전부 읽지 않고도 독자가 내용을 이해하도록 하기 위하여 본문 위에 정리한다.
   경우에 따라서는 Subject를 기록한 후 order No.를 삽입하기도 한다.
   예) Subject : Your order No.123
2) terrible typhoon : 심한 태풍
   천재지변임을 설명하기 위하여 천재지변의 종류를 언급하고 있다. 이는 천재지변에 의한 선적지연일 경우에는 수출업자가 면책되기 때문에 면책사항에 포함되는 사건의 종류를 언급한다.
3) suffered serious damages : 큰 손해를 입었다.
4) beyond our responsibility : 당사의 책임이 아닌, 불가항력을 표현한 것으로 인위적으로 어떻게 할 수 없는 사건이 발생하였으므로 이는 당사에서 책임질 내용이 아니라는 사실을 밝혀주고 있다
   beyond our control : 불가항력
   beyond our power : 불가항력
5) expedite(ékspidait) : 진척시키다, 촉진시키다.
6) comply with : ~에 따르다, ~에 호응하다.

(3) Model 4-2-11 : 신용장의 기타조건 변경사례

February 10, 2011

ILLINOIS TRADING CO., LTD.
2013 Urbana, IL 61801
U. S. A.

Gentlemen :

In connection with the L/C No. 345 which you have opened in our favour for our colour TV Item No. 3, we request you to delete "insurance policy or certificate". As this contract has been concluded on the basis of FOB PUSAN, we are not in a position[1] to take out insurance[2] for the shipment. But we are willing to attend to insurance if you remit us the premium[3]; even in that case[4], however, our bankers insist that the insurance clause inconsistent with[5] the FOB terms should be taken offer form the documents specified in the credit.

Yours truly,
Shin Shung Trading Co.

본문해설

신성무역이 ILLINOIS 무역에게 잘못 발행된 신용장의 정정을 요구하는 서한문이다. 당초 FOB조건으로 계약되었기 때문에 보험은 당연히 수입업자인 ILLINOIS 무역이 부보하여야 하는데 신용장에서 수출업자인 Shin Sung 무역이 부담하도록 개설되었다. 따라서 수출업자는 수입업자에게 만약 당사가 보험에 부보하여야 한다면 수출단가에 보험할증료가 포함되어 있지 않았으니 이 가격에 해당하는 보험료를 송금하면 보험에 부보할 수 있다는 내용을 전달하고 있다. 만약 그렇지 않는 경우라면 신용장에서 보험과 관련된 내용을 삭제하여 달라는 요청을 하고 있다.

용어해설

1) in a position : ~의 위치에, ~의 입장에
2) take out insurance : 보험에 가입하다.
   arrange insurance : 보험 협정을 하다.
3) premium : 보험료, 보험할증료
   일반적으로 보험료는 Invoice Amount의 110%를 부보한다. 이때의 10%는 희망이익에 포함되는 것으로 무역업자는 보험업자로부터 Invoice Amount의 110%까지 보상받을 수 있다.
4) even in that case : 그와 같은 경우라 할지라도
5) inconsistent with : ~과 모순이 없는, ~과 일치하다.

2. 대금결제에 필요한 서류준비

계약서를 근거로 한 신용장이 개설되어 수출업자에게 전달되면 이후부터의 무역(수출)절차는 신용장을 근거로 하여 추진된다. 즉, 신용장의 독립성에 의하여 신용장은 비록 계약서를 근거로 발행되지만 발행된 신용장을 수출업자나 수입업자가 수용한 경우에는 계약서와 상이한 내용이 있다 하여도 신용장의 내용을 기준으로 하여야 한다. 따라서 신용장을 접수한 수출업자는 수취한 신용장의 내용을 검토한 후 신용장의 내용이 자신이 보관하고 있는 계약서의 내용과 상이한 경우에는 신용장의 내용수정(Amend)을 요구하는 의뢰를

개설의뢰인에게 하여야 한다. 그리고 이렇게 하여 신용장이 확정되면 신용장을 근거로 하여 향후의 무역은 이행되며 대금결제와 관련하여 개입되는 매입은행을 비롯한 결제은행들은 선적되는 물품과는 관계없이 서류를 중심으로 하는 거래를 하게 된다. 이를 신용장의 추상성이라 한다. 신용장은 이와 같이 추상성에 의한 거래를 하기 때문에 수출업자는 서류작성에 유의하여야 하며 불필요한 서류나 요구하지 않는 내용의 서류를 작성하지 않아야 한다.

본 항에서는 신용장을 근거로 하여 작성되는 서류(Nego를 위해 필요한)를 중심으로 정리하고자 한다. 환어음 작성과 기타 선적서류 등 다양한 서류작성과 관련된 내용을 소개한다.

1) 선적과 관련된 사례

수출업자는 신용장 조건에 따라 상품을 생산 완료한 후 통관절차를 거치게 된다. 통관 절차를 거쳐 수출면장을 발급 받으면 보세구역에서 통관된 상품을 출고하여 선적하기에 편리한 부두까지 보세 운송한 후 선박회사의 선적지시서(Shipping Order ; S/O)에 따라 본선에 적재한다. 선적이 완료되면 본선의 1등항해사로부터 본선수취증(Mate's Receipt ; M/R)을 발급받는다.

선적시 화물의 부족(missing), 파손(broken), 부패(rotten) 등이 발생된 경우에는 고장부 선하증권(Foul Mate's Receipt)이 발급되며 선하증권은 이를 근거로 하여 발급되기 때문에 고장선하증권(Foul Bill of Lading)으로 발행된다. 그러나 사고선하증권은 매입은행이 서류매입을 거절하기 때문에 수출업자는 무고장선하증권을 발급받기 위하여 선박회사에 손상화물보상장(Letter of Indemnity ; L/I)을 제출하여 무고장선하증권(Clean Bill of Lading)을 발급받게 된다.

수출업자는 화물의 선적과 동시에 수입업자에게 Cable이나 Mail로 선적통지(Shipping Advice)를 하게 된다.

화물이 목적지에 도착하면 선박회사는 수입업자에게 화물도착통지서(Arrival Notice)를 발급하고 수입업자는 선하증권 원본을 선박회사에 제출하여 선박회사로부터 화물인도지시서(Cargo Delivery Order)를 발급받아 화물을 인수하게 된다.

그러나 필요한 B/L이 화물보다 늦게 도착하여 화물인수가 어려운 경우에는 B/L이 없어도 물건인수자가 화물을 먼저 취득하게 하는 편법이 이용되고 있는데 이때 이용되는 증서로 화물선취보증서(Letter of Guarantee ; L/G)가 있음을 이해하여야 한다.

(1) Model 4-2-12 : 선박을 예약하기 위해 신청하는 사례

February 20, 2011

The Hyup Sung Shipping Co., Ltd.
220 Hoe Hyun Dong, Chung-Gu, Seoul
Korea

Gentlemen ;

Will you be kind enough to[1)] reserve space[2)] of 40Feet container on the M/S "KOREA" which is scheduled to sail from Pusan on March 4.

The goods are 200,000yds of our woven Fabric which will be warehoused[3)] by March 1 by our Transportation agents, Se Yun Shipping Co., Ltd.

We are informed that there is a rising tendency in freight rate, and we are grateful to you for giving us your usual rate[4)] of US $50 per CBM[5)].

Your immediate confirmation will be greatly appreciated.

Yours truly,

Tae Jon Trading Co.,

____

Wuen Kim
Exporter Director

본문해설

대전무역이 협성해운에 3월4일 부산을 출항하는 KOREA호에 40피트 콘테이너 1대분의 물량을 선적하기 위한 예약요청의 서한이다. 이 서한문에서 대전무역은 자신의 선적예정 상품과 수량을 선박회사에 통보하고 있으며 운임을 묻고 있다.

용어해설

1) will you be kind enough to~ : ~해 주실 수 있으신지요?
2) reserve space : 선복예약
3) will be warehoused : 입고될 것이다
4) usual rate : 일반적인 요금, 통상적인 운임.
5) per CBM : CBM당
   CBM은 부피를 나타내는 것으로 가로, 세로가 1m씩인 정4각형의 면적을 의미한다.

(2) Model 4-2-13 : 선박용선을 하기 위해 조회하는 사례

MOK DONG TRADING CO., LTD.

Korea shipping Co., Ltd. January 10, 2011
23 Michigan Avenue
Chicago. IL.60602.

Dear Sirs.

This letter is to confirm our cable to you[1] this morning in which we asked if you could available ship's space of six to seven thousand tons which we could charter[2] for six months to take shipments of rice from chicago, to various ports along the North Asia coast.

We will need a ship that is capable of making a fast turn round[3] and will be able to manage at least ten trips within the period.

Yours faithfully,
Mok Dong Trading Co.,

W. B. Kim
Director

본문해설

목동무역이 미국의 시카고에서 쌀을 극동의 여러 항구까지 운송할 6-7천톤급 선박을 6개월간 용선하겠다는 내용을 고려선박에 전신으로 전송한 후 서면으로 확인하고 있다.

용어해설

1) confirm our cable to you : 귀사에 당사의 전신을 확인한다.
2) charter : 빌리다.
3) turn round : 기항하여 하역을 완료한 후 차기 출항을 준비시키다.

(3) Model 4-2-14 : 선박용선을 하기 위해 조회하는 사례

February 20, 2011

Hyup Sung Shipping Co.,
24 Mok-Dong Chung-Gu
Tae-Jon, Korea

Dear Sirs,

We wish you to charter a first-rate[1] steamer of about 50,000tons capacity[2] to convey a cargo of 100% Cotton Yarn from Pusan to Mombasa. The freight should not exceed $5.00 per Bale but we hope you will succeed in getting

better terms.[3] Please forward us the charter party.[4] We must stipulate at least twenty days for loading and discharging.[5]

The vessel must be at Pusan by the end of this month, ready to load cargo.

Yours faithfully,
Choong Nam Trading Co.,

W. B. KIM
Export Manager.

본문해설

충남무역이 협성해운에 부산에서 몸바사까지 100% Cotton Yarn을 선적하기 위한 계획이 있다면서 50,000톤급 이상의 선박을 용선할 수 있도록 요구하는 예문이다.

용어해설

1) First Rate : 일등급. 일류.
   First Rate Steamer : 아주 양호한 상태의 선박
2) capacity : 능력
   이 예문에서는 선박에 적재할 수 있는 적재량을 나타내고 있음.
3) better term : 보다 유리한 조건.
4) charter party : 용선계약서
5) loading and discharging : 적재 및 하역.

(4) Model 4-2-15 : 운송회사가 선적하기를 권유하는 사례

February 10, 2011

Mok Dong Trading Co.,
Tae Jon, Korea

Gentlemen :

We would like the opportunity to demonstrate our efficiency[1] in handling all transfers of household goods for your personnel to any destination in the world by sea and/or by air. We can provide complete services house- to-house[2] including insurance, packing, crating, container shipments and all destination services. We also have storage facilities.[3]

The writer has had extensive experience with an international forwarding company[4] both in Europe and in North America, and is thoroughly knowledgeable and skilled in all aspects of the moving industry.[5]

We look forward to proving the value of our services to your organization. We welcome your further inquiry.

Yours Truly,
KUK DONG TRANSPORTATION Co.

본문해설

극동운송이 목동무역에게 자신은 이삿짐 운송에 관한 전문적인 지식과 경험이 있음을 설명하면서 자신에게 운송화물을 맡겨달라는 내용의 거래제의를 하고 있다. 운송조건 설명과 동시에 그간의 운송경력에 관한 내용도 포함하고 있어 고객유치에 적극적인 회사임을 보여주고 있다.

용어해설

1) demonstrate our efficiency : 우리의 능률을 입증한다.
2) house to house : 집에서 집까지
   운송의 선적지와 양륙지를 표시한 것으로 Door to Door와 비슷한 표현이다.
3) storage facilities : 저장시설
4) international forwarding company : 국제운송회사
   Shipping Co.와 Forwarding Co.는 운송업에 종사하는 업종으로는 동일하나 운영방법은 서로 상이하다.
   Shipping Co. : 자기 회사 선박으로 운송업을 하는 회사
   Forwarding Co. : 자기 회사 선박없이 운송업을 하는 회사
   Forwarding Co.는 Shipping Co.에 비하여 신용도가 떨어진다.
5) moving industry : 운송산업

(5) Model 4-2-16 : 항해조회에 대한 회신

February 10, 2011

Mok Dong Trading Co.,
24 Mok-Dong Chung-Gu
Tae Jon, Korea

Gentlemen :

Thank you for your letter of February 5. Enclosed you will find details of our sailings for the end of this month and the beginning of next, from Pusan to Chicago.

You will see that first available vessel we have will be the S/S Pacific[1] which will accept cargo from February 15 to on February 20, when she sails. She is due in Chicago on March 10.[2]

Our freight rate for crated consignments is $40 per ton, and I have attached our Shipping Instructions to the enclosed itinery.[3]

Your Truly,

Korea Shipping Co.

본문해설

한국운송이 목동무역에게 부산에서 시카고까지 2월15일부터 2월20일까지 항해하는 운송계획을 통보하고 있다. 이 통보는 목동무역이 한국운송에게 2월5일 선박의 운행계획을 알려 달라는 요청이 있은 후 그 답신으로 제공된 서한이다.

용어해설

1) the SS Pacific : Pacific호로. 배의 이름을 의미한다.
MS = Motor Ship의 약자로 배가 디젤기관으로 운항한다는 것이고
SS = Steam Ship의 약자로 배가 증기기관으로 운행된다는 것이다.
2) due in chicago on March 10 : 3월10일에 시카고에 도착예정인
3) itinery : 운항일정표

(6) Model 4-2-17 : 선박 미도착에 대한 상황파악을 요청하는 사례

February 20, 2011

Korea Shipping Co.

Dear sir,

Our clients, ABC Trading, Chicago, inform us that they have received a cable from their customers, Sam Ho Trading Co., Champaign that the S/S Pacific which was due in[1] Chicago on February 18 has not yet arrived.

The vessel was carrying a consignment of Fabric for our clients, shipped B/L 1234, and they want to know why the ship has been delayed. A prompt reply[2] would be appreciated.

Yours truly,

W. B. Kim

본문해설

2월 18일 시카고에 도착예정인 Pacific호가 도착되지 않아 고객들의 불평이 있으니 이에 대한 상황을 알려 달라는 운송대리인이 선박회사에 보낸 서한문이다.

용어해설

1) be in due : ～에 도착 예정이었다. 2) prompt reply : 조속한 회신

(7) Model 4-2-18 : 선적지연과 관련된 사례

February 23, 2011

Dear W. B. Kim,

In answer to your letter of February 20, we are pleased to inform you that the S/S Pacific has now docked in Chicago, but was delayed by engine trouble. I am sure that your customers will now have been able to collect their consignment and apologize for the delay. As you know from previous experience of shipping with us, our line keeps to schedules[1] and this incident was an unfortunate exception[2]. Please contact us if there is any further information you require.

Yours truly,

Henry Lee

Korea Shipping Co.

본문해설

Model 4-2-17에 대한 회신으로 수입업자의 운송대리인 W. B. Kim이 선박회사인 Korea Shipping Co.에게 보낸 선박의 도착지연에 대한 상황보고 요구를 받은 Korea Shipping Co.가 W. B. Kim에게 보고하는 서한이다. 이 편지에서 선박회사는 문제의 선박이 엔진고장으로 인해 지연되었는데 지금쯤은 목적지에 도착하였으므로 화물을 찾을 수 있을 것이라는 회신을 하고 있다. 그리고 이 회신에서 이와 같은 사고는 극히 예외적인 것이므로 양해를 구하고 있다.

용어해설

1) our line keeps to schedule : 당사의 선박은 예정대로 항해중이다.
2) an unfortunate exception : 불가피한 예외, 불운한 예외

(8) Model 4-2-19 : 수출상이 선적준비 완료사실을 수입업자에게 통보하는 사례

February 10, 2011

Chicago Trading Co.,
2063 Orchard ST
Urbana, IL61821
U. S. A.

Gentlemen :

We are glad to inform you that the goods you ordered in Dec. 20, 2010 are ready for shipment.

We have made a special effort[1] to complete your order in time and trust the fine quality of our woven Fabric will give you full satisfaction[2] to your market and customers.

Please let us have[3] your shipping instructions to meet your requirements.

Yours very truly,

____

Tae Jon Trading
Wuen Kim.

본문해설

대전무역이 시카고무역에게 2005년 12월 20일에 주문한 상품을 생산완료 한 후 선적을 기다리고 있다는 통보를 하면서 구체적인 선적지시 요구를 하고 있다.

용어해설

1) made a special effort : 특별한 노력을 하다.
   made an effort = make efforts
   = exert oneself
   = endeavor
   = 노력하다.
2) give you full satisfaction : 완전히 만족하게 한다.
3) let us have = send us : 우리에게 보내 달라.

(9) Model 4-2-20 : 선적준비완료 통보의 사례

February 20, 2011

Tae Jon Trading Co.,
24 Mok Dong, Chung-Gu
Tae Jon, Korea

Gentlemen :

Please ship the order[1] not later than the March 10, 2011 from Korea in accordance with the following details[2].

(1) Each Carton Box should have the usual mark with port of destination[3] and number.
(2) The country of origin should be clearly stamped on each Box[4].
(3) Upon shipment[5], please cable us the name of the ship.

Your careful attention to this matter would be highly appreciated[6].

Very truly yours,
Chicago Trading Co.,

William John
Importer Director

본문해설

Model 4-2-19의 회신으로서 수입상인 시카고무역이 대전무역에게 2006년 3월 10일까지 선적을 완료하라는 지시를 하고 있다. 그리고 선적시 포장에 대한 지시를 하면서 화인(Shipping Mark)에 대한 내용을 자세히 언급하고 있다.

용어해설

1) ship the order : 주문한 상품을 선적하다.
2) in accordance with the following details : 아래 내용들과 일치해서
3) port of destination : 목적항, 도착항
   final destination : 최종 도착지.
4) stamped on each Box : 각 박스 위에 각인된
5) upon shipment : 선적후
6) would be highly appreciated : 크게 감사하겠습니다.

(10) Model 4-2-21 : 선적통지

February 20, 2011

ILLINOIS TRADING Co.,
2063 KIRBY AVE. CHAMPAIGN
IL 61821, U. S. A.

Gentlemen :

Order No. 8901/6

The above order was shipped on February 19, 2011 on the S/S Pacific which is due in Chicago on March 17.

We have informed your agents, James, who will make arrangements[1) for the consignment[2) to be sent on[3) to you, as you requested.

Our bank's agent[4) Busey Bank Ltd., Kirby Street, Champaign will hand over[5) the documents which consist of bill of lading(No. 1234), invoice(No. A23) and insurance certificate(AR 345), once you have accepted our bill.

We are sure you will be delighted when you see the machines, and that they will find a ready market[6] in your country. We look forward to hearing from you again in the near future.

Yours truly,

____

Tae Jon Trading Co.,
Wuen Kim
Exporter Manager

본문해설

수출업자인 대전무역이 수입업자인 일리노이무역에게 수출품의 선적사실을 통보하는 서한이다. 그리고 선하증권을 포함한 선적서류는 Busey Bank 샴페인 지점에서 인수할 것이라는 사실을 통보하고 있다.

용어해설

1) make arrangements for : ~을 준비하다.
2) consignment : 탁송품.
3) sent on : 보내다, 운송하다.
4) bank's agent : 은행대리점 = Correspondent Bank 환거래계약 체결은행
5) hand over : 이양하다.
6) ready market : 이미 활동중인 시장, 준비가 되어 있는 시장.

(11) Model 4-2-22 : 선적통지

February 20, 2011

Chicago Trading Co.,
2714 Clinton St
IL 68321, U. S. A.

Gentlemen :

We are pleased to confirm our cable of today as follows :

ORDER 100 CARTON BOX OF COTTON YARN
PACIFIC TWENTITH MDT

Your order for one hundred(100) Box Cotton Yarn CROWN was shipped by the M/S "PACIFIC" which left here today. You will find enclosed a nonnegotiable copy of B/L[1] and copies of Marine Insurance Policy[2] and our Invoice No. 123.

Against this shipment we have drawn a draft on your bank at sight for US $15,000 under L/C[3] No. 1111, with documents attached[4], and have negotiated it[5] through. We wish you would honor it[6] upon presentation.

We trust that the goods will reach you in good order[7] and give you complete satisfaction[8].

Yours very truly,
Mok Dong Trading Co.,

____

W. B. Kim
Import Director

본문해설

목동무역이 시카고무역에게 오늘 출항하는 PACIFIC호에 수출품을 선적하였다는 사실을 통보하고 있다.

용어해설

1) nonnegotiable copy of B/L : 비매입용 선하증권 사본(양도불능선하증권)
2) Marine Insurance Policy : 해상보험증권
3) under L/C : 신용장 조건에 따라서, 신용장을 근거로.
4) with documents attached : 선적서류를 첨부하여.
5) have negotiated it : 그것을 매입했다. 이때의 it는 환어음, 즉 a draft를 의미한다.
6) upon presentation : 제시한 후, 제시하자마자

7) in good order : 질서 정연하게. 문제가 없이, 양호한 상태로.
8) give you complete satisfaction : 완전한 만족을 주다, 절대적으로 만족하게 하다.

2) 해상보험과 관련된 사례

해상보험(Marine Insurance)은 해상사업과 관련하여 발생하는 손해를 보상하는 경제적 제도이다. 그리고 해상보험은 보험자와 피보험자간에 체결되는 해상보험계약(Contract of Marine Insurance)에 의해서 구체적으로 시행된다. 해상보험은 화물을 보험목적물로 하는 적하보험과 선박을 보험목적물로 하는 선박보험이 주종을 이루는데 본서에서는 수출화물을 대상으로 하는 연구를 하므로 적하보험을 위주로 설명하기로 한다.

적하보험에서 취급하고 있는 보험의 종류는 A약관, B약관, C약관이며 각 약관은 각기 약관에서 위험의 범위와 면책의 범위를 규정하고 있다. 이들 3 종류의 약관은 협회적하약관(Institute Cargo Clause)에 규정되어 있다.

ICC "A"약관은 과거의 전위험담보(All Risk)조건을 체계적으로 정리한 것이다. A약관은 보험자의 포괄책임주의 방식을 택하고 있기 때문에 이 약관에는 보험자의 면책위험이 규정되어 있다. A약관에는 보험자의 일반면책위험, 선박의 불내항 및 부적합위험, 전쟁위험 및 동맹파업위험을 제외한 모든 위험을 담보한다. 따라서 위의 네 가지 면책위험을 제외한 모든 위험이 A약관에서의 담보위험이 된다.

ICC "B"는 과거의 분손담보(With Average)조건을 정리한 것이다. 그리고 B약관은 보험자가 담보하고자 하는 위험이 약관상에 열거되어 있는 열거책임주의 방식을 채택하고 있다.

ICC "C"는 과거의 분손부담보(Free From Particular Average)조건을 정리한 것이다. C약관도 B약관의 경우처럼 열거책임주의 방식을 택하고 있다.

해상보험에서 인정하고 있는 위험의 종류는 해상고유의 위험(자연발생적인 위험)이며 인위적인 위험은 보험에서 제외된다. 따라서 인위적인 위험으로 해상보험에서 보상을 받고자 하는 경우에는 인위적인 위험을 위험의 종류에 추가하여야 한다.

(1) Model 4-2-23 : 보험료율 문의

February 20, 2011

Hyun Dae Marine Insurance Co.,
Sam Cheon Dong, Se-Ku
Tae Jon, Korea

Gentlemen :

Please quote us your lowest rate for Marine Insurance ICC(B)[1], on a shipment of 100 Bales 30's Yarn[2], valued at[3] US $100,000 by the M/S Pacific from Pusan to New York.

Your prompt reply would be highly appreciated[4].

Yours truly,
Mok Dong Trading Co.,

____

W. B. Kim
Export Manager

본문해설

목동무역이 현대해상보험주식회사에 부산에서 뉴욕까지 30번수의 실 100 Bales을 수출할 예정인데 이에 대한 보험료를 알려달라는 요청을 하고 있다.

용어해설

1) Marine Insurance ICC "B" : 해상보험에서 ICC B약관.
여기에서 ICC는 Institute Cargo Clause의 약어로 보험협회의 화물약관이라는 의미이다. ICC "B"는 보험협회의 B약관으로 종전의 WA(분손담보조건)보험조건을 정리한 것이다. WA보험조건은 소손해면책을 인정하는 보험조건이다.
2) 100 Bales 30's Yarn : 30번수의 실 100 Bale
30's는 실의 굵기를 나타내는 실의 번수임.
3) valued at : ~의 금액에 해당하는
4) would be appreciated : 감사히 여기다.

(2) Model 4-2-24 : 보험료율 안내

February 25, 2011

Mok Dong Trading Co.,
24 Mok-Dong, Chung-Gu
Tae Jon, Korea

Dear Sirs,

Answering to your letter of February 20, 2011, we would like you to[1] quote 0.25 percent[2] as our best rate[3] for 100 Bales 30's Yarn to be shipped to New York on the M/S Pacific.

Yours very truly,

Hyun Dae Marine Insurance Co.,

____

H. D. Lee
Manager

본문해설

현대해상보험이 목동무역에게 Model Letter 15에 대한 회신을 하고 있다. 현대해상보험은 목동무역에게 최대로 좋은 가격인 2.5%의 보험료율을 제시하고 있다.

용어해설

1) would like you to : 귀사에 하고 싶다. = would like to ～
= feel like ～ing
= feel inclined to ～ : ～하고 싶다.

2) 0.25 percent : Invoice Amount의 0.25%에 해당되는 금액을 보험료율로 한다.

3) best rate : 최선의 보험료율

(3) Model 4-2-25 : 보험계약 신청

February 28, 2011

Hyun Dae Insurance Co., Ltd.

Gentlemen :

In confirmation of our exchange by cable[1] till now, we enclose an application for Marine Insurance Contract[2] on one hundred(100) Bales of our Yarn(30's).

We hope that you will be good enough to make out[3] the Insurance Policy and copies as mentioned in the Application Form and send them to us as soon as possible[4].

Yours truly,

Mok Dong Trading Co.,

____

W. B. Kim
Export Director

Inc ; Application for Marine
Insurance Contract

본문해설

지금까지 목동무역과 현대해상보험이 교신한 내용을 근거로 하여 목동무역이 현대해상보험에게 보험에 가입하기 위한 보험가입신청서를 동봉한 서한문을 발송한다는 취지의 서한문이다. 그리고 목동무역은 현대해상보험이 보험증권을 가능한 빨리 작성하여 우송해 주도록 요구하고 있다.

용어해설

1) exchange by cable : 전문에 의한 교신
2) an application for Marine Insurance Contract : 해상보험계약 신청서

3) be good enough to make out : ~을 기꺼이 작성하다.
4) as soon as possible
= immediately : 가능한 한 빨리

3) 환어음과 관련된 사례

환어음(Bill of Exchange)은 일반어음과는 달리 채권자가 발행하는 어음이다. 수출업자는 수출대금을 결제받기 위하여 신용장이나 계약서를 근거로 한 환어음을 작성하여 신용장에서 지시하는 은행이나 자신에게 유리한 조건을 제시하는 은행에 매각할 수 있다.

환어음의 작성요령은 신용장을 근거로 하여 발행하는 경우에는 신용장에 작성요령이 나와 있기 때문에 신용장 조건에 따라 발행하면 된다.

환어음은 국제거래에서 채권자인 수출업자가 채무자인 수입업자에게 어음상에 기재된 금액을 어음상의 지명인 또는 어음의 소비자에게 일정한 일시 및 장소에서 지급할 것을 무조건 위임하는 요식유가증권이다.

환어음의 종류는 신용장조건에 따라서 발행된 운송서류를 환어음에 첨부하여야 결제가 가능하다면 화환어음(Documentary Bill of Exchange)이라 칭하고 운송서류가 첨부되지 않고 환어음만으로도 결제가 가능하다면 무담보어음(Clean Bill of Exchange)이라 칭한다. 그리고 계약서를 근거로 하여 발행되는 환어음은 결제방법에 따라 D/A나 D/P조건으로 구분하며 이를 추심환어음(Bill of Documentary Collection)이라 칭한다.

일반적으로 국내에서 사용되는 어음은 1통만 발행하여 결제에 사용하기 때문에 단일어음(Sole Bill)이 되지만 국제거래에 사용되는 환어음은 복수어음(Set Bill)으로 발행되어 제1권(First of Exchange), 제2권(Second of Exchange) 환어음으로 분류된다. 환어음이 2통으로 발행되는 이유는 국제간의 서류전달 과정에서 분실이나 지연으로 인해 야기될 수 있는 유통상 장해를 사전에 방지하기 위해서이다. 2통의 환어음을 사용할 때 제1권 환어음에는 선적서류의 원본을 1통씩 첨부하고 제2권 환어음에는 선적서류의 부본을 첨부하여 상이한 항공우편으로 수출지은행(매입은행)이 수입지은행(결제은행)으로 우송한다. 그리고 이같은 2통의 환어음 중 어느 하나로 결제가 이루어지면 나머지 하나는 자동적으로 무효가 된다는 내용이 환어음상에 표시되어 있어 중복결제라는 문제가 발생되지 않는다.

결과적으로 환어음은 요식증권이기 때문에 그 형식은 환어음의 기재요령에 따르는데 환어음에는 반드시 기재되어야 환어음으로서의 법적효력이나 구속력을 가지는 필수기재사항과 환어음 발행인이 임의적으로 선택하여 기재할 수 있는 임의기재사항이 있다.

환어음의 주요 당사자로는 어음발행인, 어음지급인, 어음수취인 등이 있는데 이들의 구체적인 활동내용은 다음과 같다.

① **어음발행인**(Drawer) : 환어음을 발행하여 수출대금을 결제받는 자이다. 즉, 수출업자인 채권자를 의미한다.

② **어음지급인**(Drawee) : 환어음에 대한 지급을 위탁받은 신용장 개설은행이나 수입업자를 의미한다.

③ **어음수취인**(Payee) : 환어음으로 대금지급을 받는 자이다. 이는 어음발행인이 될 수도 있고 어음발행인이 지명하는 제3자가 될 수도 있다.

한편 환어음에 필히 기재하여야 할 사항은 다음과 같다.

① **환어음의 표시** : 어음의 문언중에 환어음(Bill of Exchange)이란 표시가 있어야 한다.

② **무조건 위탁문언** : 일정액을 무조건 지급하라는 위탁문언이 표시되어야 한다.

③ **지급인의 표시** : 환어음은 지급인이 명시되어야 하는데 일반적으로 신용장 개설은행이나 신용장 개설은행의 환거래 계약체결은행이 된다.

④ **지급기일의 표시** : 어음의 지급기일(At Sight, Usance)이 표시되어야 한다.

⑤ **지급지의 표시** : 어음금액이 결제될 지역을 표시한다.

⑥ **수취인의 표시** : 어음상의 금액을 지급받는 자를 표시한다.

⑦ **어음발행일 및 발행지의 표시**

⑧ **발행인의 기명날인**

(1) Model 4-2-26 : 환어음발행 통보사례

February 20, 2011

Champaign Trading Co.,
Champaign, IL.

Gentlemen :

As cabled yesterday, we inform you that we have shipped by the M/S "Korean Express"[1)] sailing from Pusan on 21st February 100,000yds "CROWN"[2)] 2013 Fabric[3)] ordered by your cable of 25th December, 2010.

Against this shipment we have drawn on The Busey Bank, Champaign, Illinois[4)] at 90 days' sight for the invoice amount of US $53,000 under their L/C No. 1234 and negotiated[5)] it with the Korea First Bank, Tae Jon.

In accordance with your instructions, we have arranged for insurance with the Han Kook Marine Insurance Co., Ltd. for 110% of the invoice amount[6)], namely, US $58,300 ICC "B" terms.[7)]

We are sending you, under separate cover, one set of shipment sample[8)] of the goods and non-negotiable copies of shipping documents.

We hope the above arrangements will meet your satisfaction and these shipment will reach you in good condition.

Yours truly,
Mok Dong Trading Co.,

____

W. B. Kim
Export Manger

본문해설

목동무역이 샴페인무역에게 Korean Express호에 주문상품을 선적한 후 환어음을 발행하여 한국제일은행에 매각하였다는 사실을 통보하고 있다. 본 서한문에서 목동무역은 Nego서류에 약속한대로 보험서류도 첨부하였다는 사실을 통보하면서 선적상품이 안전하게 도착되리라 믿는다는 희망사항도 함께 전달하고 있다.

용어해설

1) M/S "Korean Express" : 코리언 익스프레스호. 배이름
2) CROWN : 상표이름. "크라운"표
3) 2013 Fabric : 2013번 직물. 2013은 생산품의 번호를 의미한다.
4) The Busey Bank, Champaign, Illinois : Busey Bank Champaign 지점
5) negotiated : 취결하다.
6) for 110% of the invoice amount : 송장금액의 110%에 해당하는
7) ICC "B" terms : 보험협회 화물약관 "B". 종래의 WA조건과 같음.
8) one set of shipment sample : 선적품 견본 1조

(2) Model 4-2-27 : D/A어음의 발행통보 사례

February 20, 2011

Hong Kong Trading Co., Ltd.

Dear sirs :

We have the pleasure of advising you of shipment of your order of 300 cases of Cotton Goods by M/S "ORIENTAL" which sailed for Hong Kong on 18 February.[1)]

In pursuance of[2)] the L/C provision, we have drawn, in settlement of[3)] the above, with D/A[4)] for US $100,000 at 60 d/s on the Bank of Tokyo, Hong Kong under their L/C No. 1234.

Please find particulars[5)] in the copy of the enclosed invoice.

We hope the goods will reach you quickly and safely to your complete satisfaction.[6)]

본문해설

목동무역이 D/A 60일 조건의 환어음을 발행하여 결제은행인 동경은행 앞으로 발송하였다는 내용을 수입업자인 홍콩무역에게 통보하고 있다. 아울러 상품이 빠르고도 안전하게 도착하기를 희망한다는 내용도 포함하고 있어 수입업자에게 친절을 베풀고 있다.

용어해설

1) sailed for Hong Kong on 18 February : 2월 18일에 홍콩으로 출항한
2) In pursuance of = in accordance with : ~에 따라서
3) in settlement of : ~의 청산으로, ~의 대금결제를 위하여
4) D/A : 계약서에 의한 대금결제방법으로 Document against Acceptance의 약어.
이와는 반대로 D/P : Document against Payment가 있다.
D/A : 인수도 조건. D/P : 지불도 조건
5) particulars = Descriptions : 상품의 명세, 내용
6) to your complete satisfaction : 귀사가 완전히 만족하도록

(3) Model 4-2-28 : 미불잔액의 결제를 요구하는 사례

February 21, 2011

ABC Trading Co., Ltd.

Dear Sirs,

We acknowledge receipt of your letter of 15th February requesting us to draw on you for the balance of our January statement.[1)]

Accordingly we have today drawn on you st 60 d/s for[2)] the amount of US $1,500 through the Bank of America, Chicago. Please give our draft your protection.[3)]

Yours faithfully,

Mok Dong Trading Co., Ltd.

W. B. Kim
Export Manager

본문해설

목동무역이 ABC 무역에게 잔여대금 US $1,500에 대한 결제를 60일 후불의 환어음으로 정리하겠다는 내용을 통보하는 서한문이다.

용어해설

1) the balance of our January statement : 당사의 1월 계산서중 잔액 balance : 잔액, 잔고
2) draw on you at 60 d/s for : 60일 후불의 환어음을 귀사 앞으로 발행한다.
3) give our draft your protection : 우리의 환어음에 대한 지급을 준비한다.

(4) Model 4-2-29 : 미불금을 독촉하는 독촉사례

February 20, 2011

ABC Trading Co., Ltd.

Gentlemen

We have written you repeatedly[1] concerning your account for US $100,000 which has been outstanding[2] for some time, but we have not heard from you.

We trust that you will give this matter your immediate attention[3], for we feel obliged to say[4] that unless this account is settled before the 26th, we shall be compelled to take legal steps[5] for collection.[6]

Yours truly,
Mok Dong Trading Co.,

W. B. Kim
Export Manager

본문해설

목동무역이 ABC무역에게 아직까지 100,000달러가 결제되지 않고 있으니 지금 바로 결제하기를 바란다는 서한문을 보내고 있다. 그리고 만약 이 달 26일 전으로 결제하지 않는다면 법원에 제소하겠다는 내용을 전달하고 있다.

용어해설

1) repeatedly : 여러 번, 수차례에, 반복적으로
2) outstanding : 결제되지 않고, 미불상태로
3) immediate attention : 즉각적인 배려, 빠른 회신
4) feel obliged to say : ~라고 말하지 않을 수 없다.
5) take legal steps : 법적 조치를 취하다
6) for collection : 징수를 위하여

(5) Model 4-2-30 : 부도어음을 결제하도록 통지하는 사례

February 20, 2011

Kirby Trading Co.

Gentlemen :

We regret to learn[1] form the Bank of Tokyo that our draft No. 123 drawn in settlement of your order of December 10, 2005 for US $100,000 due on March 20 has not been honored.

In view of[2] the arrangement between us, we ask you to take up the draft in question within five days after your receipt of this letter.

Otherwise, we shall be compelled to resell the goods and hold your responsible for[3] any loss.

We hope that you will not neglect this warning[4] and will contact us as soon as possible.

Truly yours,

Mok Dong Trading Co.,

본문해설

목동무역이 자신이 발행한 환어음 123번을 결제은행으로부터 지불만기에 결제받지 못해 이를 수입업자인 Kirby Trading에게 통보하고 있다. 그리고 어음에 대한 지급을 이 편지를 수행한 날로부터 5일 내에 하지 않으면 상품을 다른 업자에게 재판매하겠다는 경고를 하고 있다.

용어해설

1) regret to learn : ~을 알고 섭섭하다, 유감으로 생각하다.
2) in view of = in consideration of : ~을 고려해서
3) hold you responsible for : ~에 대한 책임이 있다.
4) neglect this warning : 이 경고를 무시하다.

(6) Model 4-2-31 : 미불금을 결제하면서 사과하는 사례

February 28, 2011

Mok Dong Trading Co.

Gentlemen :

Please find enclosed our check in the amount of US $100,000[1] in payment for[2] the letter which you sent to us by air mail[3] on February 20, 2011

We apologize for[4] our delay in forwarding this payment, but unfortunately this invoice was misplaced[5] in our office.

Sincerely yours,

본문해설

Model 4-2-29에 대한 회신으로서 ABC무역이 목동무역에게 미불금 100,000 달러를 보내면서 사과하는 내용의 서신이다. ABC무역은 자신이 지연된 대금 결제에 대한 이유를 설명하면서 사과하고 있다.

용어해설

1) in the amount of US $100,000 : 액면금액이 100,000달러인
2) in payment for : ~의 결제조로
   in settlement of :~의 청산조로
3) air-mail : 항공우편. Express air-mail : 특수항공우편
   registered air-mail : 등기항공우편
   surface mail : 보통우편(항공우편과 대칭되는 우편)
4) apologize for : ~에 대하여 사과하다
5) was misplaced : 잘못 놓이다, 정상적인 위치를 벗어나다.
   : 전혀 예기치 못한 자리에 놓이다.

(7) Model 4-2-32 : 미불금을 수령한 후 통지하는 사례

February 20, 2011

ABC Trading Co., Ltd.

Gentlemen :

We thank you for your letter of 10 February, containing a check for US $10,250 in full discharge of[1) our account as shown below :

Our invoice $10,000
Less[2) $2\frac{1}{2}$ percent discount ....$ 250
Your check $10,250

We have in stock[3) some choice logs[4) in teak[5), and we can give you an excellent selection[6). Prices are rising rapidly and we advise you to place your orders[7) as early as possible. If you wait until the beginning of next year, you may have to[8) pay double the present price[9).

We look forward to your prompt orders[10), which we assure your shall receive our best attention.

Yours faithfully,
Mok Dong Trading Co.,

본문해설

목동무역이 ABC무역에게 2월 10일자 편지에 나타나 있는 10,250달러의 미결제분 수표를 잘 받았다는 내용을 전하는 감사편지이다. 목동무역은 앞으로 이 제품에 대한 가격이 인상될 것이므로 지금 주문하시는 것이 유익하다는 정보를 주면서 즉각적인 주문을 유도하고 있다.

용어해설

1) in full discharge : 완전한 대금조로, 환불조건으로
2) less : 금액에 대한 할인 = minus, discount : 가격할인.
3) have in stock : 준비된 물건이 있다. stock을 우리는 팔다가 남은 물건을 의미하나 여기에서는 팔다 남은 물건이 아닌 팔기 위하여 준비하고 있는 물품을 의미함.
4) choice logs : 품질이 양호하여 선택된 통나무.
5) teak : 티크 재목. 목재의 종류
6) excellent selection : 훌륭한 선택품, 우수한 특산품
7) place order : 주문하다, 발주하다.
8) may have to : 아마~할지도 모른다.
9) double the present price : 현재 가격의 2배
10) prompt order : 빠른 주문, 즉각적인 주문.

(8) Model 4-2-33 : 결제기간경과로 할인혜택이 적용되지 않음을 알리는 사례

February 20, 2011

C. Itoh Co., Ltd.

Dear Sirs,

We thank you for your check of US $15,600 received this morning, but regret that we cannot accept it in full settlement of[1] the sum of US $16,000. It is true that we allow a discount of $2\frac{1}{2}$ percent for prompt cash[2] payment but this account has run for six months[3].

The account now stands as follows :

Per invoice[4] of June 10 ································· US $16,000

Received by check ·· US $15,600

Balance ·· US $400

We should be glad to have a check for the sum at your convenience, or we will, if you prefer it[5], carry the amount forward to the next account.

Yours sincerely,

Mok Dong Trading Co.,

본문해설

목동무역이 C. Itoh에게 물건인수시 전액현금으로 대금을 결제하는 경우에는 2.5% 할인이 적용되지만 귀사의 경우는 물건인수후 6개월이라는 기간이 경과하였기 때문에 이 할인율을 적용할 수 없으니 잔액을 바로 결제하든지 아니면 다음번 주문시 함께 하든지 결정하라는 요구를 한 서한문이다.

용어해설

1) in full settlement of : ~을 완전히 청산하는 조건으로, 완불하는 조로
2) for prompt cash : 즉시 현금을 지불하는 것에 대하여
3) run to six months : 6개월간이나 미불상태로 유지하다.

4) per invoice : 송장에 따르면, 송장에 의하면.
5) if you prefer it : 만약 귀사가 오히려 그것을 원하신다면.

(9) Model 4-2-34 : 환어음

No. 1[1)]

BILL OF EXCHANGE

For US $50,000[2)] Seoul, February 7, 2011

At...Sight[3)] of this FIRST of Exchange (SECOND of the same tenor and date being unpaid)[4)] pay to The Korea Exchange Bank[5)], or order the sum of

Dollars Fifty Thousand Only[6)]

U. S. Currency :[7)]

Value received and charge the same to account of Chicago Trading Co., Inc., Chicago,[8)]

Drawn under The Busey Bank of Champaign L/C No. 1000
dated November 30, 2010[9)]

To The Busey Bank of Champaign,[10)]
Champaign, IL.

Tae Jon Trading Co., Ltd.

본문해설

수출업자인 대전무역이 수입업자인 시카고무역을 상대로 발행한 환어음으로 제1권 환어음이다.

용어해설

1) No. 1 : 환어음의 번호. 환어음을 발행하는 채권자의 어음발행 일련번호이다.
2) For US $50,000 : 환어음의 액면 금액

3) At...sight : 지급기일. at sight는 일람출급 환어음임을 표시함.
4) this First of Exchange(SECOND of the same tenor and date being unpaid) : 제1권 환어음 (동일내용, 일부의 제2권 환어음이 지불되지 않았을 때)
5) The Korea Exchange Bank : 어음매입은행
6) Dollars Fifty Thousand Only : 어음금액을 문자로 표시하는 란. 어음금액을 숫자로만 표기할 때는 숫자를 도용하여 사용할 가능성이 있기 때문에 이를 방지하기 위한 것이다.
7) U. S. Currency : 결제통화 표시. 이 어음에서는 미국의 달러가 결제통화임.
8) Value received and charge the same to account of Chicago Trading Co., Inc., Chicago : 어음금액을 수령하였으며 동금액을 Chicago Trading의 계정에서 지급해 주십시요.
9) Drawn under The Busey Bank of Champaign L/C No. 1000 dated November 30, 2001 : 이 어음은 2001년 11월 30일 Busey Bank 샴페인 지점이 발행한 L/C No. 1000에 근거하여 발행되었다.
10) The Busey Bank of Champaign : 어음의 지급인으로 본 어음에서는 신용장 개설의뢰인이 어음지급인으로 되어있다.

(10) Model 4-2-35 : 환어음

BILL OF EXCHANGE

For US $50,000 Seoul, February 7, 2011

At.........sight of this SECOND of Exchange[2] (FIRST being unpaid)[3]
pay to The Korea Exchange Bank, or order the sum of
Dollars Fifty Thousand Only in the U. S. Currency
Value received and charge the same to account of
Chicago Trading Co., Inc., Chicago,
Drawn under The Busey Bank of Champaign L/C No. 1000 dated November 30, 2010

To The Busey Bank of Champaign, Tae Jon Trading Co., Ltd.
2117 Kirby St, Champaign, IL.
U. S. A

Signature ____________________

본문해설

환어음은 1set가 2부이다. 즉, 환어음은 제1권 환어음과 제2권 환어음으로 발행된다. Model Form 1은 제1권 환어음이고 Model Form 2는 제2권 환어음이다. 이 어음은 제1권 환어음이 사용되지 않는 경우에만 사용할 수 있다.

용어해설

1) No. 1 : 환어음 번호로 제1권 환어음 번호와 일치한다.
2) Second of Exchange : 제2권 환어음의 표시
3) First being unpaid : 제1권 환어음이 결제되지 않는 경우 이 제2권 환어음을 결제하겠다는 근거문언.

(11) Model 4-2-36 : 환어음

환 어 음

제1호 대한민국 서울 2011년 2월 7일

미불 50,000

이 환어음의 제2권을 보신 후 (만약 동일지급기간 및 날짜의 제1권 환어음이 지급되지 않았다면) 다음 금액을 한국 외환은행 또는 지시인에게 일람불로 지급하시기 바랍니다. 미불 50,000 대가수령 그리고 이 대가는 일리노이주 시카고시 소재 Chicago상사의 계정으로 결제됩니다.

이 어음은 샴페인 소재 Busey Bank 은행의 2010년 11월 30일자 신용장 1000호에 의거 발행된 것입니다.

일리노이주 샴페인시 Busey Bank 행장 귀하

대전무역주식회사
사장
(서명)

본문해설

상기 Model 은 Model 4-2-35를 번역한 것이다.
환어음은 1set가 2부이다. 즉, 환어음은 제1권 환어음과 제2권 환어음으로

발행된다. Model Form 1은 제1권 환어음이고 Model Form 2는 제2권 환어음이다. 이 어음은 제1권 환어음이 사용되지 않는 경우에만 사용할 수 있다.

용어해설

1) No. 1 : 환어음 번호로 제1권 환어음 번호와 일치한다.
2) Second of Exchange : 제2권 환어음의 표시
3) First being unpaid : 제1권 환어음이 결제되지 않는 경우 이 제2권 환어음을 결제하겠다는 근거문언.

제 5 장
무역클레임

제1절 무역클레임의 의의 및 발생배경

1. 무역클레임의 의의

무역클레임이란 무역계약의 당사자 중 어느 한 측이 계약의 내용을 위반하여 다른 측에게 손해를 입히는 경우 손해를 본 측에서 자신의 손해에 대한 배상을 계약위반자에게 청구하는 경우를 의미한다.

무역클레임은 협의로 해석할 경우는 단순한 불평이나 경고를 포함하지만 일반적으로는 손해에 대한 보상으로 물품이나 금전 등을 요구하는 적극적인 경우를 의미한다.

2. 무역클레임의 발생원인

무역클레임은 일반적으로 다음과 같은 원인에 의하여 발생한다.

① 매매 당사자간의 의사소통이 원만하지 못하여 정확한 거래의 약속이 이행되지 않을 경우

② 상관습 및 법률이 서로 달라 통관이 불가능하게 되는 경우

③ 완벽한 신용조사를 하지 않고 거래계약을 성립시켜 신용장 개설이 어렵게 되거나 결제상의 문제가 야기되는 경우

④ 무역거래의 기본조건이나 계약조건이 미비하여 문제가 야기되는 경우

⑤ 무역절차에 대한 단계별 이해부족으로 과실이 발생하는 경우

⑥ 운송 중에 야기되는 위험을 보험에서 부보하지 않아 문제가 야기되는 경우

⑦ 정치적으로나 사회적인 변화로 인하여 계약을 파기하여야 하는 경우

⑧ 불량상품의 선적이나 선적지연으로 인하여 문제가 야기되는 경우

⑨ 가격변동으로 인한 고의적인 계약파기

⑩ 기타 불가항력의 경우

이상과 같이 무역클레임의 발생원인은 다양하나 주된 원인은 무역당사자 사이의 무역계약이 불완전하게 협정되거나 불완전한 협정에 따른 계약이행상의 결함에 있다. 즉, 상품매매는 당연히 계약의 내용에 따라 이행되어야 하나 그러나 계약 자체가 불완전하게 작성된 경우에 불완전하게 작성된 계약의 내용을 가지고 계약의 이행을 하다 보면 클레임이 야기된다.

3. 무역클레임의 종류

1) 무역클레임의 발생원인을 기준으로 한 분류

(1) 품질에 관한 클레임

품질이 불량하거나 규격이 달라서 계약상의 품질조건과 차이가 발생하여 야기되는 경우의 클레임

(2) 수량에 관한 클레임

선적시에 선적수량이 계약된 내용에서의 수량보다 부족하거나 또는 양륙당시의 양륙수량이 계약된 내용의 수량보다 부족하여 문제가 야기되는 경우의 클레임

(3) 선적에 관한 클레임

선적 지연이나 선적 불이행 등으로 선적조건을 불이행함으로써 문제가 야기되어 나타나는 경우의 클레임

(4) 가격, 결제에 관한 클레임

가격조정이나 과잉지급, 과잉 비용지출 등으로 인하여 문제가 야기되어 나타나는 경우의 클레임

(5) 서류에 관한 클레임

송장작성이 잘못되었거나 선적서류의 기재사항이 잘못되거나 또는 서류구비의 미비점 등으로 인해 야기되는 클레임

(6) 계약에 관한 클레임

계약 불이행이나 일방적인 계약취소로 인하여 야기되는 클레임

2) 무역클레임의 성질을 기준으로 한 분류

(1) 일반적 클레임

무역거래를 이행하는 과정에서 매매당사자 중 어느 한 측이 과실이나 태만으로 나타나는 클레임을 의미한다.

(2) 위장적 클레임

수입업자가 매매계약 체결시에 결정한 가격이 국제시세의 하락으로 계속해서 거래를 하게 되면 손해를 본다고 판단하는 경우 국제시세의 하락으로 인

한 손해를 최소화시키기 위하여 수입업자는 고의적인 클레임을 제기하는 경우가 종종 발생한다. 따라서 이러한 경우의 클레임을 고의적 클레임 또는 Market Claim이라 한다.

(3) 계획적 클레임

수입업자가 처음부터 교묘한 술책을 사용하여 수출업자가 계약이행을 어렵게 하도록 하여 문제를 야기시켜 수출업자를 어렵게 하여 나타나는 형태의 클레임을 의미한다.

4. 무역클레임의 해결방법

무역거래는 서로 다른 국가간의 거래이기 때문에 클레임이 발생되면 상관습의 차이로 인하여 쉽게 해결되지 않는다. 따라서 향후의 지속적인 거래를 위해서는 문제가 야기되었을 때 당사자간에 우호적인 타협을 통하여 해결하는 것이 바람직 하지만 이 방법이 여의치 않을 경우에는 조정(Conciliation), 중재(Arbitration), 소송(Litigation)이라는 방법에 따라 해결하여야 한다.

클레임이 제기되었을 때 이를 해결하기 위한 구체적인 방법을 보면 다음과 같다.

1) 화　해

무역거래에서 클레임이 야기되었을 때 향후의 거래관계를 생각하여 매매당사자가 서로 자기의 주장을 조금씩 양보하여 제기된 클레임을 해결하는 방법이다.

그러나 이해가 상치되는 매매당사자간의 교섭은 일반적으로 쌍방 혹은 어느 한 편의 양보가 어렵다. 따라서 이러한 경우에는 공정한 제3자가 개입하여 발생된 클레임을 알선 내지는 조정하여 화해를 시킨다.

그리고 여기에서 언급한 화해(Compromise : Amicable Settlement)는 상기의 방법에 의한 화해가 아닌 매매당사간의 직접교섭에 의한 화해를 의미한다.

2) 알 선

발생된 클레임에 대하여 매매당사자가 직접 우호적으로 타협책을 강구하지 못하였을 경우에는 제3자가 개입하여 문제된 클레임을 해결한다. 그리고 이와 같이 제3자가 개입하여 해결하는 방법에는 알선·조정·중재 및 소송 등이 있다.

알선(Intercession : Intermediation)이란 매매당사 중 일방의 의뢰에 의하여 상공회의소, 상사중재원, 대사관, 영사관 등 공정한 제3자가 사건에 개입하여 해결방안을 제시하거나 조언하는 것을 말한다.

3) 조 정

이것은 매매계약의 양 당사자가 공정한 제3자를 조정인으로 선임하여 조정인이 제시하는 구체적인 해결방안에 합의함으로써 클레임 문제를 해결하는 것을 말한다. 그리고 조정인이 제시하는 조정안에 대하여 당사자는 이것을 반드시 수락할 의무가 없으므로 조정안에 불만이 있으면 조정(Concilation)은 성립되지 않는다.

그러나 양 당사자가 일단 조정안을 수락하면 조정안은 강제력을 가지게 된다. 따라서 조정은 조정안이 구속력이 없다는 점에서 불완전한 해결방법이긴 하지만 절차가 간단하여 많이 이용되고 있다.

4) 중 재

중재(Arbitration)란 조정의 경우와 마찬가지로 발생한 클레임을 해결하기 위하여 공정한 제3자를 중재인(Arbitrator)으로 선임하면 선임을 받은 중재인은 국제중재규칙에 따라 판정한다. 그리고 이러한 중재인의 판정에 대하여 양 당사자가 복종하게 함으로써 클레임은 해결된다.

중재가 조정과 다른 점은 조정은 조정안의 수락여부가 매매당사자의 자유의사에 달렸으나 중재는 매매당사자가 중재판정을 거부할 수 없고 강제집행력이 있다는 점이다. 따라서 중재는 소송과 유사하나 중재판정에는 상소의 길이 없고 중재에 위탁된 사건은 소송에 의하여 다루어질 수 없다는 사실이 중재와 소송의 차이점이라 하겠다.

5) 소　송

소송(Litigation)이란 매매당사자 중 일방이 상대방에게 강제를 가하기 위하여 국가기관인 법원에 제소함으로써 국가공권력 발동을 요청하는 경우를 의미한다.

그러나 무역거래에서는 상대방이 법역(法域)을 달리하는 외국과의 거래이기 때문에 2국간에 조약을 체결하여 당사국 상호간에 외국판결의 승인이나 집행을 약속하고 있는 경우를 제외하고는 자국의 재판권이 상대국에 미치지 못한다는 장애요소 때문에 강제집행을 할 수가 없다. 그리고 소송에는 많은 비용이 소요되므로 이 방법에 의한 해결은 거의 이용되지 않고 있다.

무역업자는 무역거래시 상기와 같은 원인들 중 어떤 원인에 의하여 상대로부터 클레임을 제기받았을 때 이의 해결을 양측이 대화로 우호적으로 해결하는 것이(amicably settlement) 바람직하다. 왜냐하면 우호적인 해결은 거래당사자가 조금씩의 양보로 상대방을 이해하면서 절충안을 마련한 것이기 때문에 법에 의한 해결방법보다 장래의 거래를 지속시키기 위하여 훨씬 유연성이 있기 때문이다. 그러나 클레임이 제기될 때 모든 경우 이러한 우호적인 해결이 어렵기 때문에 이를 해결하기 위하여 매매계약을 체결할 때 클레임의 제기기간, 해결방법, 적용규정 등을 언급하여 당사자간에 합의를 하는 것이 바람직하다.

수출업자나 수입업자는 무역거래시 약속된 내용대로 거래가 이행되지 않는 경우, 이상을 발견한 측이 다른 측에 가능한 빨리 통지하여 구상(求償)의 권리를 유보하는 것이 바람직하다. 따라서 필요한 절차로 문제발생시 문제를 입증할 수 있는 감정인(surveyors)의 감정보고서를 첨부하여 클레임을 제기하여야 한다.

우리나라도 클레임에 대한 해결을 원만히 처리하기 위하여 공식기관으로 대한상사중재원(Korean Commercial Arbitration Board)을 개원하여 국내무역업자들의 편의를 도모하고 있는데, 대한상사중재원은 무역거래에서 계약사항으로 다음과 같은 '표준중재조항'의 삽입을 권장하고 있다.

> "All disputes, controversies, or difference which may arise between the parties, out of or in relation to or in connection with this contract, or for the breach thereof, shall be finally settled by Arbitration in Seoul, Korea in accordance with the Commercial Arbitration Rules of the Korean Commercial Arbitration Board and under the Laws of Korea. The Award rendered by the arbitrator(s) shall be final and binding upon parties concerned."
>
> (이 계약으로부터 또는 이 계약과 관련하여, 또는 이 계약의 불이행으로 말미암아 당사자간에 발생하는 모든 분쟁, 논쟁 또는 의견 차이는 대한민국 서울특별시에서 대한상사중재원의 상사중재규칙 및 대한민국 법에 따라 중재에 의하여 최종적으로 해결한다. 중재인에 의하여 내려지는 판정은 최종적인 것으로 당사자 쌍방에 대하여 구속력을 가진다.)

제2절 클레임과 관련된 서한문 사례

1. 품질과 관련된 클레임 사례

(1) Model 5-2-1 : 견본과 불일치하여 발생한 클레임 사례

February 20, 2011

Chicago Trading Co., Ltd.
2600 Urbana, IL
U. S. A

Gentlemen :

Thirty bales of 30's Yarn for our Order No. 123 per[1] S/S "Pacific" have reached here, but we extremely regret to have to inform you that their quality is inferior to the samples on which we placed you the order.[2]

You will find a cone[3] sample enclosed from the goods we received. You will admit that your shipments do not come up to[4] the sample.

We hope you will settle the matter right at once[5] and let us know[6] by return mail what you can do about it.[7]

Yours Truly,

Mok Dong Trading Co., Ltd.

W. B. Kim
Import Manager

본문해설

목동무역이 시카고무역에게 퍼시픽호로 보내준 상품 중에서 주문을 수락하기 전에 교환했었던 견본과 품질이 일치하지 않아 문제가 있으니 이에 대한 해결을 요구하고 있다. 그리고 품질상의 하자사항을 입증하기 위하여 도착상품 중 견본으로 1콘을 발송하니 참조하라는 내용의 서한문을 보내고 있다.

용어해설

1) per S/S "Pacific" : per는 여러 가지 의미가 있으나 여기에서는 교통수단을 의미.
   per = by = by means of : 교통수단
2) we placed you the order : 당사는 귀사에 주문을 했다.
   place order : 주문하다.
3) cone : 실을 감은 모양. cone과 반대되는 개념으로 hank가 있는데 cone은 실쿠리에 감겨진 실이고 hank는 타래대로 있는 모양의 실이다.
4) come up to : ~과 일치하다.
5) right at once : 지금 즉시. immediately : 바로, 즉시.
6) let us know : 알려달라.
7) what you can do about it : 귀사가 그것을 위해 할 수 있는 일.

(2) Model 5-2-2 : 자기 회사의 직원실수를 인정하는 사례

February 26, 2011

Mok Dong Trading Co., Ltd.
Mok Dong, Chung-Gu
Tae Jon, Korea

Gentlemen :

We greatly regret to[1] learn from your letter of 20th February that our shipments against your Order No. 123 were inferior in quality.

Upon tracing our records,[2] we find that our shipping clerk[3] shipped the goods of Sample No. 4 underwares instead of those of Sample No. 6 for which your order was given.

We are very sorry for this carelessness on our part.[4] In order to adjust your claim[5)] of this time, we would like either to send you the right goods as soon as possible or to give you a special allowance of 10% off[6)] the invoice amount.

Please accept our apologies for the inconvenience we have caused you[7)] and let us know which of the above two adjustments is preferable to you.[8)]

Yours very truly,

Chicago Trading Co., Ltd .

Henly Lee
Export Manager

본문해설

Model 5-2-1의 회신으로 시카고무역이 목동무역의 클레임에 회신하면서 이번 선적분의 품질상 하자사항은 선적검사원의 잘못으로 야기된 것으로 자기 회사가 전적으로 잘못하여 발생되었기 때문에 책임을 지겠다는 서한문이다. 즉, 시카고무역은 본 사건에 대한 책임으로 정상품을 재선적하여 우송하거나 그렇지 않으면 물품대금의 10%를 할인해 주겠다는 조건을 제시하면서 자신의 잘못을 양해하여 달라는 부탁을 하고 있다.

용어해설

1) greatly regret to : 대단히 유감스럽다, 유감스럽게 생각한다.
   = extremely regret to
   = be exceedingly regret to
2) tracing our records : 우리의 기록을 추적하다.
   trace는 어떤 일을 추적할 때 사용한다. 편지가 배달되지 않아 분실과정 등을 추적할 때 사용되는 용어이다.
3) shipping clerk : 선적전담 직원. 선적 검수원
4) this carelessness on our part : 우리 회사측의 부주의로
5) adjust your claim : 귀사의 클레임을 조정하다, 해결하다.

6) special allowance of 10% off : 10%의 특별 할인.
off는 가격을 할인할 때 사용하는 용어이다.
7) have caused you : 귀사에 원인을 제공하여, 귀사에 야기시킨.
8) preferable to you : 귀사에 유리한, 귀사에게 보다 나은.

2. 파손과 관련된 클레임 사례

(1) Model 5-2-3 : 운송중 파손에 대한 클레임 제기 사례

February 20, 2011

The Mok Dong Trading Co.,
Tae Jon, Korea

Gentlemen :

We have the pleasure of informing you that 200 cases of Cotton Sewing Threads 30's per S/S "Pacific" arrived at Chicago on the 10th February.

We, however, regret to have to inform you that one of the cases of your shipment arrived in a badly damaged condition.[1] It is C/No. 150 containing 100 doz. The lid[2] was broken and the case with its contents crushed. It looks as if some heavy cargo had fallen on it.[3]

We have examined the boxes and found that about 70 dozen are in an unsalable condition.[4]

We pointed out the damage when taking delivery. We assume that you are taking the matter up[5] from your end as insurance had been effected by you.

Very truly yours,

Chicago Trading Co.,

____

William Robinson

본문해설

수입업자인 시카고무역이 수출업자인 목동무역에게 수입품 중 일부가 파손되어 판매가 어렵다는 내용을 전달하고 있다. 이는 수입업자가 운송 중에 파손된 상품에 관하여 클레임을 제기하는 예문이다. 즉, 면재봉사(糸) 30번수 200 case를 받았는데 그 중 150번 case에 들어있는 100dozen 중 70dozen이 무거운 다른 화물에 눌려 사용할 수 없으니 즉시 보험회사에 통보하여 보험금을 청구해 달라는 요구를 하고 있다. 일반적으로 이러한 경우에는 운송도중의 화물손상에 대하여 선박회사나 보험회사가 보상하는 것이 관례이다.

용어해설

1) to arrive in a badly damaged condition : 심하게 파손된 상태로 목적지에 도착하였다.
2) lid : 뚜껑
3) to fall on it : 그 위에 떨어지다, 그것에 부딪히다.
   fall on(upon) : (재앙 따위를)당하다, 서두르다, 부딪히다, 떨어지다.
4) unsalable condition : 판매가 불가능한 상태, 판매가 어려운 상태, 판매가 불가능하도록 부서짐.
5) take the matter up : 그 문제에 뛰어들다, 그 문제에 착수하다.
   take up : 집어 올리다, 비난하다, 착수하다.

(2) Model 5-2-4 : 파손클레임을 받은후 회신하는 사례

March 3, 2011

Messrs, Chicago Trading Co.,
Chicago, IL, U. S. A

Gentlemen :

We greatly regret to learn from your letter of the 20th February that one case of our shipment per S/S "Pacific" arrived in a damaged condition.

As the goods were packed with the greatest care we can only conclude[1], as you say, that the case has been stored or handled carelessly.

We have reported your claim to our insurance company. Will you please hold the damaged goods at our disposal[2). Meanwhile, we will ship by next vessel one case to replace the damaged one and we trust that this will be in accordance with your wishes.

We shall write you again as soon as we have heard from the insurance company.

Yours very truly,

본문해

Model 5-2-3의 회신이다. 시카고무역으로부터 클레임을 제기받은 목동무역이 상품훼손에 대하여 시카고무역에게 정중히 사과하면서 클레임의 해결을 위하여 이미 보험회사에 통보하였고 다음 선박편에 훼손상품에 대한 대체품을 보내주겠다는 약속을 하고 있다. 아울러 목동무역은 이같은 현상이 선박회사측의 부주의로 야기되었기 때문에 자신의 책임이 아니라는 사실도 강조하고 있다.

용어해설

1) we can only conclude : ~라고 결론을 지우다.
   conclude : 결론을 내리다, (계약)체결하다.
   to conclude : 결론적으로
2) at our disposal : 우리의 마음대로
   at(in) a person's disposal : ~의 뜻대로
   my books are at your disposal : 나의 책을 너의 처분에 맡기겠다.

(3) Model 5-2-5 : 파손에 대한 클레임 회신

February 20, 2011

C. Itoh Co., Ltd.
Tokyo, Japan

Gentlemen :

We acknowledge your letter of February 15 in which you reported that one of the Color TV set packed in Case No. 3 was found damaged past repair[1)] owing, presumably, to the breakage of the case, and are very sorry to hear that. You will note from the relative shipping documents that all of the Color TV had been loaded on the vessel in good condition, as evidenced by the clean B/L[2)], and we appreciate the promptness with which you filed a claim with[3)] the steamship's agent there. Please also bear in mind that the goods in question had been insured against[4)] All Risks including Breakage, so that even if the steamship line involved should fail to entertain your claim[5)], as they so often do, the insurance company will, we hope, take care of it in a proper manner. At any rate, please let us know the outcome. We also note that you are in need of a replacement[6)]. Shall we send it to you by air freight or shall we wait for a while so that we may ship it along with some other orders that you may place with us in the near future? Your prompt reply would be much appreciated.

Yours Truly,
Mok Dong Trading Co.,

____

W. B. Kim

본문해설

목동무역이 C. Itoh에게 보낸 클레임 제기에 대한 회신의 예문이다. 목동무역은 자신이 선적한 Color TV는 거의 완벽한 상태에서 선적되었음을 무사고 선하증권으로 입증시켜주고 있다. 완벽한 제품이 선적되었지만 운송과정에서 선박회사의 부주의로 포장이 파손되었고 포장파손에 따라 Color TV도 파손되었다는 사실을 강조하고 있다. 이같은 원인으로 야기된 상품파손은 보험에도 해당되므로 보험회사에서 보상받을 수 있을 것이라는 사실도 통보하고 있다. 그리고 이후에라도 고객들과의 관계를 고려하여 파손된 상품과 대체할 필요가 있다면 항공편으로나 다음번 선적시에 우송해 주겠다는 의지를 표현하고 있다.

용어해설

1) past repair = beyond repair : 수선이 불가능하다
2) clean B/L : 무사고 선하증권. 이 선하증권은 신용장에서 요구하는 내용대로 상품을 선적한 후 선하증권을 발급받았기 때문에 선하증권이 선적서류로서 하자사항이 전혀 없는 경우를 의미한다. 이와 반대되는 선하증권으로 foul B/L (사고선하증권)이 있다.
3) file a claim with : 클레임을 제기하다. = lodge a claim with
4) insure ~ against : 위험에 대하여 부보하다.
   against 뒤에 위험의 종류가 나오면 이러한 위험을 위하여 부보한다.
5) enter a claim : 클레임을 수리하다. = hono(u)r a claim
6) replacement : 교체품, 보충품.
   replace는 ~에 대신하다, ~에 대체하다는 의미가 있다.

3. 기타 클레임에 관한 사례

(1) Model 5-2-6 : 과적과 관련된 클레임 사례

February 20, 2011

Illinois Trading Co., Ltd.
Chicago, U. S. A

Gentlemen :

<u>Subject : Our Order No. 250</u>

We have just received copies of the shipping documents[1] covering the above order.

Upon checking them against our original order,[2] however, we have found that there is an overshipment[3] of 70 yards of 5063 Fabric[4] material on this order.

While we presume that this was occasioned by[5] a clerical mistake[6] on the part of your manufacturer, we would request you to contact them immediately to ascertain[7] if this was actually the case. Since[8] it was apparently an overshipment and not a short shipment, we are not so seriously worried about it, but are concerned as to how to handle this matter.

There are still about 2 week before M/S. "Pacific" on which the goods were shipped arrives at Pusan and your prompt attention to this matter would be much appreciated.

Sincerely yours,

Mok Dong Trading Co., Ltd.

W. B. Kim
Import Manager

본문해설

목동무역이 일리노이무역에게 자신이 주문한 물량을 초과하여 수입상품이 선적되었다며 초과되는 물량을 처분하라는 요구를 하고 있다. 목동무역은 과적된 물량을 처분하는 데 어려움이 있다며 이의 처리를 요구하고 있다. 아울러 목동무역은 이같은 상황의 발생이 아마도 제조업자의 실수로 인한 것 같다며 제조업자와 접촉해 줄 것도 요구하고 있다.

용어해설

1) Shipping Documents : 선적서류. 일반적으로 선적서류는 수출업자가 nego시에 필요로 하는 서류를 신용장에서 요구하는 대로 작성한다. 선적서류는 필수선적서류와 부수선적서류로 구분되는 데 필수선적서류는 Commercial Invoice(상업송장), Bill of Lading(선하증권), Insurance Policy(보험증권) 등이며 부수선적서류는 이 서류를 제외한 나머지 서류가 된다.
2) checking them against our original order : 선적서류를 우리가 가지고 있는 주문서 원본과 대조했을 때
   check A against B : A를 B와 대조하다.
3) overshipment : 초과선적. undershipment : 과소선적.
4) 5063 Fabric : 이 회사에서 제조하는 직물의 생산번호.
5) be occasioned by : ~에 기인하다.
   occasion : 발생시키다, 일으키다, 유발하다.
6) clerical mistake : 사무상의 착오
7) ascertain : 확인하다, 알아내다.
8) Since = seeing that : ~이니까, ~인 까닭에.

(2) Model 5-2-7 : **주문 취소에 대한 거절**

February 20, 2011

Messrs, Desny Trading Co., Ltd.
New York, U. S. A

Dear Sirs,

Your Order No. 123
Sales Contract No. 1000

In reply to your cable of yesterday, we cabled you this morning as follows :

"SORRY BUT CANNOT ACCEPT CANCELLATION OF CONTRACT LETTER FOLLOWS"

We think the situation should be cleared up[1] at once.

Frist, we must say that if we had received your cancellation before last Tuesday, we could have accepted it[2]. However, last Tuesday we bought all the necessary materials and started cutting them to the special sizes you specified. Labels were printed, wires ordered, cartons purchased, and the plant went into actual manufacture.[3]

Your cable reached us when your order had been almost half finished. Parts of it had been virtually completed, and the rest was in various stages of manufacture.

In the circumstances,[4] we are sure you will now realize why we cannot consider cancellation at this late date.

Yours truly,
Mok Dong Trading Co.,

W. B. Kim
Export Manager

본문해설

목동무역이 수입업자인 디즈니무역회사에게 주문 취소가 불가능하다는 회신을 보내는 서신이다. 즉, 디즈니무역이 자신의 주문을 취소해야 하겠다는 요청에 대하여 이미 생산을 위한 원료가 준비되었을 뿐 아니라 일부는 생산이 완료되어 주문서에 따라 특별한 규격으로 잘랐으며 포장을 위한 재료도 준비되어 있어 도저히 주문 취소를 수락할 수 없다는 내용의 회신을 하고 있다. 목동무역은 디즈니무역에게 주문 취소를 원했으면 자신의 회사가 이같은 일들이 이루어지기 전에 이루어졌어야 한다는 회신을 하고 있다.

용어해설

1) clear up : 해결하다, 끝나다.
   = become clear
2) if we had～, we could have accepted it : 만약 당사가 지난 화요일 전으로 귀사의 취소 통보를 받았더라면, 당사는 그것을 수락하였다.
3) went into actual manufacture : 실제 생산에 착수했다.
   = enter the manufacture
   he went into sale before 3 days : 그는 3일 전에 판매를 시작했다.
4) in the circumstance : 사정이 이와 같으니
   = under circumstances
   = in this circumstances : 이같은 상황에서

저자소개

영남대학교 경상대학 경제학과 수료(경제학사)
한국외국어대학교 국제통상대학원 수료(경제학석사)
홍익대학교 대학원 무역학과 수료(경영학 박사)

[경력]
(사) 한국무역학회 이사, 감사, 부회장
(사) 한국무역통상학회 회장
(사) 한국국제상학회 회장
목원대학교교수협의회 회장
대전, 충청지역 사립대학교수협의회 회장
목원대학교 사회과학대학 학장, 기획처장, 대학원장, 부총장
University Of Minois Visiting Professor
국제Y's Man 한국서부지구 총재
현, 목원대학교 총장
한국무역학회 부회장
(사)한국국제상학회 명예회장
대한상사중재원 중재인

[저서]
국제통상의 이해(대왕사, 2006)
신용장론(대왕사, 2998)
무역계약과 서류작성(대왕사, 2002)
국제금융의 이해(대왕사, 2002)

무역영어

2010년 8월 25일 제1판 1쇄 발행
2012년 2월 15일 제1판 2쇄 발행

저 자 김 원 배
발행인 김 광 식
조 판 아 람 기 획

120-837
발행처 서울시 서대문구 충정로 3가 8-5 동아아트 B 103호
도서출판 탑 북 스
등 록 2009.12.21 제 312-2009-000062 호
전 화 02)365-2223 팩스 02)365-2224

정가 18,000원

ISBN 978-89-94318-31-8-93320